北京理工大学"双一流"建设精品出版工程

Media Literacy Enhancement of Undergraduates

大学生媒介素养提升

张爱秀　郭岩然 ◎ 编著

北京理工大学出版社
BEIJING INSTITUTE OF TECHNOLOGY PRESS

版权专有　侵权必究

图书在版编目（ＣＩＰ）数据

大学生媒介素养提升 / 张爱秀，郭岩然编著. -- 北京：北京理工大学出版社，2023.3（2024.1重印）

ISBN 978-7-5763-2192-0

Ⅰ．①大… Ⅱ．①张… ②郭… Ⅲ．①大学生-传播媒介-素质教育-研究 Ⅳ．①G645.5②G206.2

中国国家版本馆 CIP 数据核字（2023）第 044622 号

出版发行 / 北京理工大学出版社有限责任公司

社　　址 / 北京市海淀区中关村南大街5号

邮　　编 / 100081

电　　话 / （010）68914775（总编室）

　　　　　（010）82562903（教材售后服务热线）

　　　　　（010）68944723（其他图书服务热线）

网　　址 / http：//www.bitpress.com.cn

经　　销 / 全国各地新华书店

印　　刷 / 廊坊市印艺阁数字科技有限公司

开　　本 / 787毫米×1092毫米　1/16

印　　张 / 11　　　　　　　　　　　　　　　　责任编辑 / 王晓莉

字　　数 / 256千字　　　　　　　　　　　　　　文案编辑 / 王晓莉

版　　次 / 2023年3月第1版　2024年1月第2次印刷　责任校对 / 周瑞红

定　　价 / 48.00元　　　　　　　　　　　　　　责任印制 / 李志强

图书出现印装质量问题，请拨打售后服务热线，本社负责调换

前言 PREFACE

连接好WIFI，低头刷手机，这像是在形容你，其实也是新媒介时代下大部分人的日常生活状态。被多样的媒介产品包围，屏幕上接收着各种媒介信息，社交平台中媒介观点层出不穷……怎样在日新月异的媒介环境中舒服地做真实的自己？这是一个值得思考的问题。

本书是根据编者多年的工作实践和大学生通识课"大学生媒介素养提升"的线上线下教学实践凝练而成的，是专门针对非传媒专业的大学生而编写的普适性教材，旨在帮助大学生在短时间内知悉和理解各类媒介的特点和使用方法；能够在媒介中理性看待媒介中的信息，学会信息甄别；能够正确地使用、生产和传播媒介产品；能够驾驭媒介并从媒介中学会思考，学会学习，学会创造。

本书根据大学生在各类媒体中的使用问题、特点、习惯和需求，设置了三大模块九个篇章，引领大学生构建正确的思想价值体系，在纷繁复杂的网络世界辨明方向，在新时代的背景下使用好媒介资源，使自己成为胸怀天下、视野宽阔，自我净化、玩转媒介、具有探索精神的新时代大学生。

本书第一模块为会听会看会感受，主要从大学生的视野视觉的角度介绍了媒介素养的基本概念、媒介以及媒介素养的类型，引导大学生树立媒介意识、素养意识和提升媒介选择能力的个人战略；本书第二模块为会思会想会理解，从素质素养的角度介绍了媒介传播的效果、媒介中的甄别和媒介信息的搜索等，旨在培养大学生的评判能力、甄别能力和信息搜索能力；本书最后一个模块为会评会写会创作，这个模块从能力技能的角度讲授了媒介观点表达、产品生产和媒介传播中的责任和能力，培养大学生的表达能力、传播能力和创作能力。

通过这本书的学习，即使是非传媒专业的大学生也能够在短时间内知悉和理解各类媒介的特点和使用方法，了解对大学生而言基础且实用的媒介素养知识，全面升级媒介体验感；能够在媒介中理性甄别信息，学会在多彩的媒介工具里穿梭自如，精准定位有效信息、优化信息，同时置身于纷杂无序的数据流而泰然处之、有的放矢；在面对形形色色的媒介信息、影响力不一的新闻事件时,能以更专业、更敏锐的眼光,对其理性看待与正确地使用;能够驾驭媒介并且在学习活动中利用媒介提升自我,敢于在媒介平台发声亮相,用得体有力的媒介语言参与观点表达,实现思维碰撞;能够进一步地创作,媒介产品尤其是常见的校园新闻报道创作也能尝试入手。

媒介素养提升之旅,就等你了,快上车!畅游媒介世界,加强媒介素养的知识"武装",学会选择、识别、表达、传播,在新媒介时代给自己多一分高品质生活的底气!

目 录 CONTENTS

第一章	媒介素养与媒介素养教育（媒介意识）	001
第一节	媒介素养	001
第二节	媒介素养教育	007

第二章　媒介合影与媒介选取（选择能力）　016
　第一节　媒介技术的发展…………………………………………016
　第二节　媒介审美…………………………………………………030

第三章　媒介光影与媒介素养（素养意识）　035
　第一节　读图时代的"看客"意识………………………………035
　第二节　互联网法治生态中的法治意识………………………041
　第三节　网络泛娱乐化背景下的娱乐意识……………………051
　第四节　网络广告席卷下的消费意识…………………………054

第四章　媒介传播与效果影响（评价能力）　058
　第一节　传播效果研究领域与类型……………………………058
　第二节　传播效果研究的历史与发展…………………………060

第五章　媒介甄别与思考质疑（判断能力）　076
　第一节　媒介形式…………………………………………………076
　第二节　媒介内容——真相之疑………………………………080
　第三节　媒介机制…………………………………………………088

第六章　媒介信息与搜索能力（检索能力）　096
　第一节　培养搜索、提取和利用信息的能力…………………096
　第二节　如何实现高效的信息搜集与管理……………………099

第七章　媒介观点表达能力（表达能力）　115
　第一节　媒介观点表达……………………………………………115

第二节　运用传播规则与技巧传播正能量 …………………………………… 120
第八章　媒介产品生产能力（生产能力） ………………………………………… 128
　　第一节　媒介产品生产和校园新闻概述 …………………………………… 128
　　第二节　校园新闻报道撰写 ………………………………………………… 131
第九章　媒介传播与责任担当（传播能力） ……………………………………… 146
　　第一节　大学生在媒介传播中的责任担当 ………………………………… 146
　　第二节　社交媒介下大学生的媒介传播 …………………………………… 151

第一章
媒介素养与媒介素养教育（媒介意识）

第一节 媒介素养

引言：媒介作为信息的载体是人们精神生活和理性追求的产物，其发展对文明进步有重要意义，本节主要简述中华人民共和国成立以来我国媒介环境的变迁，并对媒介相关名词进行解释，进而提出媒介素养提升的三个方向及其意义。

中华人民共和国成立初期，我国主要以《人民日报》为中心的各级党报为主体，对私营报纸进行合并改组、公私合营，设置了新闻总署并进行新闻法制建设。

从第一根电缆搭设开始，我国逐渐引入电报、电话、电台……1940年12月30日，第一座人民广播电台——延安新华广播电台开播，这标志着人民广播事业的诞生。其运营几经波折，在三次大的战略转移后最终在北平（现北京）播音。1949年10月1日其对开国大典的盛况进行了转播，这是人民广播历史上第一次全国范围的转播。

1954年，国务院文教办公室的一次会议上，传达了毛泽东主席关于中国要办电视的指示。北京电视台于1958年3月开始试运行，对电视发射、播出设备进行运转试验，5月1日试验播出，中国电视宣告诞生。当时受制于技术水平，人们只能观看直播，许多消息一旦错过，就无法再次获取。直到1972年，北京电视台采购了很多彩色摄录设备，电视节目才逐渐改为录播。初创时期新闻播出占到总播出的91%，播出内容主要有四类，包括自制新闻片、现场转播、新闻简报、纪录电影。1979年，我党工作重心转移后，经济类节目逐渐成为重点，主持人也在这个时候出现。

1958年，在苏联专家的帮助下，中科院计算所研制成功我国第一台小型电子管通用计算机103机（八一型），这标志着我国第一台电子计算机的诞生。

那时，我们接受信息的渠道比较单一，主要为报纸、电报、广播、电视，接收信息的效率也相对低下。中华人民共和国成立初期中国媒介使用概况如图1-1所示。

随着改革开放的不断深入，我国各类报纸发展迅猛、信息量增大、可读性增强，出现周末增刊与扩版热。广播也出现了融信息型、服务型、娱乐型为一体的全新节目模式。优秀的电视剧剧集频出，电视节目进入大发展时期。互联网在艰苦孕育后从少数科学家的科研工具走向大众，1998—1999年中国网民开始成几何级数增长，上网变成了一种真正的需求。即便如此，20世纪90年代的大学生，仍旧需要排队去机房才能接触更多的媒介信息，媒介信息的获取有着时间和空间上的限制。

图1-1 中华人民共和国成立初期中国媒介使用概况

自 2003 年至今，自媒体经过了多种更迭，我们经常接触的大部分信息也逐渐从长文变为短文，从长视频变成短视频，从以前的知识密集型逐渐转向以短平快的感官刺激为主导。现如今，我们可以随时随地接收大量信息，也可以发布信息、生产信息，人们的生活已经被媒介包围。若想让学生在万般变化的媒介中始终坚持正确的导向，除了要生产人们喜闻乐见、传播正能量的内容，还要积极引导学生培养正确的媒介素养，学会独立思考，学会判断，能够正确地选择媒介中的信息，并且合理地进行生产传播。基于这样的需要，本书将致力于研究现有媒介生存环境，并在此基础上引导大学生正确认识和理解媒介发挥作用的规律和机制，促进其在媒介中思考，合理地在媒介中发声，善于在媒介中传播，能够在媒介中生产高质量的传播正能量的产品。

一、媒介相关名词解释

（一）媒介

什么是媒介？

从狭义上讲，媒介是人类进行传播活动的物质载体。

从广义上讲，媒介是人类进行交往活动的物质载体。

从更广义上讲，媒介是人类延伸自身各种功能的物质载体。

媒介的定义，从最广义上来讲，凡是能使人与人、人与事物或事物与事物之间产生联系或发生关系的物质，都可以称为"媒介"。而从传播学及相关专业的角度来分析，传统理念认为，从广义上来看，但凡能通过一条信道或各种信道传送符码而使传播活动得以发生的公共中介都可视为媒介，比如言语、动作、姿势、表情、表演等。而现在，媒介越来越多地被定义为通常意义上的狭义的大众传播媒介，即所谓职业化的信息传播机构，通过各类社会团体，利用机械化、电子化的技术向多数人传送信息，比如报纸、广播、电视、电影、图书、期刊、网络等。而现在我们所说的大众媒介，一般情况下指的是更为人们所关注的新媒体，又名新媒介。自 20 世纪 90 年代以来互联网的普及，这个词被广泛使用，但至今其概念仍然不清，且争论不休。学术界对之始终没有一个权威性的概念界定。不过现在通常认为，新媒介是新兴技术体系下出现的媒体形态，如数字杂志、数字报纸、数字广播、手机短信、移动电视、网络博客、桌面视窗等。相对于报刊、广播、出版、影视四大传统意义上的媒体，新媒介被形象地称为"第五媒体"，即以手机为视听终端、以手机网络为平台的个性化即时信息传播载体，是兼具大众化、定向性、及时性和互动性等特征的大众传媒平台。

新媒介是一个相对概念，产生于媒介载体的不断发展和创新过程中，它是信息传播的新媒介、新方法、新工具或新载体，是能够让大众一眼便能分得清的、新的传播现象，在信息传播的关系、路径和方法上都实现了全新的变革。

美国《连线》杂志曾从传播关系的角度将新媒介定义为："所有人对所有人的传播。"

新媒介在传播层面的本质，是传播关系发生了根本性的变化，实现了多数人对多数人的传播，如在移动终端，内容符号简约化，更强调到达，而不是符号。

故此，新媒介时代媒介素养比策划创意更重要。

（二）素养

素养是人的一种能力，更多的是一种内化的东西。《现代汉语词典》对素养的解释为平日的修养，如艺术修养，中文里素养可以使用的词如人文素养、文化素养等，其中也包含"文字和文化"修养的意思，还包括对意识和价值的判断能力，中文中最早出现的对"素养"的译法当属吴翠珍所撰写的"媒体教育中的电视素养"，其中写到，素养一字的原意，特指文字的写读能力，似与了解电视流动影像的能力无干，而中介二者本质上相通之处的概念，其实来自图影素养的思想。

"素养"在东西方的语境中虽有区别，但其基本含义都指向个体在社会化过程中习得的知识、能力和观念等。随着社会发展，"素养"的内涵和外延都发生了变化，内涵上从知识、技能掌握扩充至精神、观念、气质层面，外延上则从文字和文学领域延伸至各个学科和各个社会领域，如音乐素养、科学素养、道德素养、军事素养等。由于媒介技术进步、媒介环境变化，媒介从口语时代到文字时代到印刷时代，直至发展到今天的电子时代，"媒介素养"这个概念的内涵和外延都在不断丰富，需要我们不断学习。

（三）媒介素养

所谓"媒介素养"，简单来讲可以认为是人们对各种媒介信息的解读和批判能力，以及使媒介信息为个人生活、社会发展所用的能力。美国媒介素养研究中心将媒介素养定义为，人们在对待媒介各种信息时所具有的选择、理解、质疑、评估、创造及思辨的反应能力。我国一些学者在此基础之上进行了更为深入的研究探讨。中国社会科学院新闻与传播研究所副研究员卜卫与助理研究员刘晓红认为，良好的媒介素养应包含四方面的要素：

（1）要具备对各种特定媒介的认知，即对媒介基础知识的了解；
（2）能够正确分析媒介信息中充斥的各种问题；
（3）掌握如新闻价值、商业利益等媒介内容所产生的影响；
（4）学会判断和分析媒介与社会的区别。

除此之外，还有不少学者从媒介素养的定义出发分析和探讨媒介素养的内涵。如中国科技大学的林爱兵副教授认为，媒介素养是人们在了解媒介特性并在熟练掌握使用媒介技巧的基础上，有效地利用媒介自主地创造和制作媒介产品的能力。具体而言，媒介素养：

（1）是一种视角；
（2）是一种观察方法；
（3）是一种多维度解读传媒内容的世界观；
（4）是一种批判性接受传媒咨询的方法论；
（5）是一种解构媒体传播行为的知识模式；
（6）是一种自我支配大脑编码的理解模式；
（7）是一种控制传媒文本意义生成的能力模式对意识和价值的判断能力。

二、媒介素养提升三个方向

（一）视觉视野方向：会听会看会感受

媒介素养是大学生基本素质的有机组成部分，媒介素养如具备识字、阅读和写作能力一样，属于个人基本素质的范畴。人类进入以互联网为主体的数字技术新媒体与纸媒等传统媒体融合的全媒体时代，青年大学生成为全媒体的主力军。具备媒体意识成为每一个生活在现代社会的大学生必备的基本素质。

加强媒介素养教育对大学生选择媒介具有导向作用。全媒体时代，报纸、杂志、广播、电视、互联网覆盖大学生生活的方方面面。这些媒介怎样出现并融入人们的生活？大学生怎样选择媒介以获取信息？哪些信息在哪些媒介上更有权威性？如何防止大学生过度沉迷于媒介环境而与现实脱节？解决这些问题需要大学生必须对常见媒介的类型、性质、特点、用途等有一定的了解，知晓媒介运作机制、科学准确理解新媒体信息内涵。尤其在全媒体时代下，新媒体占据主要位置，其信息具有双层结构：一层表现为图像、色彩等直观信息，另一层则表现为需要受众用心体会的信息内涵、价值取向等潜在信息。加强新媒体素养教育，能帮助大学生穿透新媒体传播的表层信息，解构信息背后的信息价值取向，科学准确地理解和把握新媒体信息，从纷繁复杂的信息表象中获取真实的信息内涵，从而实现新媒体传播信息到自我素质提升的内化。

（二）素质素养方向：会思会想会理解

全媒体是一把"双刃剑"，新媒体信息具有开放性、灵活性以及传播的互动性、虚拟性等特点。在新媒体传播中，虚假信息传播速度更快，谣言往往以迅雷不及掩耳之势散播。为夺取流量，不良信息及媚俗、低俗的内容传播，造成了畸形的审丑文化以及泛娱乐化。网络环境的匿名性，导致网络暴力、"键盘侠"频出。再加之新媒体的虚拟性导致虚拟世界的无规则和无人监管，大学生放纵无度、沉湎于游戏刺激、观看色情凶杀等网络影片等问题日益凸显，新媒体的一些传播内容发生了"霉变"，污染了网络。这对价值观、世界观正在形成中且对新媒体充满强烈好奇、易于接受新生事物的大学生的身心健康成长，有着极为不利的影响。进行媒介价值教育会使其在面对谣言与舆论时做出合理判断，不被营销号带节奏，从而避免参与到舆论纷争中；使其学会在媒介环境中保护自身安全，学会翔实、公正、客观、友善地表达观点，学会在各种媒介中寻找、利用、保存、管理信息；使其在面对纷繁复杂和良莠不齐的新媒体信息时，对信息价值做出公正、客观的判定，对信息所隐含的价值取向做出明确的剖析。

（三）能力技能方向：会评会写会创造

大学生是创造和消费文化的主体之一，其毕业后无论是否从事与文化制作和舆论宣传有关的职业，其参与和使用媒介的需求都已经潜移默化地渗透到日常生活中，小到在朋友圈发表个人感想、在娱乐平台发表评论，大到创作引导主流思想、宣扬新思想的媒介产品，这都需要其掌握一定的媒介表达、创作、传播能力。

（1）合理利用媒介表达能力。能在满足信息表达的前提下发表正确的思想观点，使自己所发表观点信息不仅具备新颖性，还能使接受者从中受益。

（2）合理利用媒介创作能力。掌握符合全媒体时代人们阅读习惯、审美需求的软件使用方法，将信息以更通俗易懂、更令人喜闻乐见的形式被大众接受，加速信息转化。

（3）合理利用媒介传播能力。能够发挥全媒体时代媒介迅即的传播速度和强大的双向交流功能，实现负责任的信息交互。媒介复合型人才已逐渐成为党政机关与各类企业宣传文化部门的刚需，能够灵活自如地运用媒介，将成为大学生未来就业的加分项。

媒介素养提升的三个方向如图1-2所示。

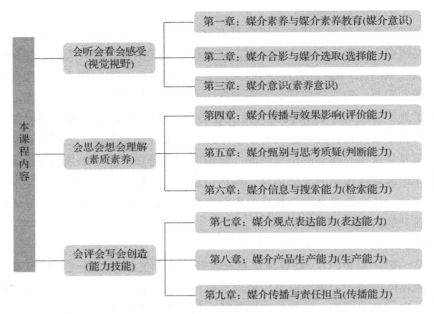

图1-2 媒介素养提升的三个方向

【思考】为什么我们需要提高媒介素养？它对我们认知世界、理解世界有着怎样的影响？

【练习】

一、选择题

1. 媒介作为信息的载体绝不是无生命的东西，它是人们精神生活和理性追求的产物，从最广义来理解，媒介是（　　）。

　　A. 人类进行传播活动的物质载体

　　B. 人类进行交往活动的物质载体

　　C. 人类延伸自身各种功能的物质载体

　　D. 人类进行思维构想的精神载体

2. 根据刘晓红的观点，良好的媒介素养应包含（　　）。

　　A. 要具备对各种特定媒介的认知，即对媒介基础知识的了解

　　B. 能够正确分析媒介信息中充斥的各种问题

　　C. 掌握如新闻价值、商业利益等媒介内容所产生的影响

　　D. 学会判断和分析媒介与社会的区别

二、判断题

3. 美国《连线》杂志从传播关系上将新媒介定义为："所有人对所有人的传播。"新媒介在传播层面的本质，就是传播关系发生了根本性的变化，实现了多数人对多数人的传播，如在移动终端，内容符号简约化，更强调到达，而不是符号。（　　）

附录答案

1. ABC　　2. ABCD　　3. √

第二节 媒介素养教育

引言：作为现代公民的必备素养之一，各国对媒介素养教育十分重视并开展了各项研究，本节主要介绍国内外媒介素养研究及课程建设情况，提出媒介素养教育的内容及目标，分析媒介素养教育开展的意义及必要性。

一、国内外媒介素养研究及课程建设情况简介

中国知网关于"媒介素养"的中文文献检索结果有 10 292 条，其中二次检索"课程"相关的有 796 条，但若在结果中搜索"通识课程"，却只有寥寥 15 条内容。由此可见，我国一般研究领域中对媒介素养通识课程的专门研究还相对较少，这 15 篇论文多是以将媒介素养作为融入性课程为目标，少有将其作为独立通识性课程建设的考虑，以核心素养作为重点来建设的提议还不曾有过。为填补这项令人遗憾的空缺，下面将通过国内外对媒介素养教育的研究、对媒介素养课程的研究来评述现有成果。

（一）国内外对媒介素养教育的研究

媒介教育和文化素养的概念起源于 20 世纪 30 年代的欧洲，一经提出，便立即得到了热烈的响应和跟进。历经 80 多年的求索，其相关的理论研究和实践探索都得到了长足的发展。各国纷纷结合本国的现状和发展需求，对媒介素养教育理念和实践模式进行了本土化改造和创新，一方面，这有利于媒介教育理念的丰富以及媒介教育运动的实效性推广，但另一方面，也造成了媒介教育研究中的概念定义、方法模式与内涵框架至今尚无一致性定论的境况。而我国的媒介素养教育起步较晚，从 20 世纪 90 年代后期才陆续开展，但前人的诸多媒介教育经验和一些学者对当下的复杂情形的研究都可以化为我们前进的助力，发展前景不可估量。

首先，国外媒介素养教育成果和经验值得我们借鉴与分析。

这类文章主要从比较教育的角度对国外的媒介素养教育进行探析。国外的媒介素养教育理论研究，包括概念、模式等，以及现实实践，例如将媒介素养纳入正规课程和建立媒介素养教育组织，虽然都起步较早，但发展较好，并且形成了具有代表性的英国模式、加拿大模式、澳大利亚模式和美国模式。无论哪种模式，都值得我们深入学习和借鉴。但是，不难看出，国外的这些媒介素养教育主要出现在中小学课程中，强调的是公民教育，针对大学精英教育的媒介素养通识课程的研究还较少。

其次，我国的媒介素养教育对各类特定群体的研究值得我们进行比较与分析。

国内学者注意到对不同社会群体的媒介素养进行研究，如教师、农民、政府官员、留守儿童、青少年、大学生等各类群体，他们的媒介素养状况和需求不同，所以教育的侧重点也不一样。对于大学生群体，很多学者对他们的媒介素养现状做了实证调研，根据调研结果提出针对性更强的媒介教育策略。本书将对这些调研结果进行分类汇总和分析，进而提出我们的调研方案。

最后，媒介素养教育基于不同视域研究状况值得我们进行融合与分析。

国内关于媒介素养的研究成果虽然大多基于新闻传播学的视野，但是目前仍有一些学者注重对媒介素养的跨学科、多角度研究。尤其是关于媒介素养是什么、它究竟应该包括哪些能力、它具体起到什么样的作用、应该如何提升公众的媒介素养等问题，涉及新闻传播学、政治学、教育学、心理学等专业领域。理论界对于媒介素养理论的多维度研究表明，媒介素养理论具有综合性特点，已经超出了新闻传播学这一学科，而成为多种学科共同关注的课题，这种不同学科视域下的交叉融合，为我们未来的课程建设提供了多方面的参考依据。

根据以上国内外媒介素养教育的研究成果和我国的实际情况，笔者认为，媒介素养教育的本土化研究势在必行。虽然我们可以借鉴很多国外的相关内容，但是各个国家在政治制度、文化传统、经济发展水平等方面存在明显差异。我国学生需要具备的核心素养、我国需要的社会主义建设的专门人才，都必须在有中国特色的媒介素养教育中加以培养。

（二）国内外对媒介素养课程的研究

国外的媒介素养教育课程建设起步较早，英国政府将其融入英国文化课程，支持民间与政府共同合作开发教学资源，并对媒介素养教育课程与教学进行经常化探讨。美国媒介素养中心设置了详尽的针对K12各年级的青少年儿童的媒介素养教育课程，课程的设置紧紧围绕该中心所提出的五大核心概念，形成五大关键问题，并将其作为课程设置和教学的基本框架。澳大利亚几乎所有的州都将媒介素养教育单独或放在英语课中作为学生的必修内容，一些州还专门为进修教师设立了媒介素养教育学位。在我国，高校媒介素养课程才刚刚起步，目前基本处于学习国外理论范式、探索学科建构大方向的初级阶段。国内也仅有几所高校开设了媒介素养教育相关课程，如北京大学、中国传媒大学、上海交通大学、浙江大学、云南大学、南京大学、安徽大学、东北师范大学等。其中，上海交通大学的新闻传播专业从2004年9月将媒介素养课作为专业基础课。从媒介的本质，传媒与社会，传媒信息的选择能力、理解能力、质疑能力、评估能力、创造能力和制作能力等诸方面进行系统讲授。东北师范大学也于2007年4月成立了媒介素养课程研究中心，该中心从课程角度介入媒介素养研究，以"个体在媒介中和谐生存为宗旨"，积极开展媒介素养教育理论研究和实践活动。

虽然近年来各类研究中对于各地大学生媒介素养状况的研究比较普遍，但是主要集中于专业类人才。这类课程目前主要从三个层次来实施。第一层是普遍化层次，将媒介素养的原则和理论融入其他相关领域，比如大众传播概论等课程，学校可以通过公共必修课的形式予以开展；第二层是专业化层次，即学校开设专门的媒介素养课程，针对相关专业的学生，培养专业化的人才；第三层是个性化层次，将课程按照每个学生的兴趣来定制，以选修课或者专题讲座的形式来设置。上述三个层次的实施在很大程度上依赖学校相关学科的支撑，但是我国很多高校并没有设置相关的新闻传播专业，对于这类群体的媒介素养通识课程的开设现有研究并不多。

除新闻传播专业外，在高校开设媒介素养公选课的呼声越来越高，相关课程实践也陆续开始探索。相关课程主要以两种形式呈现，一种是"独立式课程"，这类课程目前主要还是在各大学新闻传播学院开设，如上海交大、复旦大学、西安亚欧学院等；还有一种课程是针对全校本科生开设，但是仍沿用新闻传播专业的教材和教育体系，如南京大学；我们目前希望大力发展的是针对非新闻传播专业学生的旨在提升其媒介素养的课程,如安徽大学公开课"当代媒介素养"、浙江大学公开课"数字化生存"、北京理工大学在中国大学MOOC和爱课程上开设的"大学生媒介素养提升"等。这些课程虽然没有采用新闻传播专业的教材,但是基本的教育体系还是采用新闻专业的专业素养体系,主流课程还是以理论、案例结合的讲授为主,对于非新闻传播专业大学生媒介素养提升的定位和体系建设不足,对于大学生目前在媒介中提升自我的需求满足不够。

综合分析我国媒介素养课程开设情况,现存在教育对象偏于狭隘、教学模式单一、媒介素养课程内容较少等问题,因此对于课程标准及计划,对于教材及其他课程资源等的研究也都受到了实践的制约。目前,随着信息时代的飞速发展,媒体已经不再是新闻传播专业的专属品,而成为各类大学的学生除了学校教育之外最能广泛获取知识和信息的渠道。所以,针对中国学生核心素养建设普适性的媒介素养通识课程建设迫在眉睫。

二、媒介素养教育的内容与目标

"媒介素养"这一概念纯属"舶来品"。1929年,伦敦教育委员会出版的《教师建议手册》,提到"媒介素养教育",从此开辟了文化教育的一个新领域。手册敦促教师对学生进行评价和抵制低俗电影的专门培训。这是最早的媒介素养教育例证,迄今已有90余年的历史。

1933年,英国学者ER.利维斯与其学生丹尼斯·桑普斯发表文化评论论著《文化和环境:培养批判意识》。该书首次就学校引入媒介素养教育的问题做了专门的阐述并提出了系统的教学建议。他们认为,新兴的大众传媒在商业动机刺激下所普及的流行文化,往往推销一种"低水平的满足","低水平的满足"误导社会成员的精神追求,尤其会对青少年成长产生负面影响,因此教育界应以系统化课程或训练培养青少年的媒介批判意识,使其能够辨别和抵御大众传媒的不良影响。

美国媒介素养教育学者瑞尼·霍布斯提出,媒介素养教育应该教会学生:

(1)思考和分析自己的媒介消费习惯;

(2)弄清楚电影、商业、电视和广播节目以及报纸、杂志和广告信息作者的目的和观点;

(3)弄清楚传递观点和影响受众反应的各种制作技巧;

(4)通过考察印刷媒介新闻、电视新闻和其他媒介陈述新闻的方式、惯用的手法、强调的方式和忽略的技巧来验证和评价媒介陈述世界的质量高低;

(5)鉴别大众媒介的经济基础,分清哪些媒介将受众卖给广告商,而哪些媒介没有这样做;

(6)理解媒介经济如何影响媒介内容,熟悉如何利用大众媒介工具来进行个人表达和交流,以及如何达到社会和政治宣传的目的,并获得相关的经验。

对非媒介从业人员要学习如何理性地分辨媒介信息所包含的意义,辨别媒介所创造的世界和真实世界的区别;对媒介的运作及如何传递信息有所理解;学会利用媒介促进自身的发展和进步。

对媒介从业人员要做到保证信息的真实性、客观性；敏锐捕捉新闻热点，在新闻热点出现的第一时间做出反应；具备基本的文章写作技能和快速接受新生事物的能力；具备读书看报的好习惯，构建自己的知识体系；具备良好的数据分析能力，通过数学模型和比例关系分析、优化工作；具备一定的复盘能力，总结提炼经验。

三、媒介素养教育开展的意义及必要性

（一）媒介素养提升课程对国家和社会的意义

1. 有利于提升媒介信任度，构建和谐网络社会

随着信息时代的到来，海量的信息涌入我们的生活，并在网络扩张的趋势下，将越来越多的人卷入媒介信息的浪潮之中。而作为媒介使用者，广大网民的个体素养因生活环境、教育水平和文化习俗等差异而不同，形成了各式各样的价值观念以及信息接受习惯。虽然信息时代，人们可以享受海量资源，但是一些人对网络上的各类信息仍然缺乏独立思考及判断能力，常常在他人的煽动下，对可疑信息不加理性思索，便带着强烈的主观色彩进行肆意评价和传播，最终加剧谣言的泛滥。提升媒介素养，可以有效减少此类问题的发生，虽言谣言止于智者，但是少数的智者对铺天盖地的谣言巨浪，自然也束手无策。提升媒介素养相当于给每个人都配备理性的"口罩"，让人们在如呼吸般汲取信息时，能够通过理性之网将劣质信息过滤掉，一方面使自己免受其害，另一方面也不会轻易让流言大肆传播，荼毒网络环境。

2020年爆发的新冠疫情，因为其未知性强，公众的认知也处于高度不确定状态，尤其是疫情爆发初期，与病毒相关的谣言传播异常迅速。病毒面前，对于真相的渴求往往会使人们陷入"来者不拒"的信息需求状态，此时媒介素养之重要性更加明显：如何在杂乱的信息中攫取真实所需？如何在混乱的声音中抓住本质？媒介素养的提高使理性与科学深入人心，让人人都能成为"智者"；使人们不必等待唯一的炬火，而是行动起来，和其他人一同构建起制止谣言的"防火墙"；让更多真实的信息得以自由流动，使媒介之海再度清澈；让人们在获取信息时不再过分担忧其真实性，从而有效提升公众对媒介的信任度；将更有利于发挥政府应对突发事件的舆情引导作用，也更有利于普通民众面对海量信息的批判接受能力，最大限度发挥媒介的正向作用。

此外，随着社交化媒体的不断发展，我们逐渐进入所谓"后真相时代"，主观臆测高于客观事实，情感表达大于陈述真相，个别不良媒体的选择性报道掩盖真相的全貌，只是单纯引导受众的情绪爆发，使得网络有如战场般硝烟弥漫，互相攻讦，以至于人人自危。提升媒介素养，有助于让人们在发表观点前先反思自己的逻辑和措辞，发掘自己的本意，更多地去尊重他人而不是简单地将情绪发泄在公共平台上，从而共同构建和谐网络社会。

2. 有利于抵御国外势力媒介霸权，巩固媒介话语权，将我国建成有中国特色的媒介文化大国

随着中国几十年来的和平崛起，许多境外势力一意孤行地将中国视为威胁或可供宰割的对象，其攻势随着信息网络的发展而越来越隐秘和深入，通过培养自身意识形态的"代言人"来把控媒介话语权，乃至潜移默化地影响各方受众。国家间的媒介话语权之争，归根结底是意识形态之争。媒介素养教育的核心任务是掌握全媒体时代意识形态话语权，使主流

价值观成为公民自身媒介素养的精神内核，让我们历代传承的中华民族之精魄融入我们自己的声音，向所有人传播。2020年10月23日，习近平总书记在纪念中国人民志愿军抗美援朝出国作战70周年大会上发表重要讲话，再次弘扬不畏强暴、反抗强权的民族风骨，万众一心、勠力同心的民族力量，舍生忘死、向死而生的民族血性，以及守正创新、奋勇向前的民族智慧。70年前中国志愿军曾在朝鲜战场上为抗击帝国主义势力、保卫祖国而英勇血战，经此一役，新中国赢来了长达几十年的和平发展机会。这段本应被铭记的历史，却苦于多年来媒介之失声，在新生的年轻人群中被渐渐淡忘，甚至被境外媒体歪曲事实，试图动摇中国思想之根基，造成后患无穷的"信仰危机"。媒介素养教育不仅要关注大学生的个体能力，更要积极引导其形成正确的价值观，维护国家利益，捍卫意识形态领域的国家安全，使我国在国际上站稳脚跟，向世界发出构建人类命运共同体之号召，宣扬中国思想，建设有中国特色的媒介文化大国。

（二）对大学生个人的健康发展有重要意义

1. 有利于大学生鉴别和取舍信息，培养良好的媒介使用习惯，提高信息利用率

网络时代，信息不再是稀缺资源，而是呈泛滥之势。手机等个人手持移动媒体终端可以让我们随时随地登录互联网，地铁公交移动电视、楼宇电视、汽车交通电台、各种路面广告牌，就连电梯、卫生间等地都有各种广告，可以说我们无时无处不被这种媒介信息包围；我们每天都在各种人造信息的海洋中，时刻面临各种媒介的诱惑和骚扰。

除了这种合规正常的信息轰炸，犯罪分子也利用各种现代媒介进行违法活动，比如诈骗，其主要形式有手机短信诈骗、电话诈骗、钓鱼网站诈骗等。近年来，国内接连破获数起特大跨国电信诈骗案件，每起案件涉案金额达到数亿元之多，犯罪人数达到数百人。2014年9月至11月，犯罪嫌疑人张岑等40人先后出境至肯尼亚，加入电信诈骗的犯罪集团。该犯罪集团利用电信网络技术手段对中国大陆居民进行语音群呼，待被害人接听并转拨电话后，捏造被害人因个人医保卡信息泄露或被冒用而涉嫌犯罪等虚假事实，以需要接受司法机关审查、资产保全等名义或事由，诱导被害人向指定银行账户内汇款，然后通过远程操控等技术手段，对被害人的电子银行账户进行转账操作，从而骗取相关被害人钱款。2016年，涉案人员被依法抓获归案。现代信息技术的应用和普及，一方面便利了我们的日常生活，另一方面也使得犯罪分子对其进行利用并实施新型犯罪。当代大学生在使用媒介时，须时刻警惕此类危险，保护自身利益，防患于未然。网络上各种谣言泛滥，一不小心你我都会参与其中，成为谣言传播链中的一环。从"某领导包养众多情妇为其滥权"到"女干部携巨款潜逃加拿大"，到"艾滋病患者滴血传播艾滋病"，再到"女大学生求职被割肾"，这些消息耸人听闻，最后都被证明是不折不扣的谣言，扰乱了社会秩序，对当事人造成了严重伤害。

除了虚假信息、诈骗信息、谣言和黄赌毒等有害信息外，不少人造信息产品如网络游戏等，出于商业利益侵占个人空间，使人沉迷其中，精神颓废不能自拔。近年来，"网瘾"现象成为一个严重的社会问题，受到国内众多学生家长重视。"网瘾"即网络成瘾，主要发生在青少年群体中，网瘾患者无法控制上网时间，表现为：花费于上网的时间比原定时间要长，想要减少或控制上网时间但屡屡失败；关注网上的生活超过自己的生活，如头脑中一直浮现和网络有关的事，在生活中心不在焉，网上的情况反复出现在梦中或想象中，只有上网

时才充满兴趣，一旦减少或停止上网，即表现出消极的情绪体验和不良的生理反应，包括沮丧、空虚、易发脾气、坐立不安、心慌、恶心、燥热出汗、失眠等。"网瘾"已被证明会危害青少年的身心健康，导致青少年学习成绩下降，弱化青少年的道德意识，影响青少年人际交往能力的正常发展等。

2. 有利于当代大学生自主学习、博采众长，提升自身水平

信息时代，大众媒介普及深入我们学习生活的方方面面，从职场人士到大学教授，从人文理工到农林渔牧，各行各业的知识如沙滩上的贝壳，随着媒介之海的涨潮而被悉数囊括。在这样知识充沛的媒介环境中，当代大学生可以尽情地学习，自由寻找自己感兴趣的领域，拓展知识面的广度和深度。然而过多的信息纠缠在一起，其中不乏重复、无用甚至虚假的劣质内容。同时，当下许多社交化媒介为尽可能留住用户，会采取"偏好推送"的模式，虽然满足了受众的喜好，但随着时间的推移，信息的过分同质化会使人局限于固有的一种声音，在一定程度上加剧了人群的分化，进而使人习惯于此，对其他来源和内容的信息进行粗略筛选，不再接触具有颠覆性的理念，久而久之，人们固守在立场态度、情绪观点类似的圈子里，与其他圈子隔绝甚至对立，从而形成"回声室效应"，甚至恶化为"信息茧房"。

如何选取我们真正所需的信息？如何避免自己在媒介生活中走向狭隘乃至"极化"？提升大学生媒介素养对此将会有极大的帮助。理性审慎的信息筛选可以提升我们对信息的甄别、判断能力，从盲目被动的灌输转向理性自主的主动选择，敢于跳出舒适区去聆听和尊重其他声音，可以尽可能减轻"信息茧房"对我们思想的桎梏和追求泛娱乐化的负面影响，训练批判性思维，让我们充分发挥敢于质疑、独立思考、大胆求证的求实精神，让媒介成为助帆远航的劲风，送我们去更广阔的知识天地一探究竟。

3. 有利于个体更好地使用媒介、利用媒介，维护自身权益

当代社会，媒介具有巨大影响力，各类媒介都有其特殊的传播特点和优势，如果受众个体不了解，想当然地去使用和利用媒介，将会造成不必要的麻烦和伤害。

很多人不了解新媒体特点，不了解新媒体所面对的受众心理，把有关自己私生活的信息上传到博客、微博、QQ空间等网络平台中，结果误入歧途，后患无穷。2011年5月，一名少年的博客被网友关注，短短几天之内，这名少年的博客点击量就突破百万，而他带着5道杠的原版照片和其他被修过的版本更是被微博转载数百万次。据悉，这名少年的博客是在其父的协助下开通的。模仿大人语气的博文、官相十足的照片，以及从2岁开始对时政的关注，引起了网友热议和质疑。很快传统媒体介入，少年的照片被报纸、电视媒体广泛传播，被媒体当作功利主义典型加以报道。他的QQ被海量请求添加，照片也被加工成各种形象疯传于网站与论坛。人们对其表达着厌恶，认为他是功利主义教育下失败的象征。随后，其父母新建微博账号公开回应，恳请网民给孩子一个正常的生长环境，但不仅没有化解敌意，还招致数以万计的跟帖和谩骂。最后，他们一家不得不躲起来，逃避媒体和网民的骚扰。其父称，自己不了解网络，不了解人们的想法，没有想到结果会是这样，非常后悔将照片放在博客上。类似这种无心将自己有争议的隐私放到微博、QQ空间等，造成隐私泄露、网民误读的情况还有很多。

还有一种情况是有意识地利用网络媒体来炫耀和炒作自己。网络上炫富事件此起彼伏，

最有名最轰动的莫过于2011年的"郭美美事件"。郭美美在新浪微博中向大众展示了一个有着稚嫩的脸庞、时髦的打扮，名包、名车、别墅的形象，但其认证身份竟然是"中国红十字会商业总经理"，引起网友的关注和抨击，引发公众对中国红十字会的信任危机。虽然最后查明，郭美美和中国红十字会无任何关系，但是此事件仍被认为是导致2011年中国红十字会个人捐款锐减的主要原因。

还有的利用媒介来投诉申冤，在引发网友强烈关注的同时也激化了事态，产生了严重的不良影响。大学生在面对此类情况时，要保持独立思考，不被舆论的浪潮所裹挟，实事求是地看待问题，做到不搅浑水、不自以为是、不引火烧身，以理性审慎的态度参与到媒介生态中。

4. 有利于当代大学生更好地使用媒介、利用媒介，积极自觉参与我国民主化进程，维护公民权益

大众媒介的普及使得媒介话语权的归属从传统意义上的"一家独大"逐渐转向自媒体遍地开花的分散化态势。而信息的高速流通又使得以往不得不考虑时间空间环境的上传下达变得方便快捷，信息的时效性被显著提升。在这样的背景下，人们有了向不特定人群公开发声的能力，并可以凭此将自己的观点传播出去。这有利于大学生们利用媒介合理有序地发表自己对时事问题的观点和看法，也有利于政府及相关人士看到、听到我们的声音和诉求。积极自觉地参与我国民主化进程，更好地维护公民权益。

"顺风而呼，声非加疾也，而闻者彰。"近年来，随着新闻报道的专项化、深入化，我国民众对未成年人犯罪问题日益关注，并持续在各大媒介平台上发声和建言献策。2020年10月，全国人大常委会法工委发言人臧铁伟在记者会上介绍，2020年6月全国人大常委会会议初次审议了刑法修正案（十一）草案，会后在中国人大网公开征求社会公众意见，其间收到的主要意见包括加大对性侵未成年人犯罪的惩治，于是即将提请10月13日召开的十三届全国人大常委会第二十二次会议审议的刑法修正案（十一）草案二次审议稿，拟吸收这方面的意见，对奸淫幼女、猥亵儿童，以及特殊职责人员性侵害未成年人犯罪规定做出修改完善。在无数民众的关注、无数专家学者的反复研究和论证下，我国刑法充分考虑舆情与现实情况，对未成年人的性犯罪与未成年人犯罪的防范和制裁方式进行适当变更，让民主之声流入立法，进一步促进了我国法制的健全。

5. 有利于提升个体的媒介鉴赏、分析和审美水平，主动拒绝"庸俗、低俗、媚俗"信息，打造良好的媒介生态文化

各类媒体传播的信息文本背后都包含着意识形态、价值观和审美标准。个体通过增强自己的媒介素养水平，能通过媒介表象看到背后的实质性问题，不跟从不盲从，形成宽容的心态和理性的思维习惯，有助于改善中国媒体娱乐化和虚无化的生态文化。

现在媒体上最受欢迎的是各种娱乐八卦信息。某些电视台为了迎合观众，为了追求节目的刺激性，虚假夸大宣传，甚至栏目组自编自演。节目形态雷同，出现过多过滥的婚恋交友、才艺竞秀、情感故事、游戏竞技、综艺娱乐、访谈脱口秀、真人秀等类型的节目。低俗娱乐节目的泛滥摧残了受众的精神，使受众犹如沉迷在文化的鸦片中不能自拔。广电总局为此颁布"限娱令"，减少娱乐类节目的播出时间，增加知识类、文化类、新闻类节目的播出时间。

6. 有利于当代大学生树立正确的价值观，主动拒绝低俗扭曲的信息，弘扬良好的道德风尚

大学时期是人从懵懂少年转变为成熟青年的重要阶段，虽然心态相对开放，但思想尚不成熟，这段逐渐从学校"象牙塔"走向社会的过程是最容易受到媒介信息内容影响的。随着自媒体的繁盛，个人本位的思潮涌动，各种个性化的价值观和思想在媒介中川流不息，其中不乏道德缺失乃至败坏的劣质内容，极可能对信息接受者造成潜移默化的恶劣影响。刚刚成年的大学生在面对鱼龙混杂的社会媒介信息时，容易在禁果效应的影响下，去盲目地寻求刺激，在黄色和暴力信息的不良诱惑下扭曲自身的道德观念和人生追求，进而导致行为失范，严重者甚至可能进行违法犯罪行为。2008年，演员陈冠希与一些女艺人的照片被天涯社区公开之后，"艳照门"事件迅速发酵，媒体长时间的持续性报道使得许多原本并不关注的学生好奇心大增，开始搜寻、观看乃至收藏相关不雅照片。这些行为一方面侵犯了当事人的隐私，违反法律，另一方面很可能在不知不觉中扭曲学生的价值观，造成道德危机。

随着市场经济的逐步发展，越来越多的糟粕价值观被裹着蜜糖推到人们面前。大肆宣扬利己主义和享乐主义，立志做个"精致的利己主义者"的不良理念所引领的思潮，助长了追求一己私欲和崇尚感官享受的浮躁风气，对尚在摸索人生道路的大学生而言有百害而无一利，不仅会挫伤大学生脚踏实地、积极进取的奋斗精神，还会助长投机取巧的心理，让原本抱有理想的年轻人们陷入价值取向的迷惘，甚至放弃理想、脱离社会，丧失最基本的社会责任感和道德观念。

因此，对媒介素养的提升势在必行。当代大学生应当理性判断、审慎思考，在物欲横流的社会中找寻自己真正的追求方向，对于蜂拥而至的海量信息，主动筛选，取其精华，去其糟粕，拒绝低俗扭曲的信息，树立正确的价值观，弘扬社会主义道德风尚。

【思考】

1. 媒介素养需要后天的学习和训练吗？
2. 媒介素养教育应该包括哪些内容？
3. 媒介素养提升的核心工具是什么？
4. 媒介素养提升的最终目的是什么？

【练习】

一、选择题

1. 正确的媒介传播演变顺序是（　　）。

A. 口语传播时期——印刷传播时期——电子传播时期——网络传播时期

B. 口语传播时期——电子传播时期——印刷传播时期——网络传播时期

C. 口语传播时期——印刷传播时期——网络传播时期——电子传播时期

D. 口语传播时期——电子传播时期——网络传播时期——印刷传播时期

2. 提高媒介素养的好处有（　　）。

A. 有助于我们鉴别和取舍信息，培养良好的媒介使用习惯，提高信息利用率

B. 警惕谣言与虚假信息，减少它们对我们的危害

C. 有助于个体更好地使用媒介、利用媒体，维护自身权益

D. 有助于提升个体的媒介鉴赏、分析和审美水平，主动拒绝"庸俗、低俗、媚俗"信息，打造良好的媒介生态文化

二、判断题

3. 媒介使用过于简单，所谓"媒介素养"实际上没有意义，我们拥有的自由允许我们随心所欲地使用媒介，而不必考虑其责任。（   ）

4. 提高媒介素养，需要对媒介知识和信息评估等内容进行系统化学习；提高媒介素养的核心工具是批判性思维，其特征是反思与评估并重；媒介素养教育的最终目的是理性处理人媒关系。（   ）

附录答案

1. A　　2. ABCD　　3. ×　　4. √

参 考 文 献

[1] 郑根成. 媒介载道：传媒伦理研究［D］. 南京：东南大学，2006.

[2] 徐振祥. 新媒体素养：大学生思想政治教育的重要内容［J］. 黑龙江教育（高教研究与评估），2008（11）：27-28.

[3] 黄金艳. 媒介融合态势下当代大学生思想行为研究［D］. 兰州：兰州大学，2017.

[4] 孟维颖. 网络新闻影响下大学生网络媒介素养教育研究［D］. 哈尔滨：哈尔滨工程大学，2013.

[5] 谷生然，魏茅琳. 国内外媒介素养研究综述［J］. 西南石油大学学报（社会科学版），2019，21（4）：110-116.

[6] 周素珍. 英国媒介素养教育研究［D］. 武汉：武汉大学，2014.

[7] 范晓晨. 美国媒介素养教育的发展特点与启示［J］，商，2015（7）：188-189.

[8] 张玲，秦学智，张洁. 媒介素养教育课程论［M］. 北京：中国广播电视出版社，2013.

[9] 马雪玲. 大学生媒介素养教育课程研究［J］. 软件导刊，2011（2）：35-36.

[10] 张苗钰. 新媒体时代对后真相的反思与启示［J］. 新闻研究导刊，2020，11（20）：72-73.

[11] 白蔚. 全媒体时代重大公共卫生事件的舆情引导与媒介素养教育［A］//中共沈阳市委、沈阳市人民政府. 第十七届沈阳科学学术年会论文集［C］. 中共沈阳市委、沈阳市人民政府：沈阳市科学技术协会，2020：3.

[12] 中国法院网. 2018年十大刑事案件：北京特大跨国电信诈骗案［EB/OL］. [2019-01-11][2022-12-06]. https://www.chinacourt.org/article/detail/2019/01/id/3653326.shtml.

[13] 高萍. 当代媒介素养十讲［M］. 北京：中国人民大学出版社，2018.

第二章
媒介合影与媒介选取（选择能力）

第一节　媒介技术的发展

引言：随着经济科技发展，新媒介技术产品更新迭代，新媒介服务质量不断提高，本节主要介绍日益发展的新媒介技术，回顾传播媒介的变化，展望万物皆媒介的未来科技生活。

一、日益发展的新媒介技术

新媒介技术是指以现代化的数字技术、网络技术，以及通信技术等全新技术为基础，向用户提供需要的信息服务的媒介手段。如今，技术创新驱动下的各种新媒介产品包围着人们的生活，为人们提供满足多元需求的新媒介服务。

新媒介技术是实现新媒介产品更新迭代、提高新媒介服务质量的基础要求，课程开篇，让我们首先走近当下日益发展的新媒介技术，体会技术创新在新媒介时代的重要性。

（一）AI（人工智能）

AI（Artificial Intelligence），即人工智能。人工智能研究的一个主要目标是使机器能够胜任一些通常需要人类智能才能完成的复杂工作。

为抢抓人工智能发展的重大战略机遇，构筑我国人工智能发展的先发优势，加快建设创新型国家和世界科技强国，国务院印发并实施《新一代人工智能发展规划》。习近平总书记也在谈话中多次提到人工智能，强调"加快发展新一代人工智能是我们赢得全球科技竞争主动权的重要战略抓手，是推动我国科技跨越发展、产业优化升级、生产力整体跃升的重要战略资源"。

2020年全国两会前夕，全球首位3D版AI合成主播正式亮相。这是继全球首位AI合成主播、站立式AI合成主播、AI合成女主播、俄语AI合成主播之后，新华社联合搜狗公司最新研发的智能化产品。"新小微"投入两会报道中，每日生产两会视频产品。这款名为"新小微"的主播原型是新华社记者赵琬微，采用最新人工智能技术"克隆"而成。它高度还原真人发肤，能随时变换发型、更改服装，用于演播室的不同虚拟场景中，依靠算法驱动生成相对应的面部表情和肢体语言，播报形态可多角度呈现。在立体感、灵活度、可塑性、交互能力和应用空间等方面，较前一代AI合成主播（2D形象）均有了大幅跃升。在特写镜头下，甚至连头发丝和皮肤上的毛孔都清晰可见。业界认为，这是人工智能结合3D技术在新闻领域的开拓性应用。

AI——智能家居

《2019年全球智能家居市场》预测显示：2019年消费者在智能家居相关硬件、服务和安装上的费用支出达到1 030亿美元，到2023年将增长至1 570亿美元。按当前汇率换算，市场规模高达1.1万亿元。

智能音箱成为最畅销的智能家居设备之一，百度的"小度"音箱、天猫的"天猫精灵"、小米的"小爱"音箱表现亮眼，在电商平台上销售份额较大。

小米创始人雷军曾在抖音上发布介绍小米智能家居的短视频：视频中，一打开门，整个客厅的灯、空调、扫地机器人等都启动了。从门到电视、空调、厨房电器、洗衣机、电冰箱等，都可以用语音控制。很多网友关注智能家居的性价比、耗电水平、核心技术等，智能家居实现全民普遍性使用还需要时间。

（二） VR（虚拟现实技术）

VR（Virtual Reality），即虚拟现实技术，囊括计算机、电子信息、仿真技术于一体，其基本实现方式是计算机模拟虚拟环境从而给人以环境沉浸感。

虚拟现实技术利用现实生活中的数据，通过计算机技术产生电子信号，将其与各种输出设备结合，使其转化为能够让人们感受到的现象，这些现象可以是现实中真真切切的物体，也可以是我们肉眼看不到的物质，通过三维模型表现出来。因为这些现象不是我们直接能看到的，而是通过计算机技术模拟出来的现实中的世界，故称为虚拟现实。

VR游戏相较于一般游戏来说，最大的优势就是能带给玩家更为强烈的沉浸式体验，由于玩家通过VR眼镜等设备置身于游戏，所以代入感更为强烈。近期，一款VR游戏《半条命：爱莉克斯》受到VR玩家追捧。游戏在交互上可以说是做到了"人性化"，游戏中绝大部分物品都设计了与玩家之间的交互。在游戏中几乎所有东西都可以拿起来，而且物体分轻重两种，重物需要两只手抬。就算是与游戏进程无关的内容玩家同样可进行交互，比如玩家可以拿起扫把，也可以砸碎花瓶，甚至可以拿起角落的自行车，虽然无法使用，但是自行车的车头、踏板都可以自由活动。

VR旅游，是指通过拍摄旅游目的地全景后通过数字技术使用户足不出户便身临其境的技术。游客可以提前了解景区情况，参与到景区设置的设施与活动中，可在一定程度上保护景区环境，增强景点承载力。斗鱼携手武汉大学共同打造了"云赏樱"直播，通过先进的5G和VR直播技术，360度全景采集樱花现场实时视频画面。网友登录斗鱼"武汉加油"专区，就能足不出户隔空欣赏樱花开放的美景，感受疫情下武汉所传递出的生机勃勃的正能量。

（三） 无人机

无人机，即无人驾驶飞机，是利用无线电遥控设备和自备的程序控制装置操纵的不载人飞机。新媒体时代，无人机体积小、重量轻、灵活度高，完成了很多媒介任务。在影视剧拍摄领域，无人机搭载高清摄像机，在遥控操纵下从空中进行拍摄。其实现了高清实时传输且传达距离长，灵活机动，可满足多种镜头需求，蒙太奇、长镜头、升起、拉低……影视圈使用无人机的成功案例比比皆是，经典大片《哈利·波特》系列、《007：天幕坠落》等，都能发现无人机的踪影。此外，央视纪录片的拍摄以及重要事件的报道中，无人机也功不可没。疫情防控阻击战中，这些高科技"小帮手"有了新的应用场景，接替部分一线人员的工作，冲锋在前。无人机在医院和疾控中心间穿梭，实施疫情防控急救药品和标本的自动化转运；无人机在公路上盘旋，代替人工进行空中指挥；"庄稼卫士"变身"消防能手"，无人机成为广大农村乃至城区防疫消杀工作的"超级神器"；隔空喊话宣传劝导，成为宣传小能手。

二、回顾历史：人类传播媒介的变化

根据媒介产生和发展的历史脉络，人类传播活动可以依照时间顺序划分为：①口语传播时代；②文字传播时代；③印刷传播时代；④电子传播时代。这个历史进程不是各种媒介依次取代的过程，而是一个依次叠加的过程。

（一）口语传播时代

语言是在人类劳动和社会协作活动中产生的。

恩格斯在《自然辩证法》中认为，劳动中的相互协作对语言的需要促进了早期人类发音器官的进化。原始社会劳动协作的锤炼，使我们祖先的大脑不断进化，发音系统逐渐完善，思维能力提高。他们会在狩猎中人为发出"咿咿呀呀"的信号式声音，口语传递信息的方式自然而然产生。随着社会生产力的发展，口语传播完全渗透到人类社会的方方面面，小到日常集会、部落、氏族交流，大到军事、外交。公元前490年9月，波斯帝国派遣重兵大举侵犯希腊城邦，登陆马拉松平原，希腊人奋起抗击，以弱对强，做出了巨大牺牲，最后守护了家园。士兵菲迪皮茨奉命从马拉松战场以最快的速度跑回40多公里外的雅典。他向聚集在中央广场的人群激动地喊道："我们胜利了，雅典得救了！"这便是一个最典型的口头新闻传播。同时，在各种宗教创立后，传教士游历四方，宣讲教义，在庙会和节日庆祝的场所交换信息，也是口头传播的表现。通过上述例子中"跑回""游历四方"我们也能看出口语传播的局限性：一方面，人类的声音传播范围有限，想要通过口语传达信息，会受到空间限制。另一方面，口口相传容易出现"以讹传讹"、信息失真的情况，接收者最终得到的消息往往与第一传播者所说的有差别。

（二）文字传播时代

关于文字产生的时间，多数学者推定在公元前3 000年左右。我国的汉字，如果从仰韶文化晚期刻绘在陶器上的几何图形或符号算起，其形成与发展至少已有5 000年的历史。文字的产生大致经过图形文字、表意文字、拼音文字三个阶段。文字作为人类掌握的第一套体外化符号系统，其产生也大大加速了人类利用体外化媒介系统的进程。以我国汉字的载体而论，从早期的石壁、石器、陶器、甲骨、青铜器，到竹简、丝帛和木简，再到后来的纸张，书写材料不断趋于轻便化，文字信息的传递越来越容易。从内容上看，甲骨文有少量的纪事，大多数用于祭祀和占卜；金文多用于记录诏书、国家常法；岩刻用于歌功颂德。这些载体往往以空间换时间，注重内容的保存，但时效性不强，传播的作用不太大。而竹简、丝帛、木简等相对来说轻便易携带的载体，更注重时效性，传播的效果好。中国古代有一种在帛制的旗子上书写文字而通报四方的传播载体，叫作露布，是一面用大幅缣帛制成的锦旗，上面写着进奏皇帝的前线捷报。奏报高高悬挂在杆子上，将士们擎着，快马奔向皇宫。休息和换马时，就将露布插在地上，群众围观，胜利的消息就可广为传播。

（三）印刷传播时代

在古代中国，由于封建社会的政治、经济和文化条件的制约，印刷事业长期停滞在小作坊手工作业和人力劳动的水平上。11 世纪，宋朝毕昇发明了活字印刷术，完成了人类信息传播革命史上的一次重大革命，但没能成为实用技术，没有得到广泛应用。直到 15 世纪 40 年代，德国工匠约翰·古登堡在中国活字印刷和油墨技术的基础上创造了金属活字排版印刷，并把造酒用的压榨机改装成印刷机，这样才使文字信息得以机械化生产和大量复制并用以规模化传播。印刷术的发明标志着人类已经掌握了复制文字信息的技术原理，有了对信息进行批量生产的观念。信息传播的速度、数量、质量大大提高，同时打破了少数人对知识文化的垄断特权，引导人类传播真正步入一个崭新的大众传播时代，是媒介世俗化的重要进程。

（四）电子传播时代

电子传播，即"e 媒介"，是英文"E–Media"的音译，是一种运用电子媒介传播信息的方式，是一种全新的数字信息生产加工和传播方式。1844 年 3 月 24 日，美国人塞缪尔·莫尔斯开通了从华盛顿到巴尔的摩的电报线路，1876 年亚历山大·贝尔的第一部电话诞生，1913 年法国物理学家贝兰制成第一部手机。电报、电话、电传真发明后，人类搭载无线电波的快船进入电子传播时代。

美国匹兹堡 KDKA 电台是第一个正式申请商业执照的电台，是世界上第一家正式成立的广播电台。广播电子媒介依赖人的听觉传递新闻，通过无线电波或导线，向听众播送声音信号。广播的听力系统延伸了人们的听觉，突破了时空限制；它超越了人的识字水平的限制，具有广泛的受众。声音不仅能传递信息，而且能表现人们丰富的感情，比文字的表现力更强。但是，广播借助人的听力，转瞬即逝，保存性差；线性传播，自主选择性差。1936 年 11 月，英国广播公司在伦敦以北的亚历山大宫建成世界第一座正式电视台。电视传达音频信号与视频信号，包括无线电视、有线电视和卫星电视，经历了从机械电视、电子电视、晶体管集成化电视到数字电视的演变。电视图文并茂，具有很强的现场感，受众所看到的内容更加直接更加生动。但是电视节目的连续转换，也容易使受众形成看电视只观看不动脑的接收惯性。1946 年 2 月 14 日，世界上第一台计算机 ENIAC 在宾夕法尼亚大学诞生。计算机的出现，互联网的产生，对人类社会政治、经济、文化等各个领域有深远的影响。电子通信工具的出现实现了信息的远距离快速传输，使得远隔万里、重洋阻绝不再成为人类沟通信息的极大障碍。卫星通信技术、卫星广播电视和互联网的飞速发展与普及，使大面积、远距离的实时跨国传播和全球传播成为现实。

三、新时代下的媒介合影

对于传统媒介，人们曾经有这样的说法：

报纸——当之无愧的"老大"；

杂志——知心可亲的"大哥"；

广播——能言善辩的"大姐"；

电视——贴心善变的"新宠"；

电影——风情万种的"女子"；

互联网——年少轻狂的"内弟";

手机——人见人爱的"小妹"。

"95后""00后"被认为是"互联网原住民",使用手机在互联网上学习、社交、娱乐等,是一种生活常态。

(一) 书籍

网络时代的书籍:电子书

根据亚马逊中国携手新华网发起的"2018全民阅读大调查",随着数字阅读的不断普及,越来越多的读者开始以电子书阅读为主。

从年龄段来看,"90后""00后"相比其他年龄段付费购买电子读物的占比更大,分别是82%和85%。而在电子书阅读内容的选择上,八成以上受访者表示以阅读出版物的电子书为主,而以阅读网络文学为主的受访者占比为12%。数字阅读发展的同时,出现了"浅阅读"现象。调查发现,大学生用于"浅阅读"的时间远超"深阅读"。相对于"深阅读","浅阅读"具备了大众流行文化的基本特征,即快速、快感,是跳跃式浏览、注重直观感觉刺激的娱乐式阅读。电子时代,可能没有什么不可以"浅阅读"。在信息轰鸣的时代,"深"与"浅"的界限似乎并不那么明显,它们都会在我们的指尖、眼前迅即滑过。

受访大学生觉得网络阅读比较浅层,或者可以理解为,网络中可以浅层阅读的内容比较丰富,打开网络无须检索,扑面而来的便是各种各样的新奇而又时尚的话题。一名女生在采访中表示:"接触网络后我看问题明显比较激进。网络上的内容,看的时候觉得非常有趣,过一段时间之后觉得特别无聊。现在自己总是觉得很浮躁,在知识上没有什么长进。"

"深阅读"与"浅阅读"的重要区别特征是前者分析性和思考性更强,内容有一定深度,需要相对长时间的思考。这需要大学生掌握相关知识点,了解的知识相对深入。深入思考需要热情和耐心,这在一定程度上降低了大学生"深阅读"的积极性。

我国是千年文明古国,伟大传统之一就是以读书为尊为贵。"积财千万,无过读书。"读书可以明理得道,可以修身养性。"为学之道,莫先于穷理;穷理之要,必在于读书。"读书人在阅读之中,"手披目视,口咏其言,心惟其义""每有会意,便欣然忘食"。这种身心合一的阅读过程,赋予了读书极为厚重的神圣性和愉悦性。

读书使炎黄子孙能够思接千载,纵横万里,窥天地之妙,得万物之灵。文化的血脉、思想的精髓、国家的道统都在读书中绵延不绝,久传于世。读书的传统早已沉淀在民族性格的深处。凿壁偷光、悬梁刺股、囊萤映雪……一个个动人的故事形象地体现出中华民族对读书的酷爱。

知名学者、作家周国平认为,读书最快乐的并不是学到了什么知识,而是突然发现,原来有些东西通过阅读被唤醒了,"我有过这种感受。每个人内心都隐藏着生活积累下来的那种宝藏,读经典的时候这个宝藏就打开了"。

"一定不要把读书当成功课去做。"周国平说,自己一向主张要把经典作品当成"闲书"来读,"那个时候,你会觉得读那些平庸的东西一点意思都没有了。阅读好作品,打下了基础。人就好像有了一种内在嗅觉,一本书好不好,你闻一闻就知道了"。

世界读书日全称为世界图书与版权日,又称"世界图书日",最初的创意来自国际出版商协会。1995年联合国教科文组织宣布正式确立每年4月23日为"世界图书与版权日",设立目的是推动更多的人去阅读和写作,希望所有人都能尊重和感谢为人类文明做出巨大贡献的文学、文化、科学、思想大师们,保护知识产权。每年的这一天,世界100多个国家都会举行各种各样的庆祝和图书宣传活动。

(二)报纸

1. 纸媒寒冬

2004年,美国学者菲利普·迈耶在《正在消失的报纸》一书中,提出了"报纸消亡论",这一理论在世界范围内产生了较大的影响。

在多媒体竞相发展的今天,报纸作为传统媒体面临的竞争日益激烈。随着新媒体的发展,越来越多的人选择从网络、手机上获取资讯,报纸面临着读者大量流失、发行量萎缩、广告收益下降等诸多困境。

纸媒时代,"读者""作者""编者"好似在一条滚轴的纽带上转动,彼此保持着明显的距离和界限。而在互联网时代,"读者""作者""编者"不再是在纽带上依次摆放的三类人,而是交织在一张网上,他们的关系紧密且交杂。在交织的过程中,产生了更多的内容、更多的话题,以此满足了更多人的兴趣。

传统纸媒走精英路线,在"读者""作者""编者"这个生态链里,"编者"处于最高级位置,树立了一道发表稿件的高门槛,决定了作者的稿件是否刊发;作者处于中间级;"读者"处于最低级位置。"作者"和"编者"合作制造的内容是从上而下传输给"读者"的,"读者"很难发表自己的看法,总之三者之间缺乏互动关系。互联网走的是草根路线,在很大程度上破除了"编者"的门槛,打破了"作者"和"读者"的界限。当今是互联网时代、全媒体时代、大数据时代和媒体融合的时代,在这样一个大背景下,传统媒介的双重性所带来的积极影响日益凸显,其管理者更加注重人才培养与设备更新,注重受众反馈,重视自身管理,开源节流。在人人都是传播者的时代,专业传播者的采访权、公信力、内容生产能力、新闻传播力以及专业采编队伍等专业理念和操作方式在内容传播领域具有权威性和引领性,这使得传统纸媒仍具优势,传统纸媒的内容生产方式仍有价值。当然,传统纸媒的这些核心价值只有与时俱进,嵌入互联网的体系当中才能保有和实现。

2. 大学生与报纸

20世纪90年代初,大学宿舍有学校院系订《参考消息》《北京青年报》,一个宿舍6个人传阅报纸,讨论一些重大事件。那个年代,有的高校会订《人民日报》,有的订地方都市报,军校还会订《解放军报》等。

从全国范围看,各大高校从20世纪90年代末开始减少订阅,直至2003年前后,绝大多数学校取消了学生宿舍订阅,学生与读报生活渐行渐远。这一时间段也与网络发展的步调相吻合。一名做报刊发行多年的业内人士称,过去10年,高校订报量骤减70%~80%。有沿海城市报刊局反映,当下各高校,除图书馆、工会还用公费少量订阅报纸外,师生自费订阅报刊的几乎没有。去图书馆的多数学生以借阅书籍和自习为主,看报者寥寥。

互联网时代,大学生在微博、微信订阅号上阅读新闻越来越普遍,传统媒体的新闻内容发布转移到微博、微信、抖音等新阵地,一些传统媒体还研发了新闻App。

那么大学生还需要读报吗？1929年5月30日《广州民国日报》刊登的《男女婚嫁的禁条》一文里，男女婚嫁的禁条之一：不可嫁不读报纸的青年，因为他们除了自己外，几乎没有对于其他事情的兴趣。

有语文老师称，"两耳不闻窗外事，一心只读圣贤书"的时代结束了，现在不看新闻、不关注时事越来越难写好高考作文了，考生成绩与对社会的了解程度直接相关联。

读报能启迪思想。报纸上有对党的方针、政策的宣传，有对各级各部门的决策和部署的报道，经常阅读会心明眼亮头脑清醒。读报能指导实际工作，报纸上既有各行各业的新闻报道，亦有解难释疑的灵招妙法，值得认真学习和实践。读报能增长知识，报纸是"知识库"，充分利用报纸的"知识库"功能，可启发创新思路，有利于创造性地开展学习和工作。

（三）杂志

根据中国科学技术信息研究所的报告，目前中国发表的SCI论文数量已经居于世界第二位，与第一位的美国旗鼓相当。同时，中国SCI论文的质量与被引用数量也持续提高。但略显尴尬的是，我国论文的撤稿量也同样占比很高，占世界44%。近三年，中国SCI论文共有1 397篇撤稿，其中因剽窃而撤稿的有547篇（占39%）。

拒绝学术造假

目前，国内学术研究领域的知识产权意识仍有待进一步增强，尤其是受毕业答辩、职称评定、奖励机制的影响，一定程度上存在重视科研论文和成果、忽视知识产权保护以及不尊重他人知识产权等问题，导致学术论文代写抄袭现象增多。

学术造假问题不仅关乎个人，还影响整个学术圈的信誉与风气。科研工作者的初心是求真务实，更应遵守学术道德。科学最重要的是"求真"而非论文发表，论文仅仅是学术成果的载体。倘若为了发表论文而弄虚作假，那么失去的不仅是某个人、某个研究机构的信誉，还会动摇人们对科学研究客观性、严肃性、可靠性的认同。

（四）广播

"20世纪60年代入学装备：钢笔、换洗衣服、好大的饭碗；

70年代入学装备：脸盆、被褥、搪瓷缸；

80年代入学装备：钢笔、收音机、手表；

90年代入学装备：小风扇、电暖壶、磁带录音机；

21世纪入学装备：手机、笔记本电脑、单反相机。"

20世纪80年代初，广播几乎是听音乐的唯一途径。播什么歌曲，电台说了算。你想听的歌曲，或者没有，或者不播。一朝录音机在手，听什么录什么，我的音乐我做主。从这个意义上说，录音机的出现不仅丰富了人们的生活，也给了人们选择音乐的权利。

20世纪90年代出现的磁带录音机就时尚多了，可以用来学英语。此时的中国人英语基础薄弱，口语与听力只有在偶尔的广播中才能矫正。

广播声音媒介的特性是文字与视频所不可取代的，它可以通过伴随的方式完成信息的"交付"。只是受到设备与技术的限制，以往收听广播的设备虽然可以随身携带，但比较笨重，而且受节目线性编排方式的影响，听众不能随时收听自己想听的节目，移动媒体的出现使广播的伴随性有了更大的发挥空间。

随着网络的快速发展以及资费的下降，近年来，在线收听网络电台的用户越来越多。其中，喜马拉雅、蜻蜓、荔枝等是受广大电台用户所青睐的国内音频分享平台。

现在，人们忙于工作，又希望在闲暇时间给生活找点乐趣。打游戏和追剧都需要精神集中，太消耗时间和精力，于是只需要借助于耳朵听力的电台自然而然就受到大家追捧了。无论是在上下班的路上，还是散步健身或是临睡前，都可以利用这些零碎的时间来收听节目，并且还不会影响做其他事，休息时间都能得到充分的利用。

2010年，题为"网络时代下大学生广播接收的现状与建议"的研究发现，网络的普及使广播逐渐丢失了大学生听众，63%的受访者将不收听广播的原因之一归结为电脑使用偏好。十多年过去了，"电脑"改为了"手机"。

校园广播

校园广播是学校官方的重要信息窗口，肩负着正确引导舆论、迅速传递信息、及时反映问题的任务。校园广播作为官方媒体占据天然的资源优势，权威性是校园广播为受众所认同的重要保证。同时，校园广播的内容生产由较专业的生产团队与指导老师完成，团队工作人员以在校大学生为主，他们既了解当代年轻人对信息的接收兴趣与接收习惯，又掌握专业内容生产的技术与设备，加之长期广播工作积累的经验与传承，校园广播能够生产出既优质又权威的内容。

（五）电视

1. 全媒体电视节目下的大学生

在全媒体的大背景下，电视传媒纷纷依托全媒体的发展趋势与新媒体联手，建立网络电视台，通过移动终端进行电视的延伸。电视媒介以多种形式覆盖了大学生的生活。走进大学生的寝室，最常见的场景就是学生盯着屏幕，以及时不时和屏幕交流的声音。多数学生下课吃完饭后就会回到寝室，坐在桌子前或者躺在床上追剧、追综艺。对大学生受众分析，我们发现大学生更倾向于真人秀与综艺节目。许多真人秀和综艺节目会敏感地捕捉大学生关注的热点，针对其特性设置节目主题与内容。例如《职来职往》紧扣大学生求职需求，提供一个人才面试的公开性场景；《花儿与少年》会邀请当红流量，打卡风景满足大学生追星八卦与旅游观光需求；《奇葩说》会设置很多争议问题，在轻松活泼的氛围下补充知识，对迷茫时期的大学生起到心灵抚慰、人生引导的作用。这些真实情景的展现都贴近大学生的生活，受到大学生的喜爱。另一些文化创新节目更受大学生关注，例如中央电视台开播的大型文化类电视节目《朗读者》，在各类泛娱乐化充斥的媒体环境下，让受众耳目一新，引发了全社会对阅读的关注和热议。其他情况下大学生会选择贴近自己兴趣爱好的节目，例如音乐节目《中国好声音》、戏曲节目《叮咯咙咚呛》、美食纪录片《舌尖上的中国》等。当下的电视文化对大学生价值观的影响主要是积极的，然而娱乐节目的界限并不明确，电视文化的"泛娱乐化"现象、功利主义、拜金主义等不和谐因素也利用网络电视媒介的便利潜移默化地影响着受众，使受众盲目追求感官享受，或者梦想"一夜成名"，滋长投机取巧的心理，使积极进取、探索精神逐渐淡漠。要使电视媒介始终保持对大学生的正向引导需要多方面的配合，政府相关部门要进一步加强对广播电视行业的监管，净化网络电视环境；媒体行业要树立大局意识，弘扬主旋律，不断增强创新意识，提供丰富多彩的内容；教育业要重视媒介中的问题,注重大学生媒介素养的培育,增强其辨别能力,组织一些社会实践活动,防止其过度依赖虚拟世界。

2. 追剧需理性

据某高校一项大学生"追剧热"调查,大学生日常生活中追剧的占86.43%,从来不追剧的仅占13.57%。虽说多数大学生每日追剧时间少于2小时,处于健康的追剧状态,但仍有三成以上大学生花费过多时间在追剧上。

疯狂追剧会影响人的行为和思考方式,容易使人变笨。此外,长时间坐着不动,盯着屏幕看剧,容易使身体疲劳,出现肥胖问题和其他健康问题。此外,一旦忙于追剧,大学生可能对学习变得懈怠,忽视朋友和家人,缺少人际交往,严重影响生活和学习。

3. 如何理性追剧

(1) 把剧情内容看完,可以搜搜分集剧情,降低对剧情的好奇度,从而降低追剧的决心。

(2) 追剧有节制,不能长时间追剧,更不能关着灯看剧。每次不能连着看剧超过两集,过长时间会给眼睛和大脑造成负担。

(3) 合理划分时间,不能因为追剧影响正常的生活、学习,也不能因为追剧忽略和家人、朋友的联系。

(4) 如果实在是自制力太低,那只能消灭"追剧利器",增大追剧难度了。例如,卸载手机里看视频的App;把iPad的电耗光,不充电。

【调查问卷】电视选秀节目对大学生价值观的影响。

(1) 你怎么看待"一夜成名"呢?

A. 我要学习他(她)的坚持、执着,成功自然来

B. 我要努力拼搏,寻找成功机会

C. 我也想寻找诀窍迅速成名

调查显示,八成以上的"90后"大学生认同努力拼搏、坚持奋斗是成功的基础,极少数学生有"快速成名"的想法。

(2) 你是否认为(曾经认为)偶像所做的一切都是正确的?

A. 是　　　　　　　B. 不是

调查显示,盲目信赖偶像的同学只是少数,经常模仿偶像的更是少数中的少数。绝大多数学生对选秀明星有着较为合理的态度,自身价值判断、行为模式并未盲目受其影响。这可能是因为,在选秀节目热播的同时,各界意见、各种信息也被青少年关注,使他们对选秀成名的认识也比较理性。

(3) 你相信选秀节目的选手是完全靠实力和人气取胜吗?

A. 是　　　　　　　B. 不是　　　　　　　C. 不知道

调查显示,"黑幕""操控"的批评基本与选秀节目同时诞生,对于选秀这种媒介现象,青少年有较为全面的接触、讨论,并未简单轻信炒作、煽动。

但是,自2013年亲子类真人秀节目热播以来,"星二代"一夜之间被推到前台,代言、接拍广告、出席各类商业活动,导致"成名要趁早"等浮躁之风在国内迅速蔓延,这或多或少会对大学生产生一些不良暗示;而选秀节目对"个人主义""冒险""竞争"等价值取

向的张扬，某种程度上也构成了对集体主义、传统文化的冲击。

（六）电影

如今，到电影院看场电影堪称大学生出门"浪"的标配内容，看电影也是很多大学生的业余爱好之一。

根据教育部的统计，最近几年在校大学生的数量都维持在2 400万人左右，2015年约2 500万人（硕士生和博士生不包括在内）。大学生大都处在17~22岁，恰好是主力观影人群。某传媒企业副总裁透露，根据他深入一线的观察，大学生这个群体不但有较强的消费能力，更关键的是他们有充足的消费时间和过硬的消费需求。微信电影票针对11 558名观众的在线调查显示，每周去看电影的竟然高达35.99%，每月一次的接近50%，这两类人加起来超过85%。由此可以推断，大学生平均每个月看1次电影是比较可靠的状态。那么全国2 500万名在校大学生，平均1年的观影人次就可以高达3亿。按目前36元的平均票价计算，一年可以贡献票房108亿元，约占全国市场总额的1/3。

1. 人类的生活为什么需要电影

据调研，近60%的学生首选在爱奇艺、优酷等视频网站在线观看或通过网站下载观看电影，而并非一定去电影院。调查发现，这一情况主要与大学生的收入和支出水平有关。博士生、硕士生虽然每月有一定的生活补助和工资收入，但与社会平均工资相比仍处在较低的水平；而本科生花费基本靠家里支持，因此在支出方面会更加谨慎。此外，出现这种在线消费的倾向与当前电影票价偏高也不无关系。以北京为例，在没有折扣的情况下，一场2D电影的花费在80元左右，3D电影120元左右，即便是通过手机购票客户端等渠道购买优惠票也要35~60元。在接受调研的136名同学中，没有人认为现在的电影票价是偏低的，65%的大学生认为当前电影票价较贵，且票价的高低会对他们是否选择去影院观影产生影响。

2. 院线电影网络上映

2020年，电影行业因疫情发展迟滞，全国电影院在一段时间内关闭。2020年年初，一部院线电影《囧妈》选择在网络平台播放，引发全民关注。

徐峥把《囧妈》的播放权以6.3亿元的价格卖给了短视频平台，免费给观众看。在同行看来，他的这种做法就是损人不利己，以至于电影行业联名公开抵制徐峥和他旗下的影片，甚至还极力谴责徐峥见利忘义的行为。就连浙江电影行业官方也发博称，徐峥这一行为严重影响了全国电影院的发展，给电影院带来了严重的损失，希望他们改过自新，否则就会对欢喜公司以及徐峥出品的电影予以一定程度的抵制。

《囧妈》迅速抛开院线，与字节跳动展开合作，字节跳动向欢喜传媒旗下的欢欢喜喜公司最少支付6.3亿元，开创了春节档电影线上免费首播的历史。包括万达影业、大地电影有限公司在内的23家电影院线公司联名向电影总局提出申请，要求总局紧急叫停欢喜传媒电影《囧妈》互联网免费首播的行为，取缔电影院以外各类"零窗口期"的放映模式。

但是，有不少网友表示，"很感激，欠一张电影票"。还有不少来自湖北的网友称，"封城的日子里能看到，开心"。抖音及西瓜视频相关负责人表示，此次与《囧妈》团队的合作更多的是考虑到在这一特殊时期，希望力所能及地丰富用户的假期生活，推动大家在家中度过一个平安健康的假期。公众的需求是多样的，有人喜欢在电影院观影，也有人喜欢在新媒体平台上观影，影片应该有选择在何种渠道发行的权利，这也给院线和视频平台提供了一个市场化竞争的环境，有利于其优化用户体验。

（七）互联网

1994年，中国实现了与国际互联网的连接。那时带宽只有64K，虽然网速很慢，但这意味着中国正式进入了互联网时代。

互联网1.0是门户的时代，互联网刚刚出现，人们根本不知道上网能干什么，而以搜狐、新浪、网易为代表的门户网站，给中国第一代网民提供了大量内容。

随后互联网进入社交时代。人们不再满足互联网给予的各种信息，不再想成为聆听者，而想成为信息的主导者。在这个时代，以人人网（校内网）、开心网、QQ等SNS（社交网络服务）平台为代表的社交网站如雨后春笋般涌现。人们第一次感觉到个人不再渺小，一个人的力量以及影响力可以十分巨大。而以QQ、米聊、微信为代表的即时聊天软件逐渐取代了发短信、打电话，成为人们沟通的基本工具。

随着智能手机的普及，互联网很快进入了移动互联的时代。中国互联网用户也呈井喷之势迅速增长，与此同时各种App层出不穷。在这个阶段BAT（百度、阿里巴巴、腾讯）开始一统江湖，其中阿里巴巴和腾讯愈发耀眼，通过支付宝和微信两个跨时代的产品建立起强大生态，在互联网各个方面深耕。二者还联手把支付环节打通，再一次彻底把传统行业掀了个底朝天。

（八）手机

1. 手机的发展

1987年中国出现第一部手机，型号是摩托罗拉3200，也就是我们所说的"大哥大"。中国的移动通信技术也算是进入了手机发展的第一个时代——语音时代，也就是1G时代。

手机市场从以前的一枝独秀变成了三国争霸，摩托罗拉与诺基亚、爱立信成为当时的手机三巨头。由于摩托罗拉死死抱住1G的模拟网络，不肯去拥抱GSM数字网，当时还不存在国产品牌手机的中国已经受到了这种变化的影响，所以在2G时代，进入中国大陆的第一部手机不再是摩托罗拉而是爱立信的GH337，时间就在1995年1月。此刻我们进入了文本时代，可以通过手机发送与读取短信。

2008年3G网络进一步普及，图像时代来临，苹果公司推出了自己的3G手机iPhone 3G，首次提供GPS技术。自此触摸屏智能手机时代开始了，而苹果就是其中的霸主。

2014年，第四代移动通信系统成熟，华为、小米、魅族等国产手机以视频起家，进军市场。2019年10月31日，三大运营商正式公布5G套餐，并于11月1日正式上线5G商用套餐，这标志着我国正式进入5G商用时代。2020年6月工信部发布的最新统计数据显示，即使受到疫情冲击，我国5G基站仍以每周新增1万多个的数量在激增。5G终端连接数已超过3 600万个。仅2020年4月一个月，5G用户就增加了700多万。在网络建设方面，基础电信企业建设5G基站超过25万个。2021年9月13日，工信部在国新办召开的发布会上表示，我国已建成全球最大规模光纤和移动通信网络。5G基础设施不断完善必然加速5G手机产品渗透。据该发布会上数据显示，2021年1—8月，国内5G手机出货量已达1.68亿部，5G手机将逐渐走入千家万户。

2. 大学生手机成瘾问题

通过对手机发展的介绍，我们可以看出手机在保留通信功能的基础上开发了各式各样的功能，包括媒介功能——可以直接利用手机进行自媒体运营、获取一手新闻；支付功能——支付宝、微信收付款极大地方便了人们的生活；社交功能——QQ、微信、微博、快手、抖音等多种社交媒体平台入驻；还有疫情时期的健康码、行程码等。手机不断更新与时俱进，完全融入我们的生活成为我们的延伸，相伴而来的是大学生群体的手机成瘾。手机成瘾是一种过分利用现代技术所导致的行为。手机成瘾，具体而言就是由于某种动机滥用手机而导致手机使用者的心理和社会功能受损的痴迷状态。研究人员根据贵州省经济状况的不同，在贵阳市，贵州省南部、中部、北部等地选取了有代表性的本科院校，随机整群抽取大一至大四年级学生中的手机使用者，施测后判定在442份有效问卷中，手机成瘾者有131人，成瘾检出率为29.84%。进一步分析原因发现，孤独感是影响手机成瘾的重要因素。国外研究人员认为，成瘾行为的主要动机是减轻痛苦、焦虑等负性情绪状态（即为逃避）。大学生正处在自我同一性确立的时期，这一时期他们往往要承受基本的学习压力、过度的求职竞争，面对理想状态的自己与现实处境的差距，这一阶段交织的痛苦和迷茫使他们寻找实现自我统一的方式和途径，而手机的多功能性、娱乐性、互动性、可操作性、虚拟性使他们得以短暂逃避现实问题。消除孤独所引起的焦虑，迎合了大学生的心态，成为其排解郁闷的首选。对大学生手机成瘾的干预可以从降低孤独感入手。学校应经常组织健康向上、丰富多彩、适合大学生心理的校园活动，如书法比赛、摄影大赛、演讲比赛、韵律操比赛等大学生比较感兴趣的活动。学校还可以结合社会发展趋势就学生所学专业的前景、发展方向及当前的就业形势请有关权威人士给予详细的介绍，让大学生对自己的前途充满憧憬。大学生在学校营造的积极向上的氛围中，既可以消除孤独感、失落感，又能在活动中受到潜移默化的影响和熏陶。

四、展望未来：万物皆媒

世界著名传播学者马歇尔·麦克卢汉（见图2-1）提出"媒介即讯息"。他认为，真正有意义、有价值的"讯息"不是各个时代的传播内容，而是这个时代所使用的传播工具的性质，它所开创的可能性以及带来的社会变革。

图2-1 马歇尔·麦克卢汉

麦克卢汉还提出"媒介即人的延伸",任何媒介都不外乎是人的感觉和感官的扩展或延伸:文字和印刷媒介是人的视觉能力的延伸,广播是人的听觉能力的延伸,电视则是人的视觉、听觉和触觉能力的综合延伸。

学者彭兰认为,新一轮技术浪潮,将使"媒介"与"非媒介"之间的界限淡化、模糊,未来甚至会消失。一个万物成为媒介的泛媒化时代正在到来。

(一) 物体媒介化

物体媒介化是泛媒化的基本表现。物体的媒介化,主要是靠安装其上的传感器,或者物体本身的智能化,比如,以传感器进行信息采集、以大数据处理技术为支撑的"传感器新闻";再如,未来固定屏幕的概念甚至会淡化,信息可以用投影、虚拟现实(VR)或增强现实(AR)等方式飘浮在空间里,或者出现在墙壁、桌面、地板等自然物体上。

(二) 人体终端化

人体终端化是泛媒化的另一面。当可穿戴设备等传感装置可以直接发送人体的相关数据时,人体本身也将成为一种完全意义上的终端——人肉终端。这使得人的数据化变得更为常态、深层。目前的传感设备可以采集的人体数据,主要包括位置数据、运动数据、身体基本状态数据(如体温、心跳等)。这些数据已成为大数据时代的重要资源。

通过可穿戴设备及其他设备等获得的来自人的数据,有可能会深入思维这个层面。这并非指通过人们发布的内容去分析他们的思维,而是指通过眼动、脑电波等生物信号来直接传达的思维活动。甚至可能在某一天,人们的意识可以直接被上传到电脑中。

(三) 人机合一

在泛媒化时代,人与物的关系将成为共生协作的关系,甚至会出现人机合一、人与机器共同进化的可能。未来的人工智能技术则将使人与智能机器(包括软件)变成人机合一的关系,比如机器人写作。

2015年11月7日,新华社推出新闻写作机器人"快笔小新"。快笔小新上线以来,在工作岗位上不眠不休、尽职尽责,是一位名副其实的"业务能手"。

在擅长的体育和财经领域,无论是CBA和中超的体育比赛,还是股市行情触发、年报等财报的实时分析,原来需要编辑、记者用15~30分钟完成的稿件,小新只需要3~5秒即可完成,极大地降低了新华社编辑、记者的工作强度,提升了新闻信息的生成能力和发稿时效性,让编辑、记者从基础数据信息的采写中解放出来,将更多时间用于采写深度分析稿件。

(四) 元宇宙

2021年10月28日,Facebook首席执行官马克·扎克伯格宣布,Facebook将更名为"Meta",来源于"元宇宙"(Metaverse)。扎克伯格表示:"下一个平台和媒介将是更加身临其境和具体化的互联网,你将置身于体验之中,而不仅仅是作为旁观者,我们称之为元宇宙。"

元宇宙是整合多种新技术而产生的新型虚实相融的互联网应用和社会形态,它基于扩展显示技术提供沉浸式体验,基于数字孪生技术生成显示世界的镜像,基于区块链技术搭建经济体系,将虚拟世界与现实世界在经济系统、社交系统、身份系统上密切融合,并且允许每个用户进行内容生产和世界编辑。

目前，元宇宙仍是一个不断发展演变的概念，不同的参与者以自己的方式不断丰富它的含义……

当万物皆媒介，我们会在不同场景下使用不同的智能设备，并且这些设备之间可以互联互通、无缝衔接、快速适应个人习惯，我们在 4G 时代过多集中于智能手机上的时间和注意力资源就会被大大稀释。

想象这样一个场景：

早晨起床去化妆间，"魔镜"会与你的可穿戴设备及 AI 助理通信，在你刷牙时显示昨天的睡眠状况、今天的天气情况、重要约会、推荐穿搭，并用 VR 技术展示服饰与妆容的上身情况。

家居机器人会和你的冰箱、咖啡机、烤箱沟通，当你走出洗漱间时豆浆刚好煮完。无人汽车会在精确到厘米的指定地点接你上车，并在车上播放你昨晚没看完的电影。跨国的学术讨论会议以远程视频直播的方式呈现，虚拟和沉浸的效果堪比亲身到达现场。

一天结束后你可能才会拿起手机，因为要看社交网络中朋友的最新动态，由此手机回归了它最终的价值——个人、私密。

【思考】

1. 你觉得数字阅读和传统阅读相比有哪些不同的感受？你如何看待大学生数字阅读倾向"浅阅读"的现象？

2. 对于《囧妈》院线电影网络上映的现象你怎么看？可以从院线、网络平台、网民的不同主体角度谈谈看法。

【练习】

一、选择题

1. 口语传播是人类传播活动的第一个发展阶段，关于口语传播以下说法错误的是（　　）。

A. 口语在劳动协作中产生

B. 口口相传容易出现"以讹传讹"的现象，造成信息失真

C. 口头传播在一个有限的空间内进行，传播途径短，时效性强

D. 随着生产力的发展口头新闻影响力渐弱

2. 广播电视事业在我国走的是中国特色的道路，其具有的双重属性是（　　）。

A. 党性与娱乐性　　　　　　　　　B. 新闻属性与经济属性

C. 阶级属性与产业属性　　　　　　D. 事业单位与企业化管理

二、判断题

3. 我国汉字的载体从早期的石壁、石器、陶器、甲骨、青铜器，到竹简、丝帛和木简，再到后来的纸张，书写材料不断趋于轻便化，文字信息的传递越来越容易，这是媒介偏向时间的表现。（　　）

附录答案

1. D　　2. C　　3. ×

第二节 媒介审美

引言：媒介作为当代审美观念嬗变或转型的重要元素，正对传统审美观念产生巨大冲击。本节主要介绍新媒介中的审美，分析其成因并提出解决方法。

一、新媒介中的审美

进入大众传媒阶段，语言、文学、艺术批量生产和传播成为可能，标准化逐渐代替了个性化，高雅艺术和通俗艺术界限日趋模糊。新媒介无孔不入地改变着人们的世界观和生活方式，在审美层面，表现为以理性启蒙、审美启蒙为核心的现代审美精神转变为以理性批判、审美解构为核心的后现代审美精神。这种审美精神，形态特征上体现为感性化、碎片化、无深度、瞬时性与反讽。

媒介作为当代审美观念嬗变或转型的重要元素，正对传统审美观念产生巨大冲击。

（一）审丑文化

"丑"起源于甲骨文，表示与手指有关的动作，在造字之初的本义为拧、扭、搓、转，之后其字义由"扭"字代替。"丑"释为"可恶也，从鬼，酉声"，主要用来形容酒醉后疯狂而可怕可恶的神情；后来引申为品行不好之人。丑与美其实是人类生存的本真状态，生活中既然有美，就应该有丑。

近年来，网络媒介所塑造的相异于传统审美标准的媒介角色相继走红，他们的相似之处在于颠覆传统的审美标准、社会规范。他们的言行大胆"出位"，搞怪作秀式的"自我展示"带有极强的目的性，甚至包含一定的商业目的，都是为了引起大家的注意，成为社会话题。这些媒介角色经常被网友以"丑"来形容。这里的"丑"是广义的，它以一种反传统、另类的方式呈现。

1853年德国美学家卡尔·罗森克兰茨出版《丑的美学》，被视为丑在审美王国中以独立身份出现的重要标志。卡尔·罗森克兰茨认为，丑是自成规律的，丑不只是美的否定，丑从此成为一种特殊的审美形态，拥有了与美相提并论的话语权。

传媒支持下的网络审丑文化具体是指由网络传播，在较短时间内获得大量注意力资源的颠覆传统的、不符合常规的、非理性的人或者事物代表的文化。

1. 传媒文化中"审丑"现象的成因

（1）经济利益链条的驱使。在新媒介环境下，每个人都可以通过网络微博、聊天室等多种形式来表达自己的想法和思想情感，加上网络低门槛、低成本的特点，为一些网络炒作提供了契机，商业推手通过策划，借助网络平台发帖形成热议的话题，网络媒介以其自身优势更是促进了信息的传播。

互联网时代，快节奏的生活和爆炸式的信息让人们感到疲劳与无所适从，而"丑"的简单粗暴与猎奇，很容易吸引大众的目光。同时借由"丑"的刺激，可以从中体验到自信与快乐，短暂地遗忘现实中的焦虑与空虚，通过网络形成了精神上的狂欢。我们会发现那些带着"丑"的土味视频会火，是因为其本身自带的喜剧因素，能够愉悦观众的身心，这才是它流行开来的精神内核，而不是单单因为长得够"丑"。

（2）媒介渲染促进了"审丑"现象的发展。一些媒介在利益的诱惑下大力报道"网络热点"，在一定程度上促进了"审丑"现象的发展，通过网络炒作使这些审丑现象得到了广泛传播。无数投身于互联网巨池的主播们以离奇、反常、怪异的方式创造了一个又一个带有强烈个人色彩的符号。例如，郭老师创造了语调怪异的"郭言郭语"；giao 哥发明了气势磅礴的 giao 式口号和一整套"giao 家军最高礼仪"；岛民老八一次次挑战难以下咽的食物……

2. 审丑文化对大学生价值观的影响

在今天，审丑文化传播的主要平台就是网络，而大学生作为网民中的主力军，当仁不让成了审丑文化的受众乃至表演者。大学生正处于由学校完全步入社会的过渡阶段，是价值观形成的关键时期，该阶段的价值观往往影响其在社会中的认知、态度和行为。审丑文化对大学生的影响可见一斑。

审丑文化对大学生价值观的正面影响：审丑文化追求个性、夸张、新鲜的表现形式，这有利于激发大学生的创新意识；审丑文化追求多样化的形式、快捷的方式，其普及速度迅雷不及掩耳，有利于培养大学生的效率意识；审丑文化炒作的对象都是与我们日常生活息息相关的问题和理念，有利于促使大学生自我反思，增强社会责任感；审丑文化反其道而行之，挑战主流审美文化，提供了一些负面案例，有利于缓解繁重的生活压力，锻炼大学生的心理素质。

审丑文化对大学生价值观的负面影响：审丑文化宣扬拜金主义、恶俗精神，混淆大学生对真善美的信仰，动摇大学生的评价体系；审丑文化过度散布负面信息，导致大学生对社会麻痹疏离，降低大学生对政府、对社会、对社会主义制度的信任度；审丑文化通过过度炒作赢取利益，宣扬了好逸恶劳的品质，削减了大学生积极进取的精神。

（二）碎片化浅表式审美体验

1. 现象 1：短视频观影

"3 分钟看 1 部电影，5 分钟刷 1 部剧"，你一定在视频平台看过这样的内容。2022 年 6 月 30 日，快手宣布与乐视视频就乐视的独家自制内容达成二创相关授权合作。这意味着快手创作者可以对乐视视频独家自制版权作品进行剪辑及二次创作，并发布在快手平台上。而乐视视频通过接入快手小程序平台，也可以触达海量用户，并借助小程序实现会员拉升及内容变现。随着长短视频平台版权合作，越来越多的用户没有耐心在视频网站上用正常速度看剧。通俗易懂的语言，直接且具有冲击力的画面，在这个碎片化阅读时代，"短视频观影"风头日盛。

2. 现象 2：网上"不阅读"

美国学者尼古拉斯·卡尔在《浅薄：互联网如何毒化了我们的大脑》一书中提到以色列在 2008 年开展的一项研究，这项研究主要是通过对全球上百万家网站的网页数据进行分析，发现人们在浏览网页的时候，包括网页载入时间和浏览时间在内的平均时间仅为 19～27 秒。

同年，英国伦敦大学则对两个专业网站——英国图书馆和英国教育协会的用户进行了考察和研究，研究者想知道这些专业网站的用户是如何阅读专业学术文献资料的。结果同样令人惊诧，他们一目十行，通常只阅读 1～2 页文档，只关注标题、页面和摘要。

几千年的印刷文化发展过程中，由于印刷文字具有有序排列和逻辑命题等特点，人们养成了线性思维方式，在分析问题的时候，总是将其分割为若干小问题，然后一个一个解决。这种思维方式影响了人类观察事物、思考问题、解决问题的方式。

随着电子媒介时代的到来，全新的媒介形式对传统印刷文字思维方式形成巨大冲击，人类的思维方式和审美体验也发生了转变，呈现碎片化、浅表式的特征。

移动互联网与新媒介的结合，使人类审美感知的外部环境发生了巨大变化。人们生活在以电子技术为载体的形象/图像、多维立体构建的电子、网络世界之中。

借助于智能手机客户端，大众可以在任何时间、任何地点，利用自己难得的闲暇时光，对自己日常生活中的点滴琐事及感想通过简短文字和即时所拍的图片视频进行传播分享。在这个人人都是艺术家的微媒介时代，因生活节奏匆匆和自身审美素养平平，大量浅表碎微的艺术作品的产生自然在所难免。在图片与视频媒介的诱导下，媒介成为充满感官刺激、欲望和无规则游戏的代言人，人们每天沉浸在无聊的、烦琐的信息之中，不再愿意做长期的思考。

二、提升媒介审美能力

大学生要意识到因媒介环境变化而引发的审美趋势变化，在肯定媒介给我们个体生活带来更加自由、丰富审美感觉的同时，也要警惕和思考其所带来的审美"问题"。

同时，立足现实生活，在理性认知网络虚拟世界的基础上，进一步认知网络虚拟世界的美。把现实生活之美与网络虚拟世界之美进行比较分析，对"什么是美"有更深入、更全面、更理性的认知。

大学生要理性看待网络上的美丑现象。事实上，丑与审丑本身客观存在，并非问题所在，关键在于对丑的态度与解读。审丑的目的本应是通过"丑"鞭笞社会，激活理性，实现审美。但"以丑为美"却是目前网络媒介所展现的态度，甚至将其解读成是值得赞赏和纵容的。这种审丑不具备任何历史批判价值，更不具备激发人意志、唤醒人心智的本质作用，是对丑的无意义解读。

大学生要坚持审丑适度的原则。在文化多元化发展的今天，我们需要认识到丑并不完全意味着不和谐、不完满，审丑的目的是让人们看到否定和不完满，通过审丑也会让人们在这个过程中认识到现实，反观自身，实现自我的超越发展。这是审丑现象发展的好处，但是审丑现象的过度发展将会严重危害社会主流价值思想，不利于人们思想的正向发展。

大学生要形成正确的价值观、人生观、道德观、审美观。自觉接受社会主义核心价值观的教育，在正确观念的引领下增强网络生活积极性，如多关注主流媒体所传播的健康文化和正向思想。

【思考】几乎任何时代，下里巴人都比阳春白雪更加受人欢迎。回顾你身边的审丑文化，其最吸引你的元素是什么？你认为适度审丑的界限是什么样的？

【练习】

一、选择题

1. 只有真正尊重用户，真正掌握用户需求，才能获得用户的认可，用户的需求分为（　　）。

A. 基础需求

B. 期望需求

C. 兴奋需求

D. 无差异需求

2. 保持短视频的更新频率，下列内容不包括的是（　　）。

A. 想更新就更新，不想更新就几个月更新一次

B. 固定更新时间

C. 把握更新时间点

D. 激发用户渴求

二、判断题

3. 深度垂直正成为短视频内容生产的趋势，用户更愿意为专业化、垂直化的内容"买单"。（　　）

附录答案

1. ABCD　　2. A　　3. √

参 考 文 献

[1] 郭庆光. 传播学教程［M］. 北京：中国人民大学出版社，2011.

[2] 彭兰. 万物皆媒：新一轮技术驱动的泛媒化趋势［J］. 编辑之友，2016（3）：5-10.

[3] 宋美杰. 万物皆媒：5G 时代的媒介变革与创新［J］. 中国报业，2019（4）：18-21.

[4] 刘红，王洪礼. 大学生手机成瘾与孤独感、手机使用动机的关系［J］. 心理科学，2011，34（6）：1453-1457.

[5] 韩登亮，齐志斐. 大学生手机成瘾症的心理学探析［J］. 当代青年研究，2005（12）：34-38.

[6] 杜忠锋，郭子钰. 微博舆情中情感选择与社会动员方式的内在逻辑：基于"山东于欢案"的个案分析［J］. 现代传播，2019（8）：20-29.

[7] 肖荣春，白金龙. 移动的自留地：知识青年、新媒介赋权、场景生产与媒介素养：以大学生的新媒介使用实践为观察［J］. 新闻与传播研究，2011（1）：21-27.

[8] 马叶娜，王国燕. "使用与满足理论"视角下的移动短视频研究：以抖音 App 为例［J］. 科技传播，2018（7）：110-111.

[9] 詹绪武，李珂. Vlog+新闻：主流话语的传播创新路径：以"康辉Vlog"为例［J］. 新闻与写作，2020（3）：98-102.

[10] 喻国明，陈艳明，普文越. 智能算法与公共性：问题的误读与解题的关键［J］. 中国编辑，2020（5）：10-17.

[11] 孙杰. 微博与微信信息茧房现象差异探究［J］. 青年记者，2018（7）：41-42.

[12] 刘晓慧，吴灏鑫. 网络媒介审丑对大学生社会化的影响［J］. 现代传播，2012（4）：149-150.

[13] 晏亦茜. 传媒文化中"审丑"现象探析［J］. 传媒论坛，2019（5）：90.

[14] 吕丽. 审美观念变迁的媒介动因 [J]. 当代传播, 2014 (3): 30-31, 80.

[15] 陈正勇. 数字化新媒介影响下的认知与审美反思 [J]. 上海文化, 2020 (6): 75-81.

[16] 卫欣. 技术、媒介与视觉: 基于网络文化下的审美反思 [J]. 中州学刊, 2015 (10): 157-162.

[17] 文进荣. 试论互联网视域下的大学生审美教育 [J]. 教育与职业, 2016 (4): 115-117.

[18] 王静. 移动新媒体对传统媒介审美体验的颠覆与重构 [J]. 新闻战线, 2019 (6): 110-112.

[19] 孙宏宇. 艺术伦理视域下大学生"审丑"现象研究 [D]. 大连: 大连医科大学, 2016.

[20] 刘燕. 关于审丑文化对大学生价值观的影响 [J]. 学术论坛, 2013, 36 (1): 211-215.

第三章
媒介光影与媒介素养（素养意识）

第一节 读图时代的"看客"意识

引言：当代文化正在变成一种视觉文化，影像与图片占据主导地位，本节主要介绍读图时代的视觉文化，分析具备视觉素养的必要性，提出视觉素养提升的方法。

一、读图时代的视觉文化

"百闻不如一见""耳听为虚，眼见为实""一目了然"，这些耳熟能详的成语无不透露着我们对视觉的信赖，通过科学实验，科学家得出结论：在人们接受的全部信息中有83%是通过视觉器官获得的。当代文化正在变成一种视觉文化。

我们的眼球从没有像今天这样忙碌和疲劳。一方面，视觉需求和视觉欲望的不断攀升，想看的欲望从未像今天这样强烈；另一方面，当代文化的高度视觉化和媒介化，又为我们观看提供了更多的可能性和更高质量、更具诱惑力的图像。

在读图时代，视觉文化是影像与图片占据主导地位的文化形态，它踏破以往视觉艺术的边界而实现整体突破，波及人类生活的每一寸空间：不但建筑、服饰、街牌广告、电视图像、商品宣传册等充斥着视觉图像，就连味道、音乐、肤感等非视觉性表达也频频向视像转化（见图3-1）。

图3-1 视像转化

读图时代的产物——表情包

在读图时代,从文字传播到图片传播的变化也让受众在思维和心理上发生了变化。人类文化由多年高度理性崇拜向直观和感性回归。今天受众不再为能否获得信息而苦恼,而是为如何选择而苦恼,相对于文字而言图片更为直观、更具冲击力。因此,表情包符合受众对图示内容更易接受的心理。表情包的本质就是一种网络文化,在注重个性化和夸张性的同时有很强的娱乐性。一开始,表情包并不是我们今天所看到的图片,而仅仅是"朴素"的标点符号。1982年9月19日,卡内基·梅隆大学教授Scott E. Fahlman在BBS上首次突发奇想输入了ASCII符号: -),表达"我刚刚说的这句话是个玩笑,大家别当真",这一符号却成了最受欢迎的表情符号。表情包的第一次革命是由符号表情向图案表情转变,当时表情包仍比较稀有,QQ表情的出现使得聊天变得有趣起来。第二次革命则是由JPG表情转为GIF表情。动态图相比于静态图更好地呈现出一种微妙的转变,更加生动传神,具备极强的感染力。最后,随着社交平台的迅速发展,表情包由官方创作转向民间创作。表情包的广泛流行印证了网络环境下人们传播习惯发展的必然趋势——图片化。现在的社会以网络社交平台为纽带,而表情包的使用已经成为人们在这个平台最流行和最普遍的表达方式。表情包比文字更快捷、更易懂,同时也有更强烈和更直观的传播效果,这也是表情包成为热门传播现象的最大优势之处。

二、具备视觉素养的必要性

1969年国际视觉文化协会的约翰·蒂贝兹给视觉素养做出定义:"视觉素养是人类通过观看,同时整合其他感觉经验,发展出一组视觉能力的素质。"图片背后,必然隐藏着信息和数据,我们要掌握的视觉素养,就是通过照片处理信息和数据的技能,是创建和使用视觉信息的能力。

人眼视觉观看由于视域与角度的影响,受到以下限制:

(1) 光谱响应范围有限,只能分辨可见光。
(2) 时间响应速度有限,只能分辨静止或运动速度很慢的目标。
(3) 照度动态范围有限,只能在白天有正常的视力。
(4) 空间分辨能力有限,对过于遥远或细微的目标无法识别。

小问题:直钢棒是怎样神奇地穿过两个看似垂直的螺帽孔的?两个螺帽实际上是中空的,虽然看起来是凸面的,但两个螺帽并不互相垂直。螺帽被下方光源照射,给人们判断真实三维形状提供了错误信息(见图3-2)。

图3-2 深度错觉——疯狂的螺帽

小问题：图 3-3 是螺旋还是同心圆？乍一看，图中是一个螺旋，实际上却是同心圆。

图 3-3　弗雷泽螺旋

小问题：图 3-4 中线是直的还是弯的？这些线条看上去是弯曲的，实际上是直的。交错排列的格子使人们产生错觉。

图 3-4　咖啡墙错觉

注视图 3-5 图形中央 30 秒，然后闭上眼睛，再睁开眼看向白色墙壁。你会看到玛丽莲·梦露的头像。看不清的话，眨几下眼睛。

图 3-6 的圆都在旋转吗？其实它们没有动。我们的眼睛在观察时，为了防止视觉疲劳，眼球会以一定的频率快速移动，由此产生错觉，当你使劲盯着一点看时，这种错觉会消失或减弱。这是因为我们强制使眼球的快速移动停止或减弱。

此外，"眼见为实"也受到挑战。

图 3-5 视觉后像

图 3-6 视觉错觉

人们的"观看"往往通过各类媒介所展现的各类影像或图像进行。人类的观看对象不再是客观实体,而是人为建构的影像或图像作品(视觉媒介作品)。媒介呈现的所谓"现实"早已不是原型的"纯粹客观"的现实,而是媒介作品的创造者综合一系列因素而加以建构的"客观+主观"的现实,创造者的"主观"理念已经融入媒介作品之中,对受众的视觉解读发挥着重要的引导作用。

同一张照片(见图3-7),如果只给受众看左边,士兵似乎要枪毙战俘;如果只给受众看右边,士兵在给战俘喝水。

图3-7 媒体事实呈现

因此,不能低估图像文化,尤其是动态图像文化。它们可以通过图像作用于情感,从而对表述与价值系统施加深远的影响。读图时代的到来,是科技发展的必然,网络呈现图像化;人们更偏向于简单的图片,去享受分秒的体验,这是浮躁的快餐时代带来的快餐文化;图片蕴含的信息和数据,往往要比文字更加丰富。图像时代文化技能的概念将发生变化,将来绘画和摄影等都将如同认字一样,成为生存的一种基本技能,是生活中一种基本的交流手段和工具,是社会发展的必然趋势。在视觉转向的网络化社会背景下,图像不仅会影响和冲击网民的情感、表述与价值体系,而且会影响网民的行为方式、认知方式、实践活动。我们必须确保这一趋势的安全。

同时,教育学研究人员提出,有些学生对自己专业以外的任何事物只会一瞥而过,仅仅从表面上理解,有的甚至得出相反的理解。而有些学生,看到任何事物总是能深入理解,从寻常中发现不寻常,从简单中发现不简单,取其精华,去其糟粕。究其原因,前一部分学生对艺术、历史不感兴趣,缺乏文化知识,在读图时代,缺少了文字的注解,使这部分学生对眼前看见的一切无言以对。如很多计算机专业的学生,其完成的多媒体图像或视频作品在意义表征和界面构图设计美化方面远不如文科学生。这说明一部分学生特别是理工科学生缺乏视觉文化的素养,必须引起教育者的重视,因此,唤醒大学生的"文化自觉意识"十分必要。

再者,图像文化不像文字那样有明显的民族界限,它容易为人类所共同理解,因此21世纪图像文化是最具竞争力、最重要的可出口文化商品之一。这样的时代需要一大批具有现代意识的图像文化人、一大批高素质的图像文化的经营管理者。

三、视觉素养提升

张舒予教授认为,视觉素养包括三个部分:一是视觉思维,它指经过视觉感知的物理过程,将思想、观念和信息转换成各种有助于传递相联系信息的图画、图形或形象。二是视觉交流,它是指当图画、图形和其他形象用于表达观念或传授给人们时,为使视觉交流有效,接受者应能从所看到的视觉形象中建构意义。三是视觉学习,它是通过图画和媒体学习的过程。

简单而言,当今的信息通过文字、图像和声音等多种媒介的组合传递给我们。这些媒介信息需要用多重感官去理解。对受众而言,需要更完善的媒介素养来帮助其理解所接受的信息;对传播者而言,需要更完善的媒介素养来有效地利用媒介工具设计和传播自己的信息。

视觉思维的提升与视觉学习是相辅相成的,由于在读图时代人们的观看对象不再是客观实体,而是人为建构的影像或图像作品(视觉媒介作品),需要通过专业老师互动式的教学方式提高创作能力;参加摄影、摄像等技术类课程,学习相机、摄像机的使用技能以及美学知识;自觉学习优秀作品,在实践中培养视觉素养;关注具有权威性和国际影响力的获奖摄影作品,浏览各类影像论坛,在微博、微信等社交平台上关注一些摄影类、纪录片类的公众号。

当今世界,我们若想构建视觉媒介作品,一是需要创造者的创作。"客观+主观"的现实,创造者的"主观"理念已经融入媒介作品。媒介呈现的所谓"现实"早已不是原型的"纯粹客观"的现实,而是媒介作品的创造者综合一系列因素而加以建构的"客观+主观"的现实,创造者的"主观"理念已经融入媒介作品之中,对受众的视觉解读发挥着重要的引导作用。二是媒介技术的使用,如虚拟现实、3D全息投影技术。三是接受者的二度创造。接受者根据自身需要,对其进行删改、更新。

要保证视觉交流的进行则需要受众形成"看"意识(见图3-8)。

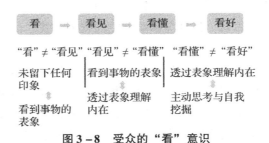

图3-8 受众的"看"意识

看,只是一个简单的动作,也许只是匆匆一瞥,并没有产生任何结果,没有在脑海里留下任何印象。

看见,包含了看,同时产生了一定的结果,就是了解了所看事物的存在。

看懂,是在看见的基础上提出更深层次的要求,不仅要看到,而且要理解所看的事物为何存在、其由来是什么等问题。

看好,就是从所看事物中发掘出精髓,并且为自己所用,同时尽自己之力对看到的现象采取一些措施,也就是发掘作者的意图,并有所作为。

《阿富汗少女》（见图3-9）由摄影家史蒂夫·麦凯瑞摄于1984年，地点是巴基斯坦白夏瓦附近的难民营。照片中的女孩莎尔巴特·古拉惊恐又坚毅、平静又哀伤的眼神，立即成为阿富汗战争及难民营的标志性符号，该作品也成为美国《国家地理》杂志历史上知名度最高的照片之一。

对这幅照片，我们应当如何"看"？

看见：双眼注视镜头的阿富汗少女。

看懂：少女代表了阿富汗战争中阿富汗人民的真实写照。

看好：珍惜和平，对处于水深火热中人民的同情，对他们采取救援措施。

【思考】面对读图时代，人们也产生了新的担忧：图片是否会弱化文字的阅读功能，导致文化和理性思维的倒退？

图3-9 《阿富汗少女》

【练习】

一、选择题

1. 在图像时代文化技能将发生变化，绘画和摄影将成为一种基本技能，创作媒介作品需要（　　）。

A. 创造者的创作　　　　　　　　B. 媒介技术的使用

C. 接受者的二度创造　　　　　　D. 营销与宣传

二、判断题

2. 媒介呈现的所谓"现实"是媒介作品的创造者综合一系列因素而加以建构的"客观+主观"的现实，这种方式传播的信息不是真的。（　　）

附录答案

1. ABC　　2. ×

第二节　互联网法治生态中的法治意识

引言：计算机互联网作为开放式信息传播和交流的工具，是思想道德建设的主要阵地。本节介绍电信网络诈骗、校园贷、个人信息泄露、网络谣言、网络暴力问题，分析预防该类问题的必要性并提出解决方法。

互联网呼唤着一个公平、合理、有序发展的环境。

习近平总书记曾指出：网络空间是虚拟的，但运用网络空间的主体是现实的，大家都应该遵守法律，明确各方权利义务。

自2014年中央网络安全和信息化领导小组成立后，网络安全就被提到前所未有的高度，依法治网也渐成共识。《中华人民共和国网络安全法》出台，《互联网信息搜索服务管理规定》《移动互联网应用程序信息服务管理规定》等先后发布，都让依法治网有了坚实的法律和制度基础。构建多主体参与、多种手段相结合的综合治网格局，成为做好依法管网的基础性、保障性工作。

一、电信网络诈骗

电信网络诈骗,是指不法分子通过电话、网络或短信方式,编造虚假信息,设置骗局,对受害人实施远程、非接触式诈骗,诱使受害人给不法分子打款或转账的犯罪行为。利用电信网络技术手段实施诈骗,诈骗公私财物价值3 000元以上的可判刑,诈骗公私财物价值50万元以上的,最高可判无期徒刑。

【案例】2022年6月26日上午,小伍在家中使用手机上网时,接到一个安哥拉的境外电话,对方斩钉截铁地说小伍在"58同城"投了简历,并声称可以为其找到一份兼职工作。彼时小伍大专刚毕业在家,正着急找工作,于是添加了对方微信,下载了一款App。27日上午,接待员声称只需要完成竞赛任务就可获得返利,"100元返120元,200元返360元"一行字印在小伍眼前,他不假思索地按照接待员的指引,一步一步开始刷单。

接待员告诉小伍,要想获得更多的返利,赚更多的钱必须"做任务"。通过两个轮回,小伍发现App里有120元,并提现至其银行卡里。尝到甜头的小伍,继续充钱。最后小伍开始找朋友借钱打款给对方,对方却始终以各种理由告知小伍无法提现并诱导其继续转账。小伍最终觉得不对劲,赶紧拨打了110报警。在短短3日内,小伍给10个账户转账共计32 078元。

"刷抖音"是当前许多人茶余饭后的爱好,然而,随着各年龄层抖音用户数量的增长,诈骗分子也趁机混入其中。

【案例】小曹无业在家,偶然间刷抖音时,看到了一款"糖音约玩"交友App的广告,缺少玩伴的小曹心动不已,对抖音又十分信任,随即下载了该款App,并在这款App里找到了很多一起玩游戏的"小伙伴"。

2022年6月29日下午,小曹和往常一样在该App上聊天时,一个名叫"曦城"的人联系了他,两人相谈甚欢。随后"知心朋友"有意无意透露自己的"财富",小曹询问得知其在某App上玩游戏"做任务",轻轻松松月入数万元。接着,小曹被拉入一个QQ群要求其直接点击这款名为"爱琴海"的App链接。小曹没有怀疑,点击链接下载,成功注册后,觉得里面的游戏不仅简单易上手,而且真的能"赚钱"。于是在所谓的管理员的引诱下,先向某陌生银行账号转入399元购买游戏积分,完成了三个简单任务后,小曹发现真的返现475元。此刻小曹对此App能"赚钱"深信不疑,在管理员的进一步诱导下,6月30日晚,小曹分多次向不同的陌生银行卡转款,共计15万余元,此时App却提示小曹操作有误,无法提现,需再充值5万元才能提现。突然的变故瞬间让小曹清醒过来,意识到自己被骗了,于是急忙到派出所报案。

(一)诈骗处罚、类型及反诈措施

《中华人民共和国刑法》第二百六十六条规定:诈骗公私财物,数额较大的,处三年以下有期徒刑、拘役或者管制,并处或单处罚金;数额巨大或者有其他严重情节的,处三年以上十年以下有期徒刑,并处罚金;数额特别巨大或者有其他特别严重情节的,处十年以上有期徒刑或者无期徒刑,并处罚金或者没收财产。

2018年权威部门发布的《中国电信网络诈骗分析报告》显示:电信网络诈骗整体呈现

出犯罪手段多样、骗术翻新快的特点，并且目前案件多发、高发的总体态势没有改变，同时网络类诈骗发展迅猛。诈骗类型如图3-10所示。

图3-10　诈骗类型

目前电信网络诈骗的受骗人群主要包括四大类：大学生、城市外来务工人员、老年人及农村地区人群。

2019年7月9日，工业和信息化部网络安全管理局会同公安部刑事侦查局、中央网信办网络综合协调管理和执法督查局，在中国互联网大会"2019防范治理电信网络诈骗论坛"上，组织阿里巴巴、腾讯、百度、京东、字节跳动、拼多多、新浪微博、58同城、美团、世纪佳缘、网宿科技11家单位，签订"重点互联网企业防范治理电信网络诈骗责任书"。

公安部刑侦局公布了48种常见电信网络诈骗手法，倡导大家做反诈骗行动派。其中，使用电话类的占63.3%，使用短信的占14.8%，使用网络的占19.6%。

2021年6月17日，公安部召开新闻发布会，会上公安部刑事侦查局表示，公安部推出了国家反诈中心App（见图3-11）和宣传手册，努力为人民群众构筑一道防诈反诈的"防火墙"。数据显示国家反诈中心App的全国注册用户已超过6 500万，已向用户发送预警2 300万次，接受群众举报涉诈线索65万条。

图3-11　国家反诈中心首页

(二) 防范电信网络诈骗"三不一要"

(1) 不轻信。不要轻信来历不明的电话、手机短信、链接，不管不法分子使用什么甜言蜜语、花言巧语，都不要轻易相信，不给不法分子进一步布设圈套的机会。

(2) 不透露。巩固自己的心理防线，不要因贪小利而受不法分子或违法短信的诱惑。无论什么情况，都不向对方透露自己及家人的身份信息、存款、银行卡等情况。如有疑问，可拨打110求助咨询，或向亲戚、朋友、同事核实。

(3) 不转账。学习了解银行卡常识，保证自己银行卡内资金安全，决不向陌生人汇款、转账；公司财务人员和经常有资金往来的人群等，在汇款、转账前，要再三核实对方的账户，不要让不法分子得逞。

(4) 要及时报案。万一上当受骗或听到亲戚朋友被骗，应立即向公安机关报案，可直接拨打110，并提供骗子的账号和联系电话等详细信息，以便公安机关展开侦查即时破案。

大学生必须提高防范网络诈骗的意识，保护自身的信息与财产安全，遇到陌生链接、收到陌生人的消息要认真思考，做出正确判断。比如我们在网购时，要选择正规平台，走正规的程序，如果还是拿不定主意，可以找朋友、老师或父母，请他们给予意见。

二、校园贷

网络信贷典型模式为：网络信贷公司提供平台，资金借出人获取利息收益；资金借入人到期偿还本金，网络信贷公司收取中介服务费。一些P2P网络借贷平台不断向高校拓展业务，以"零首付""零利息""免担保"等虚假宣传方式和降低贷款门槛、隐瞒实际资费标准等手段，诱导学生过度消费，给广大学生和家长带来了巨大的负担和痛苦。

【案例】 一名大学生跟一家小贷公司借了1.5万元钱，合同体现的是2.5万元，其中1万元是小贷公司说的各种费用。合同约定，到期不还按日付违约金2 000元，还要付交通费、平台费等一大笔费用，这个学生最终被讨债的额度达到了10万元，其家人只好报警。

为了解决家庭经济负担，有些在校大学生勤工俭学。有一种勤工俭学是推广新上线的App。有的公司的App虽然外表很光鲜，但其中隐藏了小额贷。大学生将这种App推广给同学，如果有人通过这种App掉入校园贷的陷阱，那就成了坏人的帮凶了。

谨防校园贷

对大学生来说，首先，要找准自身定位，消费不能替代学业，攀比无助进步，需要提倡节俭节约风尚；其次，要合理规避风险，以"能承担、减轻家庭负担"为消费原则，拒绝盲目跟风；最后，要提高对金融、消费领域风险的敏锐性，既不回避新生经济事物，也要有相应的防范风险意识。

三、个人信息安全

2018年8月，国内出现号称史上最大的数据泄露案，新三板上市公司"瑞智华胜"（872382.OC）涉嫌非法窃取用户个人信息30亿条，非法牟利超千万元，涉及百度、腾讯、阿里巴巴、京东等全国96家互联网公司产品，警方已从该公司及其关联公司以涉嫌非法获取计算机信息系统数据罪抓获6名犯罪嫌疑人。

根据公开披露的消息，这家新三板上市公司的"业务模式"为，先和运营商签订正规合同、拿到登录凭证，然后将非法程序置入，用于自动采集用户 Cookie、手机号等信息，最后将非法获取的用户数据储存在境内和境外的服务器上，用于给微博、微信公众账号加粉及精准营销等广告业务，业务收入及利润率均相当可观。

新一代信息技术发展的一个重要突破就是极大提升了数据处理能力，这也使得人们更容易在工作和生活中留下姓名、职业、住址、电话号码、身份证件号码、财产信息、消费记录等。这些信息被互联网记录和存储，非常容易被泄露和传播，甚至可以通过个性化推荐等算法分析而产生巨大商业价值。中国消费者协会 2018 年发布的《App 个人信息泄露情况调查报告》显示，受访者中因个人信息泄露而被骚扰或侵害过的人数占比达 85.2%，个人信息泄露的情况为数不少。

（一）保护个人信息的相关法律

目前，《中华人民共和国侵权责任法》《中华人民共和国电子商务法》《中华人民共和国网络安全法》等法律都有关于个人信息保护的规定，更多更专门的立法也被提上议事日程。

2017 年 6 月，《中华人民共和国网络安全法》实施。其部分内容如下：

（1）个人和组织有权对危害网络安全的行为进行举报。

第十四条规定：任何个人和组织有权对危害网络安全的行为向网信、电信、公安等部门举报。收到举报的部门应当及时依法做出处理；不属于本部门职责的，应当及时移送有权处理的部门。

（2）知情同意原则。

第四十一条规定：网络运营者收集、使用个人信息，应当遵循合法、正当、必要的原则，公开收集、使用规则，明示收集、使用信息的目的、方式和范围，并经被收集者同意。

（3）明确对公民个人信息安全进行保护。

第四十四条规定：任何个人和组织不得窃取或者以其他非法方式获取个人信息，不得非法出售或者非法向他人提供个人信息。

（4）网络运营者加强对其用户发布的信息的管理。

第四十七条规定：网络运营者应当加强对其用户发布的信息的管理，发现法律、行政法规禁止发布或者传输的信息的，应当立即停止传输该信息，采取消除等处置措施，防止信息扩散，保存有关记录，并向有关主管部门报告。

（二）保护个人信息"六个不要"

1. 不要随便连免费 WiFi

在公共场所，拒绝来源不明，特别是无安全措施的免费 WiFi。设置钓鱼 WiFi 陷阱的黑客大多是利用用户"免费蹭网"的占便宜心理，获取用户隐私及消费记录，或间接植入手机病毒，获得更大的利益。针对最容易泄露用户信息的浏览器软件，用户要养成定时更新升级的好习惯。例如 UC 浏览器，其最新的版本就加入了连接到无密码的 WiFi 网络自动提醒用户是否要断开的功能，这种功能升级对于用户防范钓鱼 WiFi 无疑会起到比较好的效果。

2. 不要随便同意小程序授权

一些来源不明的小程序未经用户许可，通过优惠放送、现金奖励或其他夸大宣传的方式，擅自通过恶意技术手段获取用户姓名、身份信息、手机号、地理位置等信息，造成严重的用户隐私侵害问题。

3. 不要轻信陌生短信

陌生短信有可能以各种手法诱导收信人提供身份证号、居住地址、银行卡号、社保账号、验证码等私密信息。一旦受害者填写了这些信息，不仅会导致个人信息泄露，还可能导致个人信息被不法分子冒用，造成严重后果。

4. 不要随便扫描可疑二维码

"扫码领工资""扫码抽大奖""扫码赢现金"，可疑二维码会以夸大宣传的方式将木马病毒、钓鱼软件植入二维码，威胁用户信息安全。

5. 不要随便点击不明链接

在未经核实的情况下，不要点击不明链接，包括短信链接、邮箱链接、购物平台的返利链接、投资平台的理财链接等。它会诱导你填写个人敏感信息，比如身份证号、银行账号等，最后对用户实施不良信息传播、诈骗等行为。

6. 不要随便泄露个人信息

"注册会员有好礼""新会员注册立享200元现金优惠"，看到这些商家优惠，不要着急点击输入自己的身份信息、银行卡号、验证码等私密信息，以免不法分子收集后和非法信息售卖公司进行交易。我们的个人信息一旦泄露就可能在黑市上流通，造成信息安全问题。

四、网络谣言

网络谣言是指通过网络介质（如邮箱、聊天软件、社交网站、网络论坛等）传播的没有事实依据的话语。网络谣言主要涉及突发事件、公共领域、名人要员、颠覆传统、离经叛道等内容。谣言传播具有突发性且流传速度极快，因此对正常的社会秩序易造成不良影响。

《中华人民共和国治安管理处罚法》第二十五条规定：

散布谣言，谎报险情、疫情、警情或者以其他方法故意扰乱公共秩序的，处五日以上十日以下拘留，可以并处五百元以下罚款；情节较轻的，处五日以下拘留或者五百元以下罚款。

《中华人民共和国刑法》中有大量的条文对造谣传谣的行为予以规制。

如《关于办理利用信息网络实施诽谤等刑事案件适用法律若干问题的解释》第五条规定编造虚假信息，或者明知是编造的虚假信息，在信息网络上散布，或者组织、指使人员在信息网络上散布，起哄闹事，造成公共秩序严重混乱的，依照《中华人民共和国刑法》第二百九十三条第一款第（四）项的规定，以寻衅滋事罪定罪处罚。

再如《最高人民法院、最高人民检察院关于办理妨害预防、控制突发传染病疫情等灾害的刑事案件具体应用法律若干问题的解释》第十条：编造与突发传染病疫情等灾害有关的恐怖信息，或者明知是编造的此类恐怖信息而故意传播，严重扰乱社会秩序的，依照《中华人民共和国刑法》第二百九十一条之一的规定，以编造、故意传播虚假恐怖信息罪定罪处罚。

（一）疫情期间的网络谣言

北京市公安局副局长、新闻发言人潘绪宏在2020年6月19日举行的北京市新冠肺炎疫情防控工作新闻发布会上介绍，自新发地批发市场发生疫情以来，北京警方共查处涉疫情谣言相关案件 60 起，其中刑事拘留 1 人，行政拘留 9 人，对其他人员进行了批评教育。潘绪宏介绍了 4 起典型案例。

案例一为 69 岁网民谭某克故意编造"新发地 8 300 人检测结果：5 800 人阴性，其余 2 500 人阳性，这个比例太恐怖了"的虚假消息，通过微信发送给吴某，后吴某将该消息在多个微信群中散播，造成不良影响。二人均被丰台公安分局依法行政拘留。

案例二为无业人员赵某为发泄个人不满，蓄意编造发布"死了 40 万人"等虚假信息。该人被房山公安分局依法行政拘留。

案例三为某快递公司员工焦某涛为寻求刺激、引起关注，故意在微信朋友圈发布其编造的"本人核酸检测阳性"虚假图片信息，造成不良影响。该人被海淀公安分局依法行政拘留。

案例四为无业人员刘某为吸引眼球、发泄情绪，在网络中，跟帖发布"政府也不工作，这几天了也没封闭新发地市场，也没核酸检测，死了几千北京人了"的虚假信息。该人被通州公安分局依法行政拘留。

荷兰传播学者克罗斯提出了这样一个"谣言公式"：谣言的流通量＝事件的重要性×事件的模糊性/公众批判能力。这个公式足以提醒人们，有关重大公共事件的谣言更易传播。在人人都是信息源，信息以网络扁平化方式极速、大范围传播的社交媒体时代，谣言传播的危害性和破坏力更是不言而喻。

针对各类虚假信息，中央网信办举报中心加强正面引导，在中国互联网联合辟谣平台（见图 3-12）线索提交入口增设"新冠肺炎疫情专项"标签，推出"疫情防控辟谣专区"，及时辟除"钟南山预测各地解除限制时间""酒精、84 消毒液可用于空气消毒""各地开学时间已确定""果蔬表面会附着新型冠状病毒"等群众关切的网络谣言，普及疫情预防知识、公开防控措施，方便网民识谣、辨谣、查谣。

图 3-12　中国互联网联合辟谣平台首页

(二) 如何应对网络谣言

(1) 树立法律意识，严格遵守国家和地方政府制定的各项法律法规，不为一己私利制作和传播网络谣言，配合政府有关部门依法打击利用网络传播谣言的行为。

(2) 增强社会责任感，自觉做到文明上网、文明发言，不传播未经核实的网上信息，做网络健康环境的维护者，不造谣、不信谣、不传谣、不助长谣言的流传、蔓延。

(3) 提高科学素养，通过科普书籍、官方科普网站学习科学知识，增强自身对各种"伪科学"谣言信息的分辨能力。

(4) 在生活中培养正确的批判性思维方式，遇到事情多思考，对于朋友圈中来历不明的所谓"真相"信息，可以自行通过网络搜索的方式进行对比判断，以政府部门官方账号通报信息为准。

五、网络暴力

在冬奥会期间，网上出现了大量对赛事及运动员的不理性言论。2022年2月9日，@微博管理员发布消息称，站方主动对涉冬奥会相关内容进行了排查与治理，共清理违规微博41473条，对850个账号视程度采取禁言30天至永久禁言的处置，并且呼吁大家不要因为运动员偶然的失误，讽刺攻击运动员，宣泄式、情绪化的表达只会给运动员带来更大的压力。

此前，在2022年1月举行的北京冬奥会花样滑冰五场内部选拔赛中，朱易以总积分732.60分位列第一，取得了女子单人滑唯一的入场券。冰协发出消息后，很多网友在网络上发泄自己的不满，并把矛头对准朱易（美国籍改为中国籍），随后朱易在2月6日、7日的比赛中出现失误，进一步引发对朱易的恶意攻击，其入籍身份以及比赛结果成为网民攻击的靶子。朱易在比赛中摔倒的消息登上热搜榜，出现了"朱易摔了""朱易冬奥首秀不完美""朱易谈冬奥首秀落泪"等热搜话题，甚至出现"朱易不接受中国媒体采访""朱易不会说中文"等谣言，使当事人自称"压力很大"。

网络暴力往往表现为：网民对未经证实或已经证实的网络事件，在网上发表具有伤害性、侮辱性和煽动性的失实言论，造成当事人名誉损害；在网上公开当事人现实生活中的个人隐私，侵犯其隐私权；对当事人及其亲友的正常生活进行行动和言论侵扰，致使其人身权利受损等。

(一) 网络暴力行为实施者可能承担的法律责任

1. 侵权责任

最高人民法院出台的《关于审理利用信息网络侵害人身权益民事纠纷案件适用法律若干问题的规定》，划定了个人信息保护的范围，明确了利用自媒体等转载网络信息行为的过错认定。

网络暴力施暴者利用信息网络侵害他人姓名权、名誉权、肖像权、隐私权等人身权益，将承担赔礼道歉、消除影响、恢复名誉以及相关人身、财产损害和精神损害赔偿的侵权责任。

2. 刑事责任

如果网络暴力行为与被害人的自伤、自杀行为具有刑法上的因果关系，将可能构成以下犯罪：

（1）侮辱、诽谤罪。《中华人民共和国刑法》第二百四十六条规定：以暴力或者其他方法公然侮辱他人或者捏造事实诽谤他人，情节严重的处三年以下有期徒刑、拘役、管制或者剥夺政治权利。

（2）寻衅滋事罪。最高院、最高检发布的《关于办理利用信息网络实施诽谤等刑事案件适用法律若干问题的解释》第五条规定：利用信息网络辱骂、恐吓他人，情节恶劣，破坏社会秩序的，以寻衅滋事罪定罪处罚。

编造虚假信息，或者明知是编造的虚假信息，在信息网络上散布，或者组织、指使人员在信息网络上散布，起哄闹事，造成公共秩序严重混乱的，以寻衅滋事罪定罪处罚。

（3）侵犯公民个人信息罪。侵犯公民个人信息罪是指，违反国家有关规定，向他人出售或者提供公民个人信息，情节严重的行为。2017年6月，最高院、最高检发布了《关于办理侵犯公民个人信息刑事案件适用法律若干问题的解释》，进一步加强了公民个人信息安全和合法权益的保护。

网络暴力中的"人肉"行为，因其搜索的信息大多是公民的个人信息，很有可能会触犯该法律规定，被追究刑事责任。

（二）大学生的微博网络暴力

2022年5月9日，微博公布了落实中央网信办"清朗网络暴力专项治理行动"工作的最新情况，表示通过技术识别等方式，对45万余条言论攻击等不友善内容予以前置拦截；对5万余条言论攻击等网暴隐患内容进行清理，并处置违规账号2万余个；自2022年4月以来，持续对带有侮辱性、攻击性词语的账号昵称进行专项清理，其间共排查清理不友善昵称5万余个；已有25万余名用户体验过"一键防护"功能，5万余名用户已开启此功能。

微博的英文全称为"Micro-Blogging"（微博客），实际上是由博客改进而成的一种变体。目前，关于"微博暴力"学术界尚没有给出明确定义。记者丁陈锋发表在《青年记者》上的一篇报道《新闻人须堤防"微博暴力"》中依据媒介暴力的概念，引申出微博暴力的含义：微博暴力即网民在使用微博发布信息、参与评论的过程中，因为各自话语权和影响力存在差异，而掌握较强话语权的微博用户利用自身较强的优势，在微博上对其他微博用户或者根本不使用微博的人所进行的攻击、谩骂、侮辱或者压制，从而对当事人造成一定程度的暴力伤害，特别是精神伤害。

相关研究人员认为，微博暴力实施者不仅仅是掌握较强话语权的博主，只要在微博上发表具有攻击性、侮辱性和欺骗性的言论，有意或是无意对当事人、某个集体部门造成持久的伤害，或是发布信息以求达到制造轰动效应的目的，进而扰乱网络秩序以及社会环境，都可称为微博暴力。

通过对大学生进行问卷调查与谈话，发现有17%的学生承认自己有意或无意中在微博上转发了一些自己感兴趣的内容。网络信息真假难辨，大学生很容易通过这样的传播习惯不经意间走进微博谣言的旋涡。华南理工大学对600多名微博"粉丝"进行调查的结果显示，逾四成大学生曾被微博谣言误导，而微博谣言被官方辟谣后，也仅有16%的学生愿意主动进行转发辟谣。

在对大学生进行"郭美美事件""舒淇怒删微博事件"的调查中,有部分学生承认自己曾参与相关讨论,并在评论中发表了一些具有讽刺性质的言论;有的学生说要为自己的女神(舒淇)打抱不平,于是在微博中攻击一些侮辱舒淇的人。

大学生经常会因为一时的冲动卷入讽刺与谩骂的洪流,不仅对当事人,也对自己造成消极的影响。

研究人员在与几名学生进行交流的过程中发现,大学生对"恶搞"普遍持积极正面的态度,他们不认为恶搞是一种不道德的网络行为,他们会从各种恶搞段子中寻求愉悦感。当被问及是否会对各种文学、影视作品或者对他人进行恶搞时,虽然他们表示尚无此类行为,但是在有时间、有材料、有技术的情况下,他们不排除会进行恶搞的可能。研究发现造成大学生有以上微博暴力行为的原因主要在于微博的监管乏力、意见领袖的负效应、"跟风"心理折射理性缺失以及大学生渴望被关注、寻求存在感等。对此,前文所述微博采取的措施能有效控制前三种原因所造成的微博网络暴力,而最后一种情况则需要广大教育工作者开设网德教育课程,提高大学生的媒介素养,关注大学生的媒介心理,进行正确引导。

【思考】美国"棱镜"项目的揭露者爱德华·约瑟夫·斯诺登向全球阐述了基于个人体验且让整个世界震惊的事实:任何一个分析师都能够在任何时间、任何地点、锁定任何被选择的目标完成工作。

美国国家安全局的"棱镜"项目秘密监控用户的通话信息、即时通信、电子邮件、聊天记录、视频文件,仅2013年3月就在全球搜集了970亿条用户数据,监控范围覆盖全球70亿人。

本案例涉及本节内容介绍的哪部分知识?目前我国对保护该权益出台的"保护伞"法律是什么?

【练习】

一、选择题

1. 网络暴力是行为主体的网络行为对当事人造成实质性伤害的网络失范现象。

根据上述定义,下列选项属于网络暴力的是(　　)。

A. 某非法传销团伙借助网络发展下线

B. 某足球俱乐部球迷建立网站,要求主教练下课

C. 某艺人喜欢在微博上爆料,提高自己微博的访问量

D. 某选秀选手隐私在网上被曝光后,宣布放弃晋级机会

2. 2021年8月20日通过的《中华人民共和国个人信息保护法》规定,敏感个人信息包括生物识别、宗教信仰、特定身份、医疗健康、金融账户、行踪轨迹等信息,以及(　　)的个人信息。

A. 国家工作人员

B. 军人

C. 六十周岁以上老人

D. 不满十四周岁未成年人

二、判断题

3. 想要避免自己卷入网络暴力，最好的方式就是旁观不发声。（ ）

附录答案

1. D   2. D   3. ×

第三节　网络泛娱乐化背景下的娱乐意识

引言：伴随信息技术的飞速发展，在网络媒介的推波助澜和资本的利益驱动下，网络信息传播出现泛娱乐化现象。本节主要介绍泛娱乐化及其在网络环境中的表现与影响，以及如何培育健康娱乐意识。

一、泛娱乐化

泛娱乐化，是指以现代媒介为主要载体，以浅薄空洞的内容、噱头包装、戏谑的方式，让人们放松紧张情绪从而获得肤浅愉悦感觉的做法。

网络泛娱乐化是以现代网络媒介为载体，通过粗鄙搞笑、噱头包装、戏谑等方式，以大量庸俗、低俗、媚俗的语言段子、图片视频、节目资讯为娱乐内容而广泛传播的一种文化现象。当前网络娱乐形式、内容及功能被肆意扩大化，出现泛娱乐化的倾向。

在以电视为代表的媒体时代，西方世界就显现出泛娱乐化的倾向，引起波兹曼等学者的担忧：

"一切公众话语都日渐以娱乐的方式出现，并成为一种文化精神。我们的政治、宗教、新闻、体育、教育和商业都心甘情愿地成为娱乐的附庸，毫无怨言，甚至无声无息，其结果是我们成了一个娱乐至死的物种。"

——尼尔·波兹曼《娱乐至死》

拉扎斯菲尔德和默顿认为，现代大众传播具有明显的负面功能。它将现代人淹没在表层信息和通俗娱乐的滔滔洪水当中，人们每天在接触媒介上花费大量的时间和精力，降低了积极参与社会实践的热情，他们在读、在听、在看、在思考，但是，他们却把这些活动当作行动的代替物。拉扎斯菲尔德和默顿把这种现象称为大众传播的"麻醉作用"，认为过度沉溺于媒介提供的表层信息和通俗娱乐中，就会不知不觉地失去社会行为能力，而满足于"被动的知识积累"。

二、网络泛娱乐化的表现与影响

网络泛娱乐化表现为网络娱乐新闻爆屏。其中暴露明星艺人私事的隐私型新闻、对娱乐琐事大肆渲染的炒作型新闻、对娱乐资讯节外生枝无中生有的作假型新闻不断刷新，占据热搜头条、头版；网络电视娱乐节目、平台繁杂，如"石头打飞机"的"抗日神剧"，各种矫揉造作的言情剧，品位不高的相亲类节目、选秀类节目、真人秀节目，自媒体娱乐平台上靠滥情表演造就的各路"网红"，电子游戏、动漫充斥网络空间；各种低级趣味的网络搞笑、戏说，各种浮夸的短视频、"荤段子"大量存在，不文明网络语流行，包括大量庸俗、情色的网络交往图像、符号、表情包等。

(一) 娱乐新闻霸屏的微博热搜

网络平台为了迎合大众对感官刺激的需求,以制造噱头、追求卖点为手段,通过书写"语不惊人死不休"的"标题"、关注演员"颜值高低"、无限挖掘明星私人生活等方式,在网络空间建构了一个以暴力、买卖、游戏、私生活等为主题的泛娱乐化文化精神世界。

(二) 违法恶搞

近年来,一些歪曲历史、恶搞英烈的网络公害引发众怒。有的为了博眼球、博出位,颠覆信仰,丧失底线;有的打着"娱乐到底""张扬个性"的旗号,变着法子调侃历史,哗众取宠,牟取暴利;还有部分网络"红人""大V"反传统、反社会动机强烈,诋毁先辈,否定历史……

"暴走漫画"公然利用网络平台,发布丑化恶搞叶挺烈士作品《囚歌》和董存瑞烈士的视频,引起网友强烈谴责。叶挺将军后人向法院提起诉讼,"希望以此对那些公然亵渎英烈的相关责任人起到威慑和警示作用"。

《中华人民共和国英雄烈士保护法》规定"任何组织和个人不得在公共场所、互联网或者利用广播电视、电影、出版物等,以侮辱、诽谤或者其他方式侵害英雄烈士的姓名、肖像、名誉、荣誉。"

(三) 网络泛娱乐化对大学生的影响

1. 娱乐化新闻会淡化大学生的政治理想

娱乐化新闻使得思想、政治、民生类等新闻的生成空间、比例被挤压。一些网络媒体在新闻题材中掺杂过多娱乐成分,以夸张的标题、煽情的语言增加新闻事件的娱乐性,冲击和刺激受众的感官,却相应地淡化了新闻本身的正能量。长期受娱乐化新闻的熏染,一些大学生的注意力难免会被网络中大量花边新闻、绯闻趣事、艺人的"事件门"、婚恋传闻吸引。对国家的前途、民族的命运等重大问题关心、思考不够,对自身肩负的责任感和使命感有所淡化。

2. 不少电子游戏动漫会弱化大学生的自律意识

大学生参与网络电子游戏能增长知识、陶冶情操、减轻压力,但如长期痴迷此类电子游戏则会降低自律意识。在游戏动漫里,玩者以一种新异的姿态投身其中,能寻找到在现实生活难以寻求的感情及成就。这使得一些自控力较弱的学生沉溺在虚幻离奇的网络游戏里。有的大学生常常因玩电子游戏而迟到、早退,因深陷电子游戏动漫而影响自身学业,扰乱了课内外学习的规范秩序和良好氛围。

中南大学湘雅二医院精神卫生研究所对3 000多名大学生进行了网络成瘾性调查,发现其中超过1/5的大学生存在手机成瘾风险,学生网络游戏成瘾问题严峻。

在受访的3 000多名学生中,有1/3的学生因为长时间使用手机和电脑出现精神或身体健康受损,有1/5的学生因为沉迷网络游戏而错失了重要的人际关系,有近15%的学生因为沉迷网络和家人经常起冲突,还有个别学生因沉迷网络而烦躁易怒、和同学打架……

3. 网络中低级趣味的戏说、调侃会扭曲大学生的价值观

戏说要有度而不"泛",调侃须有节而勿"滥"。网络中不少戏说、调侃真伪不分、善

恶不辨，模糊了人们的正确认知。这些戏说、调侃选材"碎片化"，表现形式"无厘头"，作品风格"荒诞化"，以低俗式搞笑"误读""曲解"悠久历史与文明，使文化底蕴失落。这些虽不是主流，但容易对处在心理意识成型期的大学生产生"愚乐"效应。

三、培育健康娱乐意识

（一）培育正确价值观，做出正确的价值判断

泛娱乐化现象造成大量娱乐信息涌入互联网平台，人们很难科学地筛选信息。在合理拓宽信息获取路径的基础上，针对网络中的娱乐话题、热点话题进行合理剖析，针对网络空间汇聚的娱乐话题进行价值判断，分析娱乐现象诱发的原因，避免从众表态的认知偏差。

（二）培育理性批判意识，提高文化判断能力

对不合理的娱乐话题进行合理批判，对问题发生的情景、互联网传播态势理性分析。

认识享乐主义带来的负面影响，以理性批判视角对待娱乐话题，分析出被泛娱乐化情绪掩盖的客观事实，避免被享乐主义滋生出的非理性情绪感染。

互联网催生的泛娱乐化现象，其本质还是享乐主义、拜金主义的盛行及娱乐节目以粗鄙戏谑的方式粗制滥造。享乐主义、拜金主义在泛娱乐化现象中的表现是逐渐轻视社会个体努力，自由、个性理念的过度娱乐化，大量个人至上、利益至上的思想充斥在互联网空间中，过度消费观念在网络中蔓延。

【思考】随着生活水平的提高，人们对娱乐的需求日益旺盛，但泛娱乐化现象也越来越严重，很多影视作品内容浅薄空洞，表演方式粗鄙搞怪，试图放松人们的神经，实则误导了人们的娱乐审美。泛娱乐化现象是对是错，你怎么看？

【练习】

一、选择题

1. 网络时代青年大学生日常生活呈现泛娱乐化倾向包括（　　）。
   A. 推崇"一切皆可娱乐"的价值理念　　B. 拒斥"严肃理性"的思考
   C. 沉溺于"被建构"的"娱乐景观"　　D. 参与批判娱乐事件

2. 中国电视媒体在娱乐节目的带领下进入了一个被娱乐主宰的狂欢时代，国内电视节目娱乐化表现为（　　）。
   A. 娱乐节目大量涌现，电视走向媚俗
   B. 严肃的新闻类节目出现八卦化，电视新闻娱乐化倾向明显
   C. 感知肤浅化电视节目往往只需给观众带来感性层次上的浅表性认识与思考
   D. 形式雷同化的电视娱乐节目大多都是抄袭他人的仿制品，没有太多的创意

二、判断题

3. 文艺是民族精神的火炬，是时代前进的号角，一切有使命感和责任感的文艺工作者，都应该警惕文艺的泛娱乐化倾向。（　　）

附录答案

1. ABC　　2. ABCD　　3. √

第四节　网络广告席卷下的消费意识

引言：随着零散的社交媒体不断创新广告形式和购物体验，人们完全生活在广告宣传的拟态环境之中。本节主要介绍广告与媒介、移动直播中的广告营销，以及如何提升广告素养。

一、广告与媒介

广告不是媒介，它是广告主通过付费，借助一定的媒介即广告媒体，向公众传递商品或劳务信息的经济宣传手段。广告是媒介的主要经济来源，没有广告，媒体就无法生存，媒介是广告的信息载体，没有媒介，广告就无法传播。

生活中，广告无处不在。在各种各样的广告中，顺应互联网经济浪潮的网络广告，逐渐成为人们日常生活中司空见惯的广告类型。

在线广告是一种营销策略形式，其使用互联网作为媒介来获取用户流量，并向目标受众传递推广营销信息。随着移动互联网的渗透及数字平台的日益普及，移动互联网广告已成为最重要的广告形式之一。

互联网为网络广告提供了便捷的传播渠道，同时也提供了制约和消解广告传播效果的环境因素。在广播、电视、纸媒等传统媒介环境下，受众一旦选择了特定的节目或页面内容，就无法拒绝插入的广告，这时受众的地位基本是被动的。而在互联网环境下，受众的主体性得到技术的支持，网络用户可以直接关闭广告，或者通过移动页面、调整页面大小等操作，将广告置于视线之外。

2021年10月28日工业和信息化部信息通信管理局组织召开行政指导会。针对部分应用软件未经用户同意开机自启动弹窗骚扰用户、设置障碍难以关闭、强制捆绑安装其他软件等突出问题，会议强调各企业应时刻牢记"什么能做，什么不能做"，发展和规范并重，要把维护用户权益和赢得用户信任作为企业的发展之本。

更深刻的变化是受众不再只是单纯的"信息接受者群体"，在互联网上，每人都可能兼有信息生产者与发布者的身份，尽管多数广告作品本身被设计成单向传播的模式，但网民完全可以通过微博、博客、贴吧、社交网站等互动媒介发布自己对广告及产品的看法与体验。

二、移动直播中的广告营销

2021年"双11"预售，据淘宝直播数据显示，仅首日一天，主播李佳琦的首场直播观看人数就在2亿人以上，销售额达到约121.3亿元，可见我国直播电商规模之大、影响力之广。

（一）特征

（1）实时双向互动性。基于网络直播平台的优势，受众能在直播过程中及时参与互动，反馈信息，传播者与接受者角色的不断转变让受众得到平等的交流。有了互动，传播才能有效地进行，从而提高广告的传播效果。

（2）投入成本较低，广告效果显著。企业通过网络直播的形式把商品间接地推荐给受众，潜移默化地将营销信息进行了传播，这种形式更易被用户接受，与此同时广告主得到的广告效果是显而易见的，在直播营销中借助各种交流方式或直接或间接地激发用户购买产品的消费冲动，从而进一步刺激用户将想法转变为购买行为。

（3）精准锁定目标消费用户，深入沟通引起情感共鸣。使用网络直播的用户有众多共同特性，精确地瞄准目标，再进行面对面的情感沟通交流，进一步引起受众的情感共鸣。

（4）更能提高品牌美誉度，增加消费者对品牌的忠诚度。在营销活动中利用明星或者网红 IP 将优质内容巧妙地融入产品中，在交流互动中让消费者进一步了解和认知品牌，感受品牌的独特魅力，从而巩固品牌在消费者心目中的形象，进一步提升用户黏性。

（二）风险

在泛娱乐移动直播中，隐性广告即植入式广告，成为广告主选择的主流形式。专业广告制作团队试图抹去广告的显性指认特征，将广告信息"隐藏"于主播的直播内容中，在消费者不知情的情况下传递广告信息。同时，出于对主播的信任，消费者对内容的警惕性也会有所下降，戒备心的消解提高了识别广告信用的难度。

比如，种草测评。种草意为宣传某种商品的优异品质，从而引导人们购买，最终达到"拔草"的目的。在种草测评中，开箱种草、明星种草、实验测评、体验种草等方式最为常见。

对于种草测评中主播对产品的评价是否真实这一问题，用户往往会在内心打个问号，尤其是当用户发现，在某一段时间内众多主播同时种草同一件产品时。

在商业化趋势之下，真正能够与一线广告主合作的主播只占平台的一小部分，其余主播还处于野蛮生长的边缘。一些主播为了争取更多的流量，获取更多的回报，常常利用一些有争议的话题来夸大各类矛盾，引来无谓的争吵，从而博取更多的关注度；或是为了取悦平台观众，有意识地弱化其广告传播行为当中蕴含的商业动机；更有一些责任心缺失的主播不仅疏于对品牌和产品质量的甄别，向用户推销不合格的产品，甚至在明知品牌有问题、商家缺乏经营许可证、产品有危害的情况下仍然欺骗用户，引导用户去消费购买。

2016 年 3—10 月，本山传媒的演员"胖丫"赵某等人通过直播、微信等网络平台宣传"纯中药减肥胶囊"。2018 年 12 月 28 日，北京市东城区法院以生产、销售假药罪判处赵某有期徒刑三年，并处罚金 50 万元。

三、提升广告素养

（一）以客观的视角看待商品信息

广告主总是尽可能地对商品特色进行夸大描述，以此吸引受众。作为受众不应该被广告的夸张形容所欺骗，而应客观公正地去看待广告信息，对广告信息要持有质疑精神，这样才能进行科学消费。很多时候，真正好的产品广告主并不大张旗鼓地进行宣传，而是将广告费用加在商品的成本上。

（二）对广告信息进行真伪识别

很多广告主为了说服受众，会运用各种手段对商品信息进行夸张性描述，掩盖商品存在的弊端，针对不切实际的广告宣传我国也有一定的惩罚措施。

大学生在消费时必须擦亮眼睛，货比三家。对广告中出现的"最好的"等词语以批判的眼光看待；对知名度高的品牌也要从实际出发进行判断，多听一听来自消费者的评价。

(三) 欣赏并学习广告创意

广告的创意形式多样，但万变不离其宗，即符合商品包含的诉求。广告的内容涉及感性诉求和理性诉求两个方面。广告的感性诉求指的是广告以讲故事的口吻，将消费者的需求与商品及商品的功能相结合。广告的理性诉求则侧重真实、全面、客观、公正地传达产品、服务的信息，大学生可以据此运用概念、判断、推理等思维，理智地分析判断，做出决定。

【思考】奥迪广告《人生小满》凭借具有传统韵味的文案和清新自然的镜头迅速吸引了大众目光。然而有博主发现商业广告的文案几乎照搬了其2021年在"小满"时发布的视频文案，随即引发全网热议。对于广告侵权现象你有什么看法？

【练习】

一、选择题

1. 广告活动首先要明确目标受众，也就是解决对谁广告的问题。下列关于广告对象描述正确的是（   ）。

    A. 广告就是广而告之，其对象就是所有群体
    B. 广告目标首先要服从企业的战略目标，所以广告对象就是企业的目标市场
    C. 理论上广告对象可以是所有群体，但实际上广告只能是针对某一特定群体即目标市场，进行说服活动
    D. 企业必须无条件扩大广告对象

2. 《中华人民共和国广告法》规定"广告不得贬低其他生产经营者的商品或者服务"，对这句话理解正确的是（   ）。

    A. 我国目前不允许强有力的广告竞争手段
    B. 总体上说，我国目前还不允许进行比较广告
    C. 我国鼓励比较广告，但要求手段缓和
    D. 在我国比较广告正在兴起

二、判断题

3. 广告的附加值可以强化企业形象、品牌形象或商品特征，所以在一则广告中，当附加值可加可不加时，还是加为好。（   ）

附录答案

1. C　　2. B　　3. ×

参 考 文 献

[1] 周子渊. 图像与眼睛：读图时代网民的媒介素养教育研究 [J]. 编辑之友，2019（8）：21-26.

[2] 王立君，白曹智子，程熙慧. 读图时代下的传播活动图片化热潮：以表情包的流行为例 [J]. 新媒体研究，2016（18）：26-27.

[3] 陈长松,周浒,虞越. 论新闻专业学生视觉素养培养的必要性及路径 [J]. 今传媒,2016,24 (5):14-15.

[4] 孙芳芳,任永祥. 基于视觉文化的大学生媒介素养培养 [J]. 软件导刊 (教育技术),2011,10 (2):37-38.

[5] 新华社. 重点互联网企业签订防范治理电信网络诈骗责任书 [EB/OL]. [2019-07-11][2022-12-07]. www.gov.cn/xinwen/2019-07/11/content_5408164.htm.

[6] 白瀛,孙少龙,王子铭. 光影筑梦,期待中国电影的"黄金时代". [EB/OL][2019-06-28][2022-12-07]. https://news.China.com/domesticgd/0000159/20190628/36498560.html.

[7] 光明网. 把握时代脉搏 携手共建网络空间命运共同体 [EB/OL]. (2019-10-19)[2022-12-07]. https://nc.gmw.cn/baijia/2019-10/19/33242008.html.

[8] 人民日报. 为个人信息安全扎紧防护网 [EB/OL]. (2019-07-05)[2022-12-07]. https://www.sohu.com/a/324908976_157267.

[9] 张文静. 网络暴力何时休 [N]. 中国科学报,2015-07-10.

[10] 罗漫妥. 现代网络环境下大学生微博暴力问题研究 [D]. 广州:暨南大学,2013.

[11] 刘平. 公共场所 WiFi 上网安全探讨 [J]. 数字技术与应用,2012 (4):178-179.

[12] 赵建波. "泛娱乐化"思潮对大学生价值观念的消极影响及其应对策略 [J]. 思想教育研究,2018 (11):72-76.

[13] 许琳. 从"娱乐至死"看网络草根文化的麻醉作用 [J]. 青年记者,2012 (6):7-8.

[14] 张淑惠. 网络泛娱乐化思潮对大学生思想的影响及其对策 [J]. 新闻研究导刊,2019 (20):43-44.

[15] 宋小红. 深刻认识网络"泛娱乐化"对大学生的影响 [J]. 思想理论教育导刊,2019 (9):141-144.

[16] 李晓丹,王素娟. 网络环境对广告效果的制约作用分析 [J]. 新闻界,2014 (16):54-58.

[17] 李梦娇. 泛娱乐移动直播凸显的广告伦理悖论 [J]. 新闻前哨,2019 (3):85-86.

[18] 宋美杰. 网络直播的场景化广告营销 [J]. 新媒体研究,2018 (15):43-44.

[19] 高萍. 当代媒介素养十讲 [M]. 北京:中国人民大学出版社,2015.

[20] 王天德. 大学生媒介素养读本 [M]. 北京:高等教育出版社,2016.

第四章

媒介传播与效果影响（评价能力）

第一节 传播效果研究领域与类型

引言：什么是传播效果？可以分为什么层面？有哪些类型？进入传播效果的学习，我们首先要了解一下这些问题。

一、传播效果的概念

【案例】1938年《火星人入侵地球》广播剧恐慌事件。

1938年10月30日，美国民众从广播中听到了一个令人震惊的消息：一颗巨大的陨星落到了新泽西的一个农场里，纽约正面临火星人的进攻！人们惊恐万分，向报社、广播电台和警察局询问该如何逃生，该怎样抵御来自外星人的袭击，电话都打爆了。其实当晚人们听到的这个消息是假的，它是哥伦比亚广播公司根据英国科幻小说作家威尔斯的小说《星际战争》改编的广播剧《火星人入侵地球》。只不过，广播剧运用了逼真的音响效果，被一个名为奥森·威尔斯的演员和他所在的水银剧团演播得绘声绘色。《纽约时报》在头版的报道中描述了头一天听众的恐慌："极度恐慌的听众塞满了道路，有的藏在地窖里，有的在枪中装满子弹。在纽约的一个街区，20多个家庭中的人都冲出房门，他们用湿毛巾捂住脸，以防止吸入火星人的'毒气'。"据普林斯顿大学事后调查，整个国家约有170万人相信这个节目是新闻广播，约有120万人产生了严重恐慌，要马上逃难。实际上，广播剧播出时，开始和结尾都声明说这只是一个改编自小说的科幻故事，在演播过程中，哥伦比亚广播公司还曾四次插入声明。

这个广播剧成为新闻史上最有名的由大众媒介造成的恐慌事件。自此，大众媒介的强大威力进入学者们的研究视野，最后发展成传播学中一个特殊的研究领域——传播效果研究。

传播效果指的是传播行为产生的有效结果，狭义上，指传播者的某种行为实现其意图或目标的程度。广义上，指传播行为所引起的客观结果，包括对他人和周围社会实际作用的一切影响和后果。具体来说指带有说服动机的传播行为在受传者身上引起的心理、态度和行为的变化。尤其指传媒的互动对受传者和社会所产生的一切影响和结果的总体。

具体来说有双重含义：

第一，它指带有说服动机的传播行为在受传者身上引起的心理、态度和行为的变化。说服性传播，指的是通过劝说或宣传来使受传者接受某种观点或从事某种行为的传播活动，这里的传播效果,通常指的是传播活动在多大程度上实现了传播者的意图或目的。

第二,它指传播活动尤其是报刊、广播、电视等大众传播媒介的活动对受传者和社会所产生的一切影响和结果的总体,不管这些影响是有意的还是无意的、直接的还是间接的、显在的还是潜在的。

二、传播的三个层面与传播效果的类型

传播效果包括认知的、价值形成与维护(态度与情感)和行为示范效果三个层面(见图 4–1)。

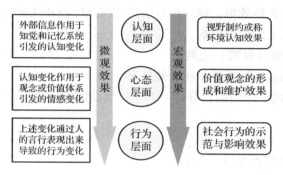

图 4–1 传播效果的三个层面

图 4–2 中的粗体字写着 "在劫难逃" "被推下地铁,这个男人马上就要死了" 等内容,引发了舆论的强烈谴责,这种传播的方式造成了极大的负面影响。

图 4–2 《纽约邮报》的报道

由此案例可见,传播的方式和内容会直接影响传播的效果。通常情况下传播效果可分为四大类:

(一)根据传播意图实现的程度

分为显著效果和潜在效果。显著效果:从受传者的情感、态度、行为或者其他表现中可

以明显感觉到的效果。潜在效果：隐藏在受传者的头脑中，经过不断积累、深化和发展才逐步显示出来的效果。

（二）从效果产生的时间

分为即时效果和延时效果。即时效果：受传者接受信息后很快就做出反应。延时效果：受传者接受信息后要经过一段时间思考、选择、判断才能在某种程度上根据传播者的意图做出反应。

（三）从效果存在时间的长短

分为暂时性效果和持久性效果。暂时性效果：具有较强的实用性，它容易唤起和形成，也容易流逝和消失。持久性效果：建立在对信息的深刻体验和认识的基础上，一旦形成就会对受传者产生稳定而持久的深刻影响。

（四）从效果的价值（性质）上判断

分为积极性效果和消极性效果、逆反效果等。

【思考】利用传播的三个层面，分析一下学校活动宣传过程带来的效果。

【练习】

一、选择题

1. 传播效果的三个层面是（　　　　）。

A. 环境认知效果

B. 价值形成与维护效果

C. 社会行为示范效果

D. 个人效果

二、判断题

2. 传播效果广义上指传播行为所引起的客观结果，包括对他人和周围社会实际作用的一切影响和后果。（　　　）

附录答案

1. ABC　　2. √

第二节　传播效果研究的历史与发展

引言：从20世纪初到现在。传播效果研究已有近百年的历史，不同的观点在不同时期轮番占据主流地位。按照不同效果观、媒介观、受众观，传播效果研究的历史可以分为三个阶段。本节我们主要了解这三个阶段中一些主要的理论，通过本书相对通俗易懂的讲解，能够让同学们理解媒介传播的相关知识，并可以在实践中运用，增强自己的媒介素养能力。

20世纪20年代到40年代初被称为"魔弹论"时期；20世纪40年代初至60年代中期是"有限效果论"时期；20世纪70年代以后回归强大效果模式。这"强—弱—强"的效果模式并不是简单的重复与回归，而是呈现出螺旋状前进的趋势（图4-3）。

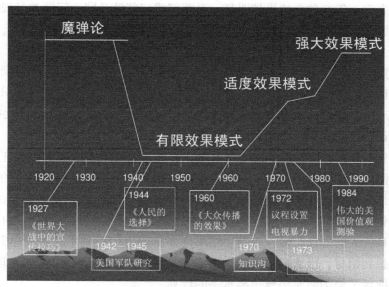

图 4-3 传播效果模式

一、大众传媒的魔弹效果

20世纪20—40年代初,最具代表性的媒介传播强效果理论是魔弹论(Bullet Theory),又称"子弹论"或"皮下注射论"。

魔弹论认为,受众就像射击场里一个固定不动的靶子或医生面前的一个昏迷的病人,完全处于消极被动的地位,毫无反抗能力,只要枪口对准靶子,针头扎准人体某部位,子弹和注射液就会迅速产生神奇效果。受众消极被动地等待和接受媒介所灌输的各种思想、感情、知识,大众传媒有着不可抗拒的巨大力量,受众对大众传媒提供的信息产生大致相同的反应,受众的性格差异并不重要,重要的是讯息,讯息直接改变态度,而态度的变化即等于行为的变化。

(一)魔弹论产生的背景

魔弹论形成的直接根源是两次世界大战前后的大规模的宣传心理战以及由此引起的研究宣传的热潮,并受益于当时盛行西方的本能心理学和大众社会理论。"一战"后,一些德国人认为,德国士兵不是在战场上被打败的,而是受协约国的宣传欺骗而投降。同时传播学先驱拉斯韦尔等学者开始致力于对宣传问题的研究。"二战"前后,法西斯纳粹主义的宣传一度取得成功,产生很大效果,更加深了人们普遍怀有的对大众传播媒介宣传威力的敬畏和恐慌。

支撑该观点的研究如下:

佩恩基金会的系列研究:电影对青少年的影响。1928年,电影调查委员会的理事威廉姆·H. 肖特邀请了一批大学的心理学家、社会学家和教育学家,在1929—1932年进行了有关电影对儿童影响的大规模调查研究。该研究旨在了解新兴的电影工业对青少年信息获取、态度改变、感情刺激、健康损害程度、道德水准的侵蚀程度以及对行为的影响。研究采用了多学科的框架和当时最先进的调查程序、策略。研究结果显示,电影提供了一种特殊的有利于事实性信息记忆的学习模式,电影对部分青少年的犯罪行为起着直接作用;一些电影确实改变了儿童的态度;年纪越小效果越明显;看两部或三部涉及同一问题并且观点相同的电影比只看一部电影,效果要明显;由电影引起的态度改变会持续很长一段时间。研究者指出,电影不仅是一个学习、模仿人际行为的工具,而且也建构出青少年关于情感、教养以及有关外界现实的印象。佩恩基金会的系列研究把媒体调查变成一个严肃的科学性领域,做出了拓展性的努力,让我们对20世纪20年代电影对青年的影响有了一个正确的认识。电影在当时能改变人们的态度,提供行为的榜样,决定人们对生活的看法。它既有强化社会道德的影响,也产生了让当时的成人担心的影响。

【案例】1941年,德国建造了几十艘潜艇,需要招收几千名潜艇水手。许多原来以为当潜艇水手十分浪漫的德国青年都跃跃欲试,准备去报名。为了破坏德国海军的征募计划,美国海军心理战部门精心设计了一张传单,对德国青年进行暗示性心理影响。在这张传单上,潜艇被画成"钢铁棺材",并配有文字说明:在潜艇上工作是非常危险的,由于长期与外界隔绝,暗无天日,人的寿命很短,等等。结果许多德国青年看到了这张传单并接受了暗示,马上由潜艇联想到棺材,由棺材想到死亡,于是纷纷放弃报名。一张施加心理暗示的传单,使美军成功地拖延了德国海军潜艇招募水手的计划。

"在20年代,一种新的宣传工具——无线电广播出现了。一些惊慌的人和少数喜欢危言耸听的作家想知道会不会出现这样的情况,即希特勒和戈培尔手下巧妙的宣传家们,能不能利用这种新式电台枪把他们精心制作的宣传弹射向无抵抗力的人们。它就像一个射击场,需要的只是对着靶子射击,而子弹是不可抗拒的。于是这个说法(即'魔弹论')就流传开了。"

——威尔伯·施拉姆(见图4-4)

图4-4 威尔伯·施拉姆

"一战"后,第一个学术性宣传研究机构宣传分析研究所成立,该所出版的《宣传的完美艺术》一书归纳了七种常用的宣传方法:

(1)辱骂法:给某种思想贴上一个不好的标签,使我们不经检查证据就拒绝和谴责这种思想。辱骂法不常用在广告上,普遍用于政治活动和其他领域的公开活动中。如"恐怖主义"和"自由战士"都是根据贴标签的人的观点或是贴标签的人支持哪一边而定。

(2)光辉泛化法:也叫晕轮效应、光环效应,即把某事物和好字眼联系在一起,使我们不经证实就赞同或接受它,如罗斯福的"新政"、广告中的产品名称和促销等。

(3)转移法:将某种令人尊敬的事物的权威、影响力、声望转移到另一事物上,使后者更容易被接受。转移法通过联系过程起作用,像是"牵连赏识"。传播者的目的是将某种观念、产品或事业与人们赞赏的东西联系起来,如商业中的名人广告。

(4)证词法:通过某些令人尊敬或使人讨厌的人评论某种观点、项目、产品或人,影响公众的态度,如名人广告、政治宣传。

(5)平民百姓法:指某讲话者称自己及其观念是"人民的"或"普通老百姓的"以得到更广泛的信任,如克林顿被塑造成"只是普通人"的形象。

（6）洗牌作弊法：通过对事实或谬误、例证或干扰物，以及合理陈述或不合理陈述的选择和使用，对某观点、项目、人物或产品做尽可能好或尽可能坏的说明，如东京湾事件。

（7）乐队花车法：宣传者告诉人们"每个人——至少我们所有的人——正在做它"。利用这种宣传技巧，宣传者试图使人们相信，人们所属团体的所有成员都接受它的计划，因此所有人必须跟随大家"跳上乐队花车"，接受宣传者的计划。

（二）魔弹论局限性

魔弹论局限性一般包括以下三点：
（1）存在单一信源发布消息的现象；
（2）媒体报道存在主观性；
（3）受众本身观念未变。

除此之外，深圳大学传播学院尹连根副教授总结了魔弹效果产生的两个必要条件和三个辅助条件：

1. 必要条件之一：单一的信息源，"一言堂"的传播环境

现代社会，大众媒介作为社会信息的主要传播者，成为民众了解新闻和资讯的主要渠道。媒体如果受到外部势力（金钱或权力）的制约，只向受众提供单一的信源，只让受众听到一个声音，"千报一面""万台一腔"，就会形成"一言堂"的传播环境。在这种传播环境下，受众无法利用其他的独立信息来源来进行求证或扩展思考，只能被动地接受单一信源的信息，就形成了被单一信息像枪弹一样横扫而无法质疑的现象。这种现象在战争时期尤其被合法化和爱国化。比如美国在伊拉克战争中的新闻控制——为了保持"一言堂"的传播环境，不允许媒体对敌方伊拉克当局进行采访。2003年3月31日，NBC下属NSNBC电视台解雇了阿内特，理由是他接受了伊拉克国家电视台访问并公开表示美国战争计划已经失败。英美媒体异口同声说萨达姆政权拥有核武器，为战争开打制造舆论借口，而战后媒体却披露这是个彻头彻尾的谎言，民众在媒体和政客的合力操纵下上当受骗。

2. 必要条件二：受众缺乏独立自主的批判意识

在传播活动中，如果受众的批判意识薄弱，社会免疫能力很弱，不具有独立自主地分析、判断、提出见解的能力，对接受的信息不经过认真、仔细、深入的思考、研究，则往往会形成盲目地全盘吸收传播者所传信息的"魔弹现象"。一是受众缺乏相应的媒介素养，且在阅历和知识储备上都欠缺；二是可能受到利益和欲望的驱动，无法保持正常的理智。虚假广告和电信诈骗之所以屡屡得逞，并不是因为这些欺诈者有多么高的水平，很大一部分原因是上当受骗者们缺乏独立自主的批判意识。

3. 辅助条件一：社会动荡，人心惶惶

社会动荡，人心惶惶，不是魔弹效果形成的必要条件，但是如果受众生存的社会环境恶化，谣言四起，自己无从判断真假，局势变得动荡不安，自己的物质利益甚至身心都受到威胁，这种背景下，出于维护自身利益的强烈动机，人们对信息的选择、吸收往往显得有点"饥不择食"，极易出现无法逃脱信息"魔弹"的现象。比如在SARS病毒肆虐的最初阶段，官方为了维持稳定的需要，采取隐瞒策略，结果谣言四起，发生社会骚乱，采取信息公开披露的策略后，就把局势稳定下来了。2011年，日本大地震时，几乎所有新闻媒体都对日本

的核泄漏进行了持续、大力的报道，但初期媒体没有提供足够多的核辐射常识，大家的心理恐慌越来越强，谣言四起，甚至谣传日本核辐射已经影响到中国，于是互联网上一则盐能预防核辐射的帖子被广为传播，引起了恐慌性抢购食盐的风波。

4. 辅助条件二：信源具有权威性

信源权威性程度往往直接关系到人们对信息的选择、接纳、吸收。权威性信源传播的信息，往往更易"击中"人，这是由其权威性的地位决定的。人们对信源越依赖，就越容易接受其传播的信息，越容易心服口服，甚至发展到登峰造极的地步：盲从、迷信。

5. 辅助条件三：传播信息时浓厚的主观色彩

传播信息是对信息的选择、表述，难免会受到自身倾向性的影响。这种倾向性是客观存在的。在"一言堂"的传播环境里，若传播者在传播信息时，有意识地把自己的主观判断暴露于信息之中并传播给受众，常易挑起受众不正常的偏激情绪。

二、大众传媒的有限效果理论

（一）大众传媒的有限效果之受众的选择

在本章导言部分有一个案例：1938年《火星人入侵地球》广播剧恐慌事件。1938年，哈德利·坎特里尔（Hadley Cantril）对广播剧《火星人入侵地球》引起恐慌事件进行研究，这是对魔弹论的最早挑战之一，该研究发现这个广播节目之所以使许多听众受到惊吓，有如下原因：

一是美国公众长期以来形成了对广播的信任。广播成为当时美国人首要的新闻来源，公众认为广播会用来发布重要的声明。

二是所处的历史时期。这个节目播出时，美国正在长期的经济危机中挣扎，并且面临着即将到来的另一场大战的威胁。

三是节目高超的表演技巧，特别是独创性地运用了"现场报道"方式和"专家"访问。

四是转台的时间太晚，错过了开头的声明，没有听见后面的节目是改编自小说的科幻故事。

这个研究还发现不同受众之间的差异：

（1）具有批判能力的人很有可能发现，这是一个广播剧而不是一个新闻报道；

（2）具有强烈宗教信仰的人容易相信侵略是真的；

（3）不安全感、病态性恐惧、缺乏自信和宿命论等人格因素也非常重要，那些明显具有上述特征的人更容易相信入侵确有其事；

（4）个人对广播内容的接受，还受到特殊的收听情境的影响，例如一个被惊慌失措的朋友通知收听的人就与因其他原因而收听者的收听条件（期待）有所不同。

20世纪40年代初—60年代中期，魔弹论被有限效果论取代。首先宣布魔弹论破产的是美国社会学家保罗·拉扎斯菲尔德。1940年他在美国俄亥俄州伊利县进行"关于大众传播的竞选宣传对选民投票意向的影响"调查。他假定，民众会根据大众媒体中出现的有关候选人的报道而做出判断。但研究结果却揭示了相反的事实：许多伊利县的选民在竞选开始之前就拿定了主意。600名调查对象中仅54名曾从一个候选人转向另一个候选人，受大众媒体直接影响的人大概只有8%。

有限效果论认为大众传播没有力量直接改变受传者对事物的态度，在人们做出某种决定之际，许多其他因素起着重要的作用，其中包括个人的政治、经济、文化、心理方面的，如受传者对信息的需求和选择性接触机制，群体归属关系和群体规范，大众传播过程中的人际影响，等等。

从20世纪40年代起，社会调查法和心理实验法普遍应用，主要领域为："传播流"研究、"说服性传播"的效果研究、"使用与满足"研究。其中代表性研究之一是霍夫兰和耶鲁学派的态度劝服研究提出了"休眠效果"。

休眠效果是由霍夫兰提出的用来解释可信性（劝服）效果变化的一个概念。由高可信度信源或低可信度信源发出的信息，由于人们对信源的信任感不同，其说服效果可能会分别大于或小于信息内容本身的说服力。而随着时间的推移，人们对信源与信息内容相联系的记忆会逐渐淡漠。这时，由信源居于主导地位的可信性效果趋于减弱或者消失，内容本身的说服力才能较为完全地发挥出来。信息来源的重要性下降，而信息本身的重要性上升。信息的接受者逐渐忘记了信息的来源，而只记得信息本身。

传播流指的是由大众传媒发出的信息，经过各种中间环节，"流"向传播对象的社会过程。

1960年，约瑟夫·克拉珀出版了《大众传播的效果》一书，认为，效果的实现有三层内容：

一是大众传播是通过一些中介因素而发生作用的，这些中介因素指：受众的心理倾向性和选择过程；群体和群体规范；人际影响；自由市场社会中的大众传播媒介。

二是这些中介因素一般总是使大众传播成为强化现有状态的一个动因。

三是这些中介因素在一定情况下可以使大众传播改变受众原有的态度。

而受众的选择取决于受众在传播活动中普遍具有的四种心理机制（见图4-5）：

1. 选择性接触

选择性接触是指个人倾向于使自己接触那些与己原有态度一致的信息，而避免接触与己意不合的信息的本能倾向，正如费希特所说："你是哪种人，就会选择哪种哲学。"

2. 选择性注意

选择性注意是指个人倾向于注意消息中那些与其现有态度、信仰或行为非常一致的部分，而避免消息中那些违背现有态度、信仰或行为的现象。

受众会选择性注意的传播内容通常包括：

（1）信息本身具有较高的新闻价值或娱乐价值；
（2）信息具有易得性；
（3）传播内容的形式能引起受众注意；
（4）受众有自己的选择。

3. 选择性理解

选择性理解是指受众对信息从自身的立场、利益出发所做的理解，正如我们常说的"一千个人有一千个哈姆雷特"。奥尔波特在《偏见与本质》中有这样一段对话充分说明了受众的选择性理解在传播中的影响力：

X 先生：犹太人的毛病就是他们只顾及自己的团体。

Y 先生：可根据福利基金会的记录，从捐款人数与捐款数量的比例上看，却表明他们比非犹太人更慷慨。

X 先生：那正表明他们总是力图用钱赢得别人的好感，用钱跻身教会事业，除了钱他们什么也不想，怪不得犹太银行家这么多。

Y 先生：但新近的研究表明，银行界中犹太人的百分比是微不足道的，比非犹太人所占的比例小多了。

X 先生：正是这样，他们不从事令人敬佩的事业，只干点电影业或开夜总会之类的事。

4. 选择性记忆

受众对强烈刺激自己大脑的信息，如赞成的、反对的或感兴趣的信息内容加以记忆，而对自己不感兴趣的、未对自己大脑形成刺激的内容则加以排斥、遗忘。

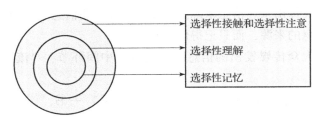

图 4-5 四种心理机制

（二）大众传媒的有限效果之意见领袖理论

意见领袖是指在人际传播网络中经常为他人提供信息、意见、评论，并对他人施加影响的"活跃分子"，是大众传播效果的形成过程的中阶或过滤的环节。由他们将信息扩散给受众，形成信息传递的两级或多级传播（见图 4-6）。意见领袖是有限效果论时期的重要发现，研究者揭示了大众传播过程中人际传播的影响，"意见领袖"这个概念已经成为一个比较流行的词语，为大众所知。

意见领袖的特征如下：

（1）与被影响者一般处于平等关系而非上下级关系。意见领袖未必都是大人物，相反，他们是我们生活中所熟悉的人，如亲友、邻居、同事等。正因为他们是人们所了解和信赖的人，他们的意见和观点也就更有说服力。

（2）意见领袖并不集中于特定的群体或阶层，而是均匀地分布于社会上任何群体和阶层中。

（3）意见领袖的影响力一般分为"单一型"和"综合型"。在现代都市社会中，意见领袖以"单一型"为主，即一个人只要在某个特定领域很精通或在周围人中享有一定声望，他们在这个领域便可扮演意见领袖角色，而在其他不熟悉的领域，他们则可能是一般的被影响者。如一个对时事政治拥有广博知识的人可以在时政问题上给予他人指导，而在流行或时尚方面则接受其他行家的影响。在传统社会或农村社会中，意见领袖一般以"综合型"为主，例如有声望的家族对当地社会往往有普遍的影响。

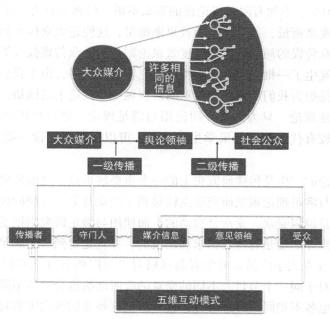

图4-6 意见领袖

(4) 意见领袖社交范围广，拥有较多的信息渠道，对大众传播的接触频度高、接触量大。

(5) 意见领袖常常关注那些身边的事件和新闻，并适时发表自己的观点。

意见领袖的中介功能有以下几方面：

①加工与解释的功能；

②扩散与传播的功能；

③支配与引导的功能；

④协调或干扰的功能。

"当你的'粉丝'超过100人，你就好像是一本内刊；超过1 000人，你就是个布告栏；超过1万人，你就像一本杂志；超过10万人，你就是一份都市报；超过1 000万人，你就是一家电视台。"

意见领袖作为客观存在，既可能带来益处，又可能导致问题，我们应当正确对待意见领袖，比如：

①正确认识意见领袖的影响力；

②建立亲近的情感关系；

③信息公开，引导参与；

④建立反映民意的机制；

⑤发挥舆论权威的作用。

三、大众传媒的适度效果理论

(一) 大众传媒的适度效果之使用与满足理论和创新与扩散理论

20世纪60—80年代，学界认为大众传播对于受众虽然没有魔弹论所认为的那样直接的、立竿见影的效果，但是也不像有限效果论说的那么不堪，仍然是具有一定影响的，这种影响应该从受众这个角度来衡量，并且从长期效果来衡量，这便是大众传媒的适度效果理论。有限效果论强调了大众传媒的局限性，而适度效果论则是向大众传媒强效果论回归的开始。

适度效果模式诞生了一批比较有代表性的研究和理论成果，由于我们不是作为专业的传播学课程讲授，而是想为我们后面几个篇章的讲授做一些理论上的铺垫，所以本节不能为大家介绍全部的代表性理论，只为大家介绍使用与满足理论、创新与扩散理论和议程设置理论，这三个理论比较有代表性，如果学生有兴趣，可以在课后阅读一些新闻传播学方面的书籍。

使用与满足理论的产生是传播研究史上的一个重要转折点。之前传播研究大多站在传播者的角度，而使用与满足理论则把研究焦点转移到了受众身上。传统的理论认为媒介在传播过程中的主要任务是说服受众，受众是被动的，而使用与满足研究则把受众看作有着特定需求的个人，他们的媒介活动是有特定需求和动机的，并且是得到一个满足的过程。

1944年，哥伦比亚大学广播研究学者赫卓格对参与广播节目《专家知识竞赛》的爱好者进行访谈，发现对于同一个节目，不同的受众的收听动机也会有所不同，人们从节目的收听中获得的满足感也各不相同。经过研究，赫卓格把这些受访者收听节目的东西概括为满足自身的竞争心理、满足获取信息的需求、对自己的能力进行测评三种。

1945年6月30日，纽约报业发生员工大罢工，学者贝雷尔森针对这一行为对报刊受众的媒介接触动机进行研究。在报纸投递工人罢工的两周里，多数读者被迫寻找其他新闻来源。绝大多数人说，新闻是他们最怀念的内容。很多人读报是因为这是被社会接受的行为，有些人则认为，报纸是知天下事不可或缺的东西。然而，还有许多人看报纸是为了逃避现实、放松自己、娱乐休闲和提高社会声望。因此提出了人们使用报纸是为了满足自身的六种需求，分别是获取信息、获取日常生活所需信息、获取休闲和娱乐、获取他人的尊重、获取社交话题和读报行为的习惯化。

1959年，美国社会学者卡茨首先提出了使用与满足理论。他将媒介接触行为概括为一个"社会因素＋心理因素—媒介期待—媒介接触—需求满足"的因果连锁过程，提出了使用与满足的基本模式。

使用与满足理论的基本模式如图4-7所示。

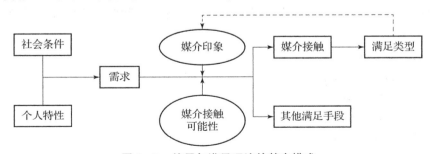

图4-7 使用与满足理论的基本模式

（1）人们接触使用传媒的目的都是满足自己的需要，这种需求和社会因素、个人的心理因素有关。

(2) 人们接触和使用传媒的两个条件：
①接触媒介的可能性；
②媒介印象即受众对媒介满足需求的评价，是在过去媒介接触使用的经验基础上形成的。
(3) 受众选择特定的媒介和内容开始使用。
(4) 接触使用后的结果有两种：一种是满足需求，一种是未满足。
(5) 无论满足与否，都将影响到以后的媒介选择使用行为，人们根据满足结果来修正既有的媒介印象，不同程度上改变着对媒介的期待。

创新与扩散理论是美国学者埃弗雷特·罗杰斯提出的。罗杰斯教授研究了3 000多个有关创新扩散的案例，出版了《创新扩散》一书，他把创新的采用者分为先驱者、早期采纳者、早期追随者、晚期追随者和局外者。罗杰斯指出，创新事物在一个社会系统中要能继续扩散下去，首先必须有一定数量的人采纳这种创新物。通常，这个数量是人口的10%～20%。创新扩散比例一旦达到临界数量，扩散过程就起飞，进入快速扩散阶段。图4-8中的饱和点是指创新在社会系统中一般不总能100%扩散。事实上，很多创新在社会系统中最终只能扩散到某个百分点。

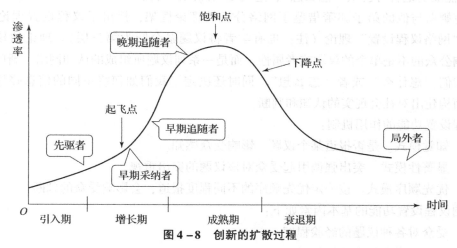

图4-8 创新的扩散过程

创新扩散可分为五个阶段：
(1) 了解阶段：接触新技术新事物，但知之甚少；
(2) 兴趣阶段：发生兴趣，并寻求更多的信息；
(3) 评估阶段：联系自身需求，考虑是否采纳；
(4) 试验阶段：观察是否适合自己的情况；
(5) 采纳阶段：决定在大范围内实施。

创新扩散总是借助一定的社会网络进行的，在创新向社会推广和扩散的过程中，信息技术能够有效地提供相关的知识和信息，但在说服人们接受和使用创新方面，人际交流则显得更为直接、有效。因此，创新推广的最佳途径是将信息技术和人际传播结合起来加以应用。

（二）大众传媒的适度效果之议程设置理论

李普曼1922年在《公共舆论》一书第一章《外部世界与我们头脑中的图景》中认为：

新闻媒介是我们了解无法直接接触的广袤世界的窗口，它决定了我们对世界的认知。他指出，公众舆论所反映的并不是客观环境，而是由新闻媒介所建构的拟态环境。诺顿·朗在1958年的一篇文章中指出：在某种意义上说，报纸是设置地方性议题的原动力。在决定人们将谈论些什么，多数人想到的事实会是什么，以及多数人认为解决问题的方法将是什么这些问题上，它起着很大的作用。

1968年，麦克姆斯和唐纳德·肖对总统大选进行了调查，看媒介议程对公众议程有多大的影响。1972年提出了议程设置理论，该理论认为大众传播往往不能决定人们对某一事件或意见的具体看法，但可以通过提供给信息和安排相关的议题来有效地左右人们关注哪些事实和意见及他们谈论的先后顺序。大众传播可能无法影响人们怎么想，却可以影响人们去想什么。媒介选择集中的报道对象，以此制造社会的中心议程并左右社会舆论的形成。这一理论也是麦克姆斯议程设置理论的第一层，我们称为传统议程设置理论。

从1972年出版的《美国政治议题的兴起》一书开始，麦克姆斯等人开始关注媒体对议题属性所造成的影响。这是第二层议程设置。媒体不仅能够设置议程，同时还能提供语境，决定公众如何思考某个议题并评价其价值。由此看来，大众媒介不仅能告诉公众"想什么"，也能成功地告诉公众"怎么想"，这就是属性议程设置。

麦克姆斯与他的弟子郭蕾借鉴了网络分析的理论框架，提出了议程设置理论的第三层——"网络议程设置"理论（注：也有学者将议题融合归为第三层）。理论的核心观点是：影响公众的不是单个的议题或者属性，而是一系列议题所组成的认知网络；新闻媒体不仅告诉我们"想什么"或者"怎么想"，同时还决定了我们如何将不同的信息碎片联系起来，从而构建出对社会现实的认知和判断。

议程设置功能的作用机制：

（1）知觉模式。是否报道某个议题，影响受众感知。

（2）显著性模式。突出强调引起受众对该议题的突出重视。

（3）优先顺序模式。按一定优先顺序的不同程度报道，会影响受众的判断。

影响议程设置功能的基本因素如下：

（1）受众对各种议题的经验程度。

（2）受众对媒介信息的接触量。

（3）人际传播的频度（对议程设置效果有"抑制"和"强化"两种作用）。

（4）人口统计学上的属性（对知识水平高、政治关心程度高及从事较高层次社会职业的人影响较小）。

从社会和国家的角度看议程设置功能如下：

社会的稳定和发展，离不开大众传媒发挥议程设置功能。2008年爆发的"三鹿奶粉事件"便是大众媒介设置的一个话题，但同时也是一个失败的议程设置，因为它的发展最终失控，并最终令全社会成员陷入恐慌之中。而2003年"非典事件"，最初对媒体进行封锁，引发了民间的恐慌和国际社会的不满，最后决定将信息完全公开，让新闻媒体完全介入，充分宣传防疫常识，报道抗击SARS的感人事迹，以稳定人心、鼓舞人心，同时将每日感染者和死亡人数公开，新闻媒体为抗击SARS胜利立下了功勋。而其后2008年汶川地震更是成功地让全社会同心协力、同舟共济,将人心紧紧拧成一股绳。

如上几个例子结合议程设置,有学者总结了经验:

直面问题,正视问题,"鸵鸟政策"于事无补;

敏锐观察,接种预防;

情感劝服,缓和矛盾;

控制媒介冷调处理;

选择时机正面引导。

——刘训成《议程设置、舆论导向与新闻报道》

通过分析不同媒体议程设置的不同特点,韦弗等人研究发现:

(1) 报纸的议程设置对较长时期议题的重要性顺序排列影响较大。

(2) 电视的热点化效果比较突出。

(3) 报纸的新闻报道形成议程的基本框架。印刷媒介版面的不同位置具有不同的视觉吸引力,一般而言,左方高于右方,上方高于下方。

(4) 电视的新闻报道则挑选出议程中若干最主要的议题加以突出强调。

(5) 报纸可以进一步对个人议题产生较深刻的影响。

(6) 电视的主要影响是提供谈话议题。

议程设置理论影响比较深远,所以下面以"郭美美事件"为例,来具体分析一下微博的议程设置功能。

【案例】2011年6月20日,新浪微博上一位名为"郭美美baby"的用户引起了网民的注意,并在很短的时间内达到了万众瞩目的程度。她在微博上经常展示自己的生活照,从中可以看到,她开玛莎拉蒂跑车,在别墅开生日会,皮包、手机、手表都是著名的奢侈品品牌。而最耀眼的莫过于她的微博认证身份——红十字会商业总经理,这一点引发了公众的质疑:一个年仅20岁的女孩就当上了总经理,并拥有名品和跑车,其财产来源是否和红十字会有关,而红十字会是慈善机构,那大众捐献的钱物是否真正用在了扶贫帮困的刀刃上?于是,网友立即展开了"人肉搜索",各种与郭美美及红十字会相关的说法迅速在网络传播开来,众说纷纭。

此次事件所产生的影响之大让人无不感叹新媒体时代的力量,一般新闻热点可以在公众中延续讨论一到两个月,而"郭美美事件"热度不减超过半年,同时这也是非常少见的由传统媒体和新媒体相配合,共同完成的一次深刻的调查。

议程设置功能理论的第一个特点,是着眼于传播效果的认知层面。该层面以告诉人们针对对象来"想什么"的方式,把他们的注意力引导到特定的问题上,并且能对态度和行动产生联动作用。在"郭美美事件"中,微博即起到了这一作用。在意见领袖首先提出对郭美美、红十字会的疑问后,网民产生共鸣与认同,随即注意力集中到这一事件上,并用自己的力量——如"转发""评论"来扩大传播效果。

而该理论的第二特点,是它所考察的并非是某家媒体某次报道中产生的短期效果,而是较长时间跨度的一系列报道活动所产生的综合社会效果。"郭美美事件"热度持久,网络上对于"郭美美事件"的问责和反思角度各异、面面俱到,非常充分地体现了微博的议程设置功能。

而议程设置功能还有一个重要特点，就是它暗示了这样一种媒介观，即传播媒介是从事"环境再构成作业"的机构，也就是说媒介对外部世界的报道不是"镜子"式的反映，而是一种有目的的取舍选择活动。在"郭美美事件"中，微博就承担了这样一种媒介作用，它从成千上万的微博条目以及微博话题中选中"郭美美"这一条目进行梳理，用推上"微博广场"的"热点话题"的方式来提供给受众。这样一种"再作业构成"是对现实环境的反映，影响到人们对环境的认识和判断，直接导致了后续网民以及主流媒体的跟进。

当代社会，媒介具有巨大影响力，各类媒介都有其特殊的传播特点和优势，如果受众个体不了解，想当然地去使用和利用媒介，将会造成不必要的麻烦和伤害。

1. "培养分析"理论

该理论起源于20世纪60年代，美国政府专门成立"暴力起因与防范委员会"。代表学者是乔治·格伯纳。

格伯纳等认为，在现代社会，大众传媒提示的"象征性现实"对人们认识和理解现实世界发挥着巨大影响，由于大众传媒的某些倾向性，人们在心目中描绘的"主观现实"与实际的客观现实之间出现很大的偏离。同时，这种影响不是短期的，而是一个长期的、潜移默化的、"培养"的过程，它在不知不觉当中制约着人们的现实观。

2. "知沟"假说

该提法最早出现在1970年，由蒂奇纳等人在《大众传播流动和知识差别的增长》一文中提出，他们认为：大众传播的信息传达活动无论对社会经济地位高者还是低者都会带来知识量的增加，但由于社会经济地位高的人获得信息和知识的速度大大快于后者，随着时间的推移，最终结果是两者之间的知识沟不断变宽，差距不断扩大。

"知沟"从更广泛的意义上来说也是"信息沟"（Information Gap）。早在1974年，N.卡茨曼就着眼于新传播技术的发展，提出了他的"信息沟"理论，其主要观点包括：传播技术的采用将带来整个社会的信息流通量和信息接触量的增大，这对每一个社会成员来说都是如此；新技术的采用所带来的利益并非对所有社会成员都是均等的；与人的能力相比，电脑等机器的信息处理能力要强大得多；既有的信息富裕阶层通过早期采用和熟练使用这些先进机器，能够比其他人更拥有信息优势；新媒介技术层出不穷，更新换代周期越来越短，其趋势更可能是"老沟"未能填平，而"新沟"又不断出现。这种状况，在新媒介的采用过程中尤其明显。

四、大众传媒的强大效果理论

20世纪80年代后，强大效果理论重新强调大众传播效果的巨大性，但是与魔弹论不同，它强调的效果不是简单的、直接的，而是复杂的、间接的；不是短期的、立竿见影的，而是长期的、潜移默化的；不是微观的、个体的，而是宏观的、社会的。

（一）沉默的螺旋理论

纽曼发现，大多数人在表明态度或做出选择时，有一种趋同心态。当个人的意见与其所属群体或周围环境的观念发生背离时，个人会产生孤独和恐惧感。因此，对于具争议性的议题，人们总要对舆论的状况形成判断或印象，以确定自己的意见是否与大多数人保持一致，以及（如果不一致）舆论是否将朝自己的意见方向改变。如果他们觉得自己的意见与舆论一致，就毫无顾忌地大声发言，如果不一致，就倾向于保持沉默；如果他们觉得舆论将离他们的意见越来越远，也倾向于保持沉默，乃至最后转变方向，与优势群体、优势意见保持一致。而他们越沉默，其他人就越觉得他们的看法不具代表性，就越倾向于继续保持沉默。结果如图4-9所示，在这一过程中，某种优势意见不断得到强化、抬高，被确立为主要意见，而"少数意见"越来越小，形成一种螺旋式的状态。这是关于媒介、社会心理和舆论的一种理论，可以看作议程设置理论的一种形式，但这一理论更关注宏观层面而非微观层面的效果研究。

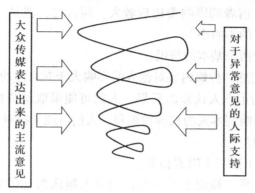

图4-9 "沉默的螺旋"假说示意图

"沉默的螺旋"假说的核心是四种要素：

（1）大众媒介；
（2）人际传播；
（3）社会关系；
（4）个人意见的表达。

沉默的螺旋假说有以下五点假设：

（1）社会使背离社会的个人产生孤独感；
（2）个人经常恐惧孤独；
（3）对孤独的恐惧使得个人不断地估计社会接受的观点是什么；
（4）估计的结果影响个人在公开场合的行为，特别是公开表达观点还是隐藏自己观点；
（5）综合起来考虑，上述四个假设形成、巩固和改变公众观念。

（二）第三人效果理论

有人炒股，看到电视新闻书说今年冬季国内煤炭消耗大增，将面临短缺的局面，他据此推测，明天煤炭板块股票很有可能上涨，因为股民们都会看到这条消息，很有可能买入煤炭行业的股票，从而推高股价，于是他赶紧打开电脑开始研究煤炭板块股票，最后选中一家买入1 000股。

2011年2月24日，日本发生地震造成核泄漏。作为新闻热点，在短时间里吸引了国内各类媒体大量聚集，央视等电视媒体开足马力进行连续直播报道，无形中营造了某种核危机扩散的传播环境，对民众造成极强的心理暗示。

自 2011 年 3 月 16 日起，中国各地忽然爆发市民抢购食盐"盛况"，在极短时间内从超市到小卖部食盐都销售一空。因为网上谣传，吃盐防辐射，核辐射污染海盐。

虽然有关部门和新闻媒体及时辟谣，事件在短时间内得到平息，但如此荒唐的谣言却在极短的时间里让全国的民众中招，甚至还波及海外华人社区，创下了纪录。

上述现象在生活中比比皆是，即人们总是倾向于认为，各种传播信息对别人的影响要比对自己来得大。我们称这一现象所形成的理论为"第三人效果"理论。1983 年，美国哥伦比亚大学戴维森教授在《舆论季刊》发表了一篇论文《传播的第三人效果》，正式提出了第三人效果理论。这一理论认为一些事件在社会层面（对其他人）上的影响与个人层面（对我）上的影响大相径庭，前者的影响要比后者大。简言之，就是"受众倾向于认为媒介对其他人的影响大，对自己的影响小"。

第三人效果理论包括两个基本的假说：

（1）知觉假说：人们感到传媒内容对他人的影响大于对自己的影响。

（2）行为假说：作为第三人认知的后果，人们可能采取某些相应的行动，以免他人受传媒内容影响后的行为影响到本人的权益和福利；人们可能支持对传媒内容有所限制，以防止传媒对他人的不良影响。

"第三人效果"还与下列三个因素相关：

一是当事人的知识水平。知识水平越高，当事人越认为自己的判断正确，"第三人效果"越明显。

二是信息内容的负面或有害程度。信息中含有色情、暴力或诽谤、污蔑性内容时，负面或有害程度越高，"第三人效果"越明显。

三是社会距离。第一人（当事人）与第三人（他人）之间的地理的、心理的距离越远，"第三人效果"越明显。

"认知偏差"与上述三个因素均呈正相关关系，且认知偏差越大，人们支持审查制度的愿望越强烈。

【思考】直播带货，是直播娱乐行业在直播的同时带货，由主播或主播集合在直播间里推介，也称为"好物推荐官"。请用传播效果的知识思考直播带货是如何运行与吸引受众的。

【练习】

一、选择题

1. 纽曼认为沉默的螺旋中新闻媒介造成"缺乏感知"的三个特征是（　　）。
   A. 普遍存在　　　　B. 重复积累　　　　C. 协调一致　　　　D. 充分影响

2. 下列属于美国伊利县调查研究成果的理论有（　　）。
   A. 两级传播　　　　B. 意见领袖　　　　C. 群体压力　　　　D. 选择性接触假说

3. （　　）理论涉及的是人们怎样通过得到的信息来学习并决定采用新产品或新服务。
   A. 社会认同　　　　B. 宣传说服　　　　C. 议程设置　　　　D. 创新扩散

4. 在研究方法上，拉扎斯菲尔德的贡献是倡导并亲身实践了（　　）。
   A. 实地调查法　　　B. 内容分析法　　　C. 控制实验法　　　D. 个案研究法

二、判断题

5. "魔弹论"诸多研究中美国伊利县调查研究的是广播剧对社会的影响。（　　）

6. 作为使用电影进行说服的军队研究项目的主要研究者，霍夫兰发现了研究说服系统理论的前景。（　　）

7. 第三人效果中的"第三人"指的是和我（们）、你（们）相对的第三人称的他（们）、作为信息传递过程的旁观者的第三者和一切对媒介信息有判断力的受众。（　　）

8. 有限效果论中的"传播流三部曲"指的是伊利调查、迪凯特研究、创新扩散研究。
（　　）

附录答案

1. ABC　　2. AB　　3. D　　4. A　　5. ×　　6. √　　7. ×　　8. √

参 考 文 献

[1] 环球时报-环球网（北京）. 美国摄影师拍"地铁撞死人"照片 被批见死不救［EB/OL］.（2012-12-06）［2022-12-07］. http://sx.sina.com.cn/news/s/2012-12-06/090535221.html.

[2] 周音孜. 浅议"魔弹论"思想的存在历史及再现可能［J］. 今传媒，2013（6）：144.

[3] MBA智库百科. 使用与满足理论［EB/OL］.［2022-12-07］. https://wiki.mbalib.com/wiki/%E4%BD%BF%E7%94%A8%E4%B8%8E%E6%BB%A1%E8%B6%B3%E7%90%86%E8%AE%BA.

[4] 刘训成. 议程设置、舆论导向与新闻报道［J］. 新闻与传播研究，2002（2）：84-91.

第五章
媒介甄别与思考质疑（判断能力）

第一节 媒介形式

引言：人类创造了媒介，而媒介也深刻影响着人类。多年以来，许多传播学者对媒介界限孜孜探索，创造了许多伟大理论。本节主要介绍媒介定义与"媒介即认识论"。

一、媒介之外无一物

若想理解"媒介之外无一物"，首先需要思考一个问题：什么是媒介？显然，我们常常使用甚至已经融入我们生活习惯的网络是媒介；我们看到的广告是媒介，电视电脑是媒介，报纸杂志是媒介（见图 5-1）。不仅如此，日常生活中使用的口头语、印刷术等都可以是媒介。著名学者马歇尔·麦克卢汉在他的著作《理解媒介》中认为，媒介是人的延伸，因此，按照他的观点，机器、交通工具等都被看作媒介。

广告

电视

报纸、杂志

电影

图 5-1 媒介

从词语定义来看，媒介本身的含义是 In The Middle（在中间），或者叫 Go Between（在两者之间），是一个信使，一条通道，一种某物经由某个手段、工具、途径到达另一物的中介空间。但是在讨论媒介时，永远不能只讨论这个居中的空间，还一定要讨论该空间所连接的两方。媒介天生要把作者/读者、发送者/接收者、表演者/观看者等存在关系的两方联结在一起。由此就产生了一个问题，即媒介的界限（Boundaries）到底在哪里？

狭义的定义为，媒介仅限于起中介作用的空间或中介物，可以是材料、工具等很具体的东西。广义的定义为，媒介是一种社会实践，比如，书写媒介明确包括作者和读者，绘画媒介包括画家和观众，也许还有画廊、收藏家和博物馆等。这个居中空间的弹性非常之大，外边界是可扩展的、模糊不清的。

就此而言，媒介并不单单处在发送者和接收者之间，它包括并构成它们。那么，是否可以借鉴关于文本的一句格言"文本之外别无他物"而提出"媒介之外无一物"？比如说，当人们看电影时，是在电影之内，还是电影之外呢？当思考媒介的问题时，人们也是在媒介之中去思索的，这就是为什么媒介会带来递归思考特有的头痛。

任何符号系统都包含能指和所指的分离，在场的东西和缺席的东西的分离。由于有中介的存在，没有任何东西是完全在场的，总是有些东西不在场，而在场的东西往往依赖那些不在场的东西才能存在。在这个意义上，作为中介的媒介并不反映现实，而是把我们带离现实：它们将某种真实的东西（如一个人或一个事件）拿过来，改变其形式，以产生我们最终得到的文本。这就是媒介的中介作用。我们总是在一个象征性中介的世界中，这意味着我们无时无刻不身处一个社会建构的价值观、等级制和意识形态的世界。

麦克卢汉认为，媒介技术更多通过它们的形式而非它们所传递的内容来塑造社会，并给出了"媒介即讯息"这一命题。这一命题的基本含义是：过程（介质）与内容（讯息）一样重要，而过程指的正是沟通和交流如何进行。麦克卢汉反复举例，以说明这一点：许多人会说，机器的意义或者讯息不是机器本身，而是人们用机器所做的事情。但是，如果从机器如何改变人际关系和人与自身的关系来看，无论机器生产的是玉米片还是凯迪拉克高级轿车，那都是无关紧要的。铁路的作用，并不是把运动、运输、轮子或道路引入人类社会，而是加速并扩大人们过去的功能，创造新型的城市、新型的工作和新型的闲暇。无论铁路是在热带还是在北方寒冷的环境中运转，都发生了这样的变化。而这样的变化和铁路媒介所运输的货物或内容是毫无关系的。

麦克卢汉做过这样一个比喻：媒介是窃贼，我们是看门狗，媒介的内容则好比是一片滋味鲜美的肉，破门而入的窃贼用它来分散看门狗的注意力，只留意到"肉"而放过了"窃贼"，是怀着"技术白痴的麻木态度"。他用这个有力的比喻提醒我们，要注意媒介本身，不要仅仅关注媒介的内容。

因此，媒介的内容固然重要，但是也许形式本身也具有独特的价值和意义，而这种价值在一定程度上，也会影响甚至决定我们看待内容的方式。

二、媒介即认识论

我们身处一个媒介无处不在且多元多样的时代。认识到这一点后，人们不禁开始思索这些媒介存在的理由。例如，学生们的结课论文为什么一定要用纸质的形式，而不能采取录音、录像的形式？

（一）书面与口头引用形式

【案例】曾经有一个考生在他的论文中写了一个脚注，想用来证明援引的出处。他写道：

"此系 1981 年 1 月 18 日本调查者在罗斯福酒店亲耳听见,当时有阿瑟·林奇曼和杰罗尔德·格罗斯在场。"

这个援引引起了四位口试老师的注意,他们一致认为,这样的证明方式不妥,应该用著作或文章中的引文来代替。"你不是记者,"其中一位教授提出,"你要成为学者。"也许是因为该考生不知道有什么出版物可以证明他在罗斯福酒店中得到的信息,所以他极力为自己辩护,说当时有人在场,他们可以证明他所引用部分的准确性;并且他还辩解到,表达思想的方式同思想的真实性无关。滔滔不绝之中,这个考生有些忘乎所以,他说他的论文中至少有 300 处从出版物中摘录的引文,考官们不可能一一对它们进行考证。他这样说,是想提出一个问题:人们为什么可以相信印刷文字的引用,却不能相信口头引用的内容呢?

这是个值得思考的问题。

在这个案例中,考生得到的回答是:"你认为表达思想的方式同思想的真实性无关,这是错误的。在学术界里,出版的文字被赋予的权威性和真实性远远超过口头语言。人们说的话比他们写下来的话要随意。书面文字是作者深思熟虑、反复修改的结果,甚至还经过了专家和编辑的检查。这样的文字更加便于核对或辩驳,并且具有客观的特征,这就是为什么你在论文中称自己为'本调查者'而不是自己的名字。书面文字的对象从本质上来说是客观世界,而不是某个个体。书面文字可以长久存在,而口头语言却即刻消失,这就是为什么书面文字比口头语言更接近真理。而且,我们相信你一定更希望考试委员会提供一份书面说明证明你通过了考试(如果你通过的话),而不是仅仅口头告诉你一句你通过了。我们的书面说明代表的是'事实',而我们的口头通知却只是一个传言。"

(二)钟表之媒介

媒介的确在许多情况下只是一种形式,但是这种形式本身也同样重要。虽然我们大多数人对媒介形式并不十分关注,但总有一些伟大的观察者,比如刘易斯·芒福德(见图 5-2)。他不是那种为了看时间才看钟表的人,这并不是因为他对大家关心的钟表本身的分分秒秒不感兴趣,而是他对钟表怎样表现"分分秒秒"这个概念更感兴趣。他思考钟表的哲学意义和隐喻象征,而这些正是我们平时不太思考的地方。芒福德总结说:"钟表是一种动力机械,其产品是分和秒。"在制造分秒的时候,钟表把时间从人类的活动中分离开来,并且使人们相信时间是可以以精确而可计量的单位独立存在的。分分秒秒的存在不是上帝的意图,也不是大自然的产物,而是人类运用自己创造出来的机械和自己对话的结果。

刘易斯·芒福德
(Lewis Mumford, 1895—1990 年),美国著名城市规划理论家、历史学家。

图 5-2 刘易斯·芒福德

在芒福德的著作《技术与文明》中,他向我们展示了从 14 世纪开始,钟表是怎样使人变成遵守时间的人、节约时间的人和现在拘泥于时间的人。在这个过程中,我们学会了漠视日出日落和季节更替，因为在一个由分分秒秒组成的世界里，大自然的权威已经被取代了，与此伴随的是上帝的权威不断被削弱。钟表不懈的嘀嗒声和上帝权威的日渐削弱，二者之间存在着奇妙的关联。

（三）字母

字母或者是文字带来了人与人之间对话的新形式，人们说出的话不仅听得见，而且看得见——这不是一件小事。语音的书写形式创造了一种新的知识理念。

柏拉图在《第七封信》中写道："没有一个有智力的人会冒险用语言去表达他的哲学观点，特别是那种会恒久不变的语言，例如用书面的文字记录下来。"他对此进行了详尽的阐述，他清楚地认识到，用书面文字记录哲学观点，不是这些观点的终结，而是这些观点的起点。没有批评，哲学就无法存在，书面文字使思想能够方便地接受他人持续而严格的审查。此外，由于书面形式把语言凝固下来，由此诞生了语法家、逻辑家、修辞学家、历史学家和科学家——所有这些人都需要把语言放在眼前才能看清它的意思，找出它的错误，明白它的启示。柏拉图深知这一点，他知道书写会带来一次知觉的革命：眼睛代替了耳朵而成为语言加工的器官。

可以发现，人们创造的每一种工具都蕴含着超越其自身的意义。伽利略曾言，自然的语言是数学，我们认识世界的方式和程度也会受到媒介的影响。"眼见为实"作为一条认识论的公理，从来都享有重要的地位，但"话说为实""阅读为实""计算为实""推理为实"和"感觉为实"的重要性，随着文化中媒介的变化，也在跌宕起伏。尼采说过，任何哲学都是某个阶段生活的哲学。我们还应该加一句，任何认识论都是某个媒介发展阶段的认识论。

【思考】运用麦克卢汉"媒介是人的延伸，每一种新的延伸都会使人和各种感官的平衡状态产生变动"这一理论，分析当下新媒介发展对于我们的动态影响。

【练习】

一、选择题

1. 麦克卢汉通常把大部分权力都归结到（　　）。

   A. 消费者

   B. 生产者

   C. 作为技术的媒体

   D. 政治力量

2. 下列选项中，对麦克卢汉媒介理论主要内容的概括错误的是（　　）。

   A. 媒介是人体的延伸，每一种新的延伸都会使人和各种感官的平衡状态产生变动。

   B. 媒介是人体的延伸，说明了传播媒介对人类感觉中枢的影响，媒介和社会的发展史同时也是人的感官能力"统合—分化—再统合"的历史。

   C. 媒介即讯息，真正有意义的信息不是各个时代的传播内容，而是这个时代所使用的传播工具的性质，以及它所带来的可能性和造成的社会后果。

   D. 热媒介是提供给受众的信息模糊，不完备，不充分，留有许多想象、思想回味的媒介，需要受众予以补充、联想，受众参与的程度高。

二、判断题

3. 麦克卢汉的媒介概念是广义的，不仅指大众传播和人际传播的媒介，而且包括人际互动的所有介质。（ ）

附录答案

1. C 2. D 3. √

第二节 媒介内容——真相之疑

引言：随着新技术不断应用，媒介变得更加智能。需要我们在用户偏好推荐算法、媒介拟态环境、后真相时代下主动思索形成合理的"精神饮食结构"。本节主要介绍媒介环境下的真相。

一、当真相崩塌

在这个假新闻和另类事实大行其道的时代，公众重视对真相的关注，并且强烈要求政客、商业领袖、社会活动家和媒体为他们言论的真实性负责。人们重视真相，并愿意为之抗争。

不过，真相并不像看上去那么简单。讲述真相的方式有很多，其中许多方式并不诚实。在大多数问题上，可供人们选择讲述的真相有很多，而被选择的真相会影响周围人对一个问题的感受和反应。我们既可以选择鼓励人们行动的真相，也可以选择故意误导人们的真相。真相具有许多形式，而有经验的沟通者可以利用这种多面性影响人们对现实的印象。本节谈论的是真相而不是谎言，通过展示极具误导性使用真相的做法，希望学生可以发现和指出生活中具有误导性的真相，毕竟，被倾听者误解的真相也许比谎言更加糟糕。

例如，"互联网拓宽了全球知识的传播范围""互联网加速了错误信息和仇恨的传播"。这两句话都是正确的，都是真的。不过，对于从未听说过互联网的人来说，这两句话给他的印象是完全不同的。每个故事都有多面性。如果对一句谚语稍作调整，可以说，任何一组事实通常可以得出不止一个真相。其实参加辩论赛时或是需要为自己的错误辩解时，我们都知道如何挑选最有利于自己的真相，不过，我们可能不知道，这些真相为沟通者提供了多大的灵活性。许多时候，你可以通过许多方式描述一个人、一起事件、一件事物或者一项政策，这些描述可能具有同等的真实性，它们被称为"竞争性真相"（Competing Truth）。

假设你是一位想要购买藜麦的顾客，销售员如何销售它，会使你选择最终购买它呢？

（1）藜麦营养丰富，富含蛋白质、纤维和矿物质，脂肪含量较低。

（2）购买藜麦可以提高南美贫困农民的收入。

（3）购买藜麦将会推高这种传统食物在玻利维亚和秘鲁的价格。

（4）藜麦的种植对安第斯山的环境产生了严重影响。

同后两个事实相比，前两个事实或许更容易促使你购买藜麦。通过选择某个竞争性真相，销售员影响了你的行为，他在一定程度上塑造了你的当前现实。

实际上，他所做的还不止这些，他还影响了你对藜麦的看法。他将一组关于藜麦的思想和信念埋藏在了你的内心深处。这种思维模式可能会在很长一段时间里持续影响你的购买行为、语言和饮食。

思维模式是指我们关于自己和周围世界的一组信念、思想和意见。思维模式决定了我们对事物的看法以及所选择的行为。

思维模式具有一定的灵活性。最初听到的关于藜麦的消息会先入为主地影响人们关于藜麦的思维模式。当人们对某个主题一无所知时，便很容易受到影响。不过，当关于藜麦的某种观点已经被确定，并且相关的思维模式已固定下来时，它就很难改变了。假设有人告诉我们，种植藜麦会破坏安第斯山的环境。三个月后，当某人提到藜麦的营养价值时，我们很可能会忽略、怀疑或遗忘这种信息。这是证实性偏差的一种形式。我们往往更容易接受与我们现有思维模式相符的真相，抗拒那些与我们内心观点相冲突的真相。

在你接触藜麦几个月后，当你和同学共进午餐时，你看到她选择了一份藜麦沙拉。如果你最初听到的说法是藜麦对环境有害，你可能倾向于对她的午餐选择做出苛刻的评价，你甚至可能劝说她换一种食物。最初的真相使你形成的思维模式在很久以后仍然会影响你的思想和行为。

真相有时候是破碎的，而不同的碎片化叙述和碎片化的真相会导致也许完全不一样的观念——即使它们都是真的。

我们都在通过不同视角看待世界，这些视角在很大程度上是由我们听到和读到的不同真相塑造而成的。其他人经常会有意或无意地引导我们看到真相的某些方面或某些解释。20世纪伟大的政治新闻记者、竞争性真相的使用专家沃尔特·李普曼（Walter Lippmann）写道："我们的看法涉及的空间、时间和事物超出了我们的直接观察范围。因此，我们不得不根据其他人的说法和我们的想象将它们拼接在一起。"其他人的说法成了我们感知到的现实的一部分。由于我们根据感知行动，因此其他人的说法也会影响客观现实。

竞争性真相会影响人们的思维模式，人们的思维模式又决定了随后的选择和行动。我们根据所相信的真相而投票、购物、工作、合作和斗争。一些真相终生伴随着我们，决定了我们最重要的选择，定义了我们的性格。不管面对的是社会事件、公司声明、难民群体、科学发现，还是自然灾害等，我们的思维模式都会决定我们的反应——包括剧烈反应、转型反应和暴力反应。

因此，可以毫不夸张地说，我们的许多思想和行为是由我们听到和读到的竞争性真相决定的。竞争性真相与我们所有人息息相关。不管我们是否愿意，它们都在影响我们每一天的生活。我们自己和我们的社会应该更好地认识它们，负责任地使用它们，并在必要时对抗它们，这是媒介素养对我们的要求。

二、片面真相

有人说，真相是散落成无数碎片的镜子，每个人都认为自己看到的一小片是完整的真相。如果这句话是正确的，那么我们看到的是怎样的一小片呢？我们如何寻找完整的真相？要想更深入地思考这个问题，请先来看一则2020年4月大家都十分关注的案例——高管性侵案。

2020年4月，烟台一家跨国企业高管鲍某明被自称其养女的李某星公开举报。李某星称，自己从刚满14岁开始，遭遇鲍某明持续性侵，多次报案未果。

多家媒体对此进行报道，《南风窗》一篇《涉嫌性侵未成年女儿三年，揭开这位总裁父亲的"画皮"》一文引发网络震动，令人恐怖的细节、双方权力的不对等事实导致社交媒体陷入愤怒之中。几天后，《财新》的《高管性侵养女案疑云》，引发新一轮声讨。随后《财新》删文、道歉，舆论就此撕裂。我们借助这个案例尝试重新审视这两篇报道，对这两篇报道做一些探讨。

《涉嫌性侵未成年女儿三年，揭开这位总裁父亲的"画皮"》这篇报道，主要采用单方面信源并加上足以为事件定性的大量细节描述，比如对李某星受到侵犯情节描述，还有强迫李某星在新买的马桶上便溺。这些引发我们感官不适和极度愤慨的描写，在只加了李某星少量个人引语的情况下，以上帝视角讲述出来，容易引发读者共情。作为新闻，这部分内容作为"事实"，是李某星口中的"事实"，记者只是转述。但记者不是小说家，应尽可能提供有旁证的信源，警惕让读者陷入单一信源的情绪氛围和叙事陷阱，是记者的责任。不加印证的信源、流畅的故事叙述和细节复现，一定程度都增加了还原事实丰富性的难度。

《高管性侵养女案疑云》报道（见图5-3）的可取之处在于有鲍某明、志愿者和警方等多信息源，也提供了更立体的事实。但这篇报道则在俯视的视角下，贸然做出价值取向，过分的精英视角，容易忽视李某星作为女性和未成年人的权力弱势地位。

> "她总想缠着我聊天，聊QQ。聊时间短了还不行，一聊还得聊一小时。"鲍某明说，"反正，后来我就没时间聊了，我就说你要理解工作的人，现在特别忙，没那么多时间聊，也聊不了这么长时间，可能打个招呼我就睡觉了。"
>
> 鲍某明称，兰儿感受到他有些冷淡，就与他吵架，他一生气也不理她了，结果兰儿就报警。

图5-3 《高管性侵养女案疑云》节选

其实两篇报道都在尝试讲述一个故事，只是《财新》的这一篇更像是一个自小缺少关爱的女孩向"养父"寻求安全感的故事；而《南风窗》更像一个恶霸民女二元对立的故事。不知道大家是否感到奇怪，这两篇报道都是基于同样一个事件进行报道，呈现出来的故事怎么会存在如此大的区别？

为了回答这个问题，我们需要理解什么是故事。在听到这个词语时，许多人首先想到的是与坏人、间谍和爱情有关的童话故事和小说。"给我讲个故事"是小孩子的请求。故事与乐趣有关，与儿童有关，与电影有关，与逃避主义有关，与寻找新鲜资讯的新闻工作者有关。

我们可以给故事下这样一个定义：故事是对变化过程的选择性连贯叙述，强调局面和事件之间的因果关系。

故事对于我们的沟通方式非常重要，因此我们应该努力理解故事是如何发挥作用的。下面是一切故事必不可少的元素：

（1）变化过程。没有变化，就没有故事。如果你的英雄在开头和结尾完全相同，你讲述的就不是故事。小明从正直的军人转变成了最无情的黑手党老大。丽丽从北京回到了家，但她本人发生了不可逆转的变化。鲍某明在人前是一位精英律师，拥有中美两国律师执照，开朗、得体、有学识，但是在家中作为"父亲"的他瞬间换了一副模样。这样的变化便具有了故事性。

（2）因果关系。原因和结果是一切故事的核心。因为丁丁发现了模型船里隐藏的羊皮纸，所以他踏上了加勒比寻宝之旅。因为特洛伊人决定将巨大的木马带进城内，所以希腊人蹂躏了这座城市。因为利率极低，所以投资者在寻找回报时选择了风险更大的项目。这是故事的逻辑所在，也是听众相信故事的原因：讲述者需要说清事情发生的原因。

（3）触发事件。将因果关系和变化结合在一起，你就获得了剧作家所说的"诱发事件"，即变化过程开始的原因，我们也可称之为"关键转折点"。每个故事都需要一系列事件的最初诱因。《傲慢与偏见》中，达西先生的朋友在伊丽莎白·贝内特家附近租了一所大房子，这件事标志着故事正篇的开始。在关于多个原因和结果的叙述中，触发事件是最初的原因。

当然，好故事还有其他许多元素——英雄、恶棍、导师、骗子、盟友、挫折和障碍、转折和戏剧性发现，但这三者是每个故事必须拥有的决定性基础。

不过，为什么《财新》和《南风窗》的记者都纷纷选择用故事来讲述这个事件呢？答案存在于因果关系之中。人类渴望获得解释。当重要的事情发生时，我们希望理解它为什么发生。由于故事似乎可以说明一件事情是如何导致另一件事情的，因此它可以帮助我们理解这个混乱的世界。

在最简单的故事中，每个结果有一个原因，每个结果又会成为下一个结果的原因。《南风窗》的报道将性侵的原因理解为人前人后两副模样的恋童癖恶魔，《财新》的报道将性侵的原因理解为自幼缺爱的女孩向比自己年长许多的养父寻求爱。

不过，这样的清晰和连贯是危险的，也是需要我们付出代价的。故事的问题在于，它们具有高度选择性。坦率地说，故事无法给出完整的画面。它们是片面真相。我们可以在电影中明显看到这一点，因为电影的不同场景之间隔着大段时间，摄影角度也将许多行为排除在外。剧作家、导演和编辑根据许多因素选择场景。查尔斯·狄更斯在写作大卫·科波菲尔的一生时只选择了几个生活片段。真实的故事也是如此。当我们描述一系列事件时，我们会选择起始点、叙述时段和描绘人物的方式。重要的是，我们会简化原因和结果。故事是很有条理的，比如，因为帕里斯从墨涅拉俄斯那里偷走了海伦，所以希腊对特洛伊宣战；因为希思克利夫听到凯特说，嫁给他会降低她的身份，所以他离开了家，获得了大量财富，成了呼啸山庄的主人。真实的生活很少如此黑白分明。事件常常拥有多个原因。X 可能是 Y 的原因，但 U、V 和 W 也可能是 Y 的原因。纳西姆·尼古拉斯·塔勒布（Nassim Nicholas Taleb）等学者提出概念"叙事谬误"，即我们"在不编织解释或强行拼凑逻辑链条的情况下观察事实序列的能力存在局限"。

故事具有极大的力量，它们很容易被人相信，有时是错误的相信。由于它们可以帮助我们理解复杂的世界，由于它们的结构符合古老的心理模式，因此我们往往认为它们是唯一的真相。实际上，它们可能只是真相之一。我们一直在通过故事沟通。几乎每一天，我们都会用故事描述某个事件、解释某种情况或者预测某个结果。所以，当我们倾听和讲述故事时，我们应该记住它们所描绘的真相是具有灵活性的。

三、定义：人造真相

不知道同学们怎么看女权问题，你认为自己是女权主义者吗？在美国哥伦比亚广播公司2005年的一项调查中，24%的美国女性认为自己是女权主义者，17%的美国女性认为这个词语是一种侮辱（只有12%的人认为它是一种恭维）。2013年，当女权电影《末路狂花》中的明星苏珊·萨兰登（Susan Sarandon）被问及"你是否会把自己称为女权主义者"时，她回答道："我认为自己是人道主义者，因为将女权主义者视作一群聒噪泼妇的人更愿意接受'人道主义者'这个词语。"超过4.5万人在"反对女权主义的女性"脸谱网页面上点了赞。该页面对于自身的描述是："反对当代女权主义及其有害文化的女性声音。我们根据行为而不是词典定义来判断女权主义。"

硅谷最强大的女性之一、雅虎总裁玛丽莎·梅耶尔（Marissa Mayer）宣布："我认为我不是女权主义者……我想，我没有时常伴随女权主义的那种好斗精神和仇恨。"

所以，"女权主义"一词存在形象问题。不过，哥伦比亚广播公司在调查中还发现，当他们将女权主义者定义为"相信两性在社会、政治和经济上应该平等的人"时，认为自己是女权主义者的女性比例从24%上升到了65%。面对同样的定义，认为自己是女权主义者的男性比例从14%上升到了58%（见图5-4）。调查数据表明，定义的确很重要，不管"反对女权主义的女性"多么不尊重词典定义。

通过与特定行为的关联，我们可以改变词语的定义，"反对女权主义的女性"也许就是这样做的：如果你看到许多女性自称女权主义者，并且发表对于男性的仇恨，你可能认为女权主义事实上的定义具有令人讨厌的一面。更加积极的定义出现在2014年，当时英国政界要员——包括男性和女性——穿

图5-4 女权主义

着福西特协会生产的带有"这才是女权主义者"字样的T恤摆出了造型。工党领导人和副首相——二者都是男性——穿着这种衬衫的照片被刊登在了ELLE女权主义特刊上。首相戴维·卡梅伦拒绝了ELLE的拍照邀请，但他表示："如果它意味着女性的平等权利，如果这就是你所说的女权主义，那么我的确是女权主义者。"让英国男性首相自称女权主义者显然是这场运动的某种胜利。而这是玛格丽特·撒切尔夫人也没有做到的。据说，撒切尔夫人曾表示："女权主义者憎恨我，不是吗？我不怪他们，因为我憎恨女权主义。它是毒药。"两位保守党领导人怎么会持有如此南辕北辙的观点呢？答案隐藏在卡梅伦的话语"如果它意味着"之中，这一切完全取决于人们对这个词语的定义。

对定义的模糊化或者根据情况歪曲定义，在营销领域实在是比比皆是。

头发护理、皮肤护理和卫生产品的营销人员很喜欢使用"得到科学证明"或"得到临床证明"的说法。对于存在疑虑的消费者来说，科学证明是一个难以抗拒的产品属性。例

如："'科学证明'，超过140多种疾病与全身性湿气有关……"

不过，"科学证明"的含义是什么？假设平均每年有10%的人感染某种病毒。你向100人提供了一种实验药品，结果只有9个人感染了病毒（而不是预期的10个人）——这是否证明该药对病毒有效？如果只有7个人感染病毒呢？科学家通过统计方法计算所有结果的可能性，并且根据这些可能性确定药品在每一种结果下有效的置信水平。如果100人中有7人感染病毒，他们可以在一定程度上相信药物具有一定效果。如果只有4个人感染病毒，置信水平会更高。不过，科学家不愿意谈论"证明"一词。

"科学证明"听上去有力、清晰、不可辩驳，不过，这种说法在一些案例中受到了有力反驳。法国达能食品公司美国子公司宣称，碧悠优酪乳调节消化系统的功能得到了科学证明。如果分析"科学证明某件产品在你最需要时有助于调节消化系统"这句话，你可能不知道它所承诺的到底是什么。优酪乳在何种情况下有效？"调节"到底意味着什么？这种说法引发了消费者的集体诉讼，公司为此支付了几百万美元的和解费。根据和解条款，达能需要取消产品和广告中"得到临床证明"和"得到科学证明"的说法，将其替换成"临床研究表明"这样的说法。即使是这种说法也值得怀疑，因为"调节消化系统"并不具备真正的医学或科学意义。

瓶装水制造商也经常在定义上打擦边球。例如，"纯净"意味着什么？根据定义，矿泉水不是纯净水，因为它含有矿物质。矿泉水应该被更准确地称为受到污染的H_2O。不过，我们承认这里的"纯净"具有另外一种含义，比如"来自未受污染的天然水源"。问题是，这种实用定义为不道德的营销人员提供了许多自由度。未受污染的天然水源可能是你们城市的地下水。

2003年，雀巢遭遇了针对"波兰泉水"的集体诉讼。波兰泉水号称是来自"缅因州树林深处"的天然泉水。实际上，这种水并非来自"波兰山泉"，而是来自附近的一些水井。公司的定义性回复是："正像我们宣传的那样，波兰泉水是天然泉水——而天然泉水有许多标准。"雀巢在没有承认虚假宣传的情况下达成了和解。

2004年，可口可乐在英国发布了达萨尼水。该品牌在美国已经取得了成功，被称为"你身边最纯净的瓶装水之一"。不过，人们很快发现，这款英国产品仅仅是处理过的伦敦郊区锡德卡普自来水。这款产品失败了，部分原因在于英国公众不接受可口可乐提出的"极为复杂的净化程序"消除了"细菌、病毒、盐、矿物质、糖、蛋白质和有毒颗粒"，使伦敦自来水变得"纯净"的说法。

"含有必需矿物质"是瓶装水的另一个误导性说法。这些水可能的确含有微量的重要营养物质，但是其浓度太低，无法对你的健康做出任何贡献。要想获得每日所需的矿物质，你需要喝掉一座湖泊的矿泉水。高档海盐也经常吹嘘它的必需矿物质。这些吸引人的盐片当然富含一种必需矿物质——氯化钠，但是其他矿物质的含量很少能够达到营养级别。

不过，海盐是"天然的"，不是吗？这是一个非常古怪的想法。氯化钠就是氯化钠，不管它来自海水蒸馏、采矿还是钠和氯的实验室合成，它们在物质上没有区别。那么，营销人员所说的"天然"是什么意思呢？它没有任何法律或科学意义。营销人员想让我们觉得

"天然"产品直接来自大自然,这暗示了它们没有受到污染,没有经过工业操作,与我们生活在热带草原的祖先摄入的是同一种物质。这些可能都不成立。

2010年,百事可乐将柠檬软饮料Sierra Mist更名为"天然Sierra Mist",因为他们将产品中的玉米糖浆替换成了常规食糖(当然,玉米和甘蔗都是"天然"的)。如果罐装汽水也能被贴上"天然"的标签,那么这个词语的实用定义一定非常模糊。3年后,百事可乐放弃了"天然"这一标签,理由是"因为这个词语的使用缺乏详细的监管指导"。"天然"的饮料需要"详细的监管指导",它们还是"天然"的吗?

乔治·奥威尔在谈到"民主""社会主义"和"自由"时说:"这类词语常常被有意识地欺骗性使用。也就是说,使用它们的人拥有自己的定义,但他希望倾听者产生不同的理解。"今天,我们可能会在这份清单上添加"工匠""美食家""优质""标志性""下一代""最精致""可持续""策划""尖端""价值""设计师""复杂""定制""真实"以及其他许多曾经很单纯的词语。奥威尔关心的是政治和暴政,但他观察到的关于定义的有意识欺骗行为已经在营销领域发展到了超乎想象的程度。

面对定义时,我们要警惕为了符合重要定义而对情况做出不同解释的误导者,以及对于常用词语使用个人可疑定义的误导者。

四、未知真相:影响未来的真相

未知的事物怎么会是真相呢?其实,人们当下许多的决策都是基于对未来的预测,当这些预测很可能会实现时,我们就可以称之为未知真相。例如,经验和教育告诉我们太阳将在明天升起,我们相信我们终将在某一天死去,它们被我们视为绝对真理的预测。

那么另外一些未来的预测呢?例如,火车将在20:45离开;本学期将在12月15日结束;工作室的下一部电影将在9月发布;我们将在6月2日结婚。这些预测很可能会实现。如果结果不是这样,由于我们有预测失败的经历,所以也不会非常吃惊。

不过,我们还是比较相信这些预测,愿意以此规划生活,根据我们的预期投资、招聘、搬家、投票、学习、消费。如果我们不这么做呢?结果可能会很糟糕:我们会错过火车;婚礼承办商不会按时出现;考试分数非常难看。我们将这些预测视作可执行真相。农民种植作物,喷洒杀虫剂;球迷购买季票;快乐的夫妇为婚礼安排酒店;招待公司建设酒店;怀孕妈妈购买儿童床和手推车。他们都在根据他们充满信心的预测采取重要而昂贵的行动。不过,在这些预测变成现实之前,它们并不是绝对真理。事情总是可能出差错。这意味着你总是可以做出不同的预测,而这些预测为未来提供竞争性真相。和其他竞争性真相类似,我们可以用精心选择的预测劝说、影响、激励和鼓舞别人。

不只是生活领域,在政治领域,一些政客们精心选择的针对未来的竞争性真相深刻影响了民众,甚至因此而深刻影响世界局势,例如——英国脱欧。

在英国脱欧公投期间,一份极具影响力的脱欧海报写道:"土耳其(人口7 600万)即将加入欧盟。"任何欧盟成员国的公民有权在其他任何成员国生活和工作,因此在中东乱局和移民受到高度关注的时候,脱欧派这种宣传足以使许多英国选民感到害怕。不过,他们的预测是否正确?

土耳其1987年申请加入欧共体，1999年获得了欧盟候选成员身份。英国曾长期支持土耳其加入欧盟。2010年，英国首相戴维·卡梅伦向土耳其听众表示："我希望我们共同铺就从安卡拉通往布鲁塞尔的道路。"在脱欧公投期间，欧盟需要土耳其配合它控制欧洲移民潮，许多人认为土耳其加入欧盟可能是这种配合的最终代价。所以，如果你愿意对"即将加入"这一说法暗示的时间范围做出灵活的解释，那么"土耳其加入欧盟"完全有可能在未来某个时候成为现实。

此外，和其他成员国一样，英国拥有对于新成员的否决权。如果英国政府不想让土耳其加入欧盟，那么只要英国留在欧盟，土耳其就永远无法加入欧盟。同时，由于被持续报道的腐败、新闻自由缺失和违反人权行为，土耳其加入欧盟存在许多程序障碍。所以，我们可以同样真实地认为，土耳其正式加入欧盟是一件非常遥远的事情。实际上，身为留欧派的戴维·卡梅伦在英国脱欧辩论中宣布："以目前的进展速度，土耳其很可能会在公元3000年左右加入欧盟。"总体而言，脱欧派的海报似乎极具误导性。

除了政治领域的影响，对科技的竞争性预测也深刻影响着经济领域，以近年来火爆的人工智能为例，请看这段话：

"人工智能时代，机器人正在到来。不只是机器人。人工智能与数据、顶尖传感器和前所未有的数据通道的结合很快就会使机器在许多物理性和知识性任务上胜过人类。它们更加优秀，而且更加便宜。许多职业很快就会消失，被机器接管。我们已经看到，许多制造任务被转移给了机器人。零售结账员工、银行出纳员和电话服务代理正在逐渐被淘汰。接下来，卡车和出租车司机将被自动驾驶汽车取代。不久，执行例行任务的知识工作者也会遭遇同样的命运，包括会计、律师、金融记者、医学实验室助理等。随着机器人灵活性和空间意识的增长，就连烹饪、清洁和理发等需要动手的工作也会消失。数百万人乃至数十亿人将会被机器抢走饭碗。不平等将会迅速扩大。"

听到上面的预测，不知道各位的心情是不是感到十分沉重和焦虑，甚至会抵制未来人工智能和机器人的发展呢？那么，请再来看看另一段：

"这种对于未来的展望太阴郁了！是的，机器将取代许多比较重复、低级和无聊的工作。这有什么问题？真的有人愿意整天弓着身子面对电子表格或者整个夜晚修理道路上的坑洞吗？人工智能可以解放我们，使我们去做更加有趣的事情，追求更具创造性的职业。随着旧式工作的消失，新式工作将在我们目前无法想象的领域出现。工业革命没有导致大规模失业，计算机时代也没有。现在，我们需要程序员和网站设计师、网络安全经理和数据建模师——所有这些工作都是由科技创造的。对于任何愿意用技能增强自身能力的人来说，未来都是光明的。此外，机器人和人工智能可能会成为我们的救星。我们无法解决的一些问题可能会被机器解决，比如全球变暖和老年人护理成本的螺旋式上升。如果我们能为比我们聪明的机器设置满足我们需要的程序，告诉它们我们想做什么，我们为什么要感到恐惧呢？让我们为机器人公司免税，为研究机器学习的大学院系拨款。让我们放开对于自动驾驶汽车的监管阻碍，迎接科技黄金时代。"

两种截然不用的说法，谁的说法是正确的？是末世论的倡导者和误传者吗？可以肯定的是，机器人正在到来，它们将彻底改变我们的世界。我们并不知道这是一种怎样的改变。不过，我们必须迅速确定对于这种全新奇特现象的应对方式。不行动本身也是一种应对方式，也会导致相应的后果。我们如何做出决定？选择应对方式的唯一途径就是预测未来，或者接受他人的预测。

总而言之，面对未知真相，我们应当描绘积极可信的未来图景，以激励目前的行动。同时，我们应该考虑各种竞争性预测，以确保你为任何可能的场景做好准备。如果有人做出了需要目前采取某些行动的预测，应该质疑这种预测的有效性，并且考虑其他预测需要我们做什么。我们需要尤其注意劝说你做某事时隐去了消极面预测的误导者。而当一个人仅仅分享和宣传支持其个人观点的预测时，我们更应该对此持谨慎态度。

【思考】

1. 大家选择一则新闻，分析新闻作者希望讲述怎样一个故事，故事的各要素如何构建起因果关系。我们在这个故事中得到真相的同时，又失去了什么真相？

2. 有说法戏称，微商们都是科学家。科学家微商最常用的开场白就是"经研究表明""告诉你们"，等等。阅读十条朋友圈的微商广告，找出其中存在的可疑定义。

【练习】

一、选择题

1. "后真相"时代出现的原因是（   ）。

A. 社交媒体赋予人们话语权，刺激信息的传播需求

B. 社群化传播下，社会成员倾向于观点固化

C. 人们媒介素养提高，对信息质疑能力加强

2. "后真相"时代网络舆论的特点是（   ）。

A. 传授关系更加复杂，理性讨论让位于情感诉求

B. 传播生态转变下的舆论失焦

C. 持续周期短、舆论热点转移速度快

二、判断题

3. 在后真相时代，真相没有被篡改，也没有被质疑，只是变得很次要了。人们不再相信真相，只相信感觉，只愿意去听、去看想听和想看的东西。（   ）

附录答案

1. AB   2. ABC   3. √

第三节　媒介机制

引言：全媒体时代，社会热点事件大多源于"自事件"，它是"自事件"在新媒介空间逐渐发酵成为"圈子事件"，最后新媒介空间脱虚向实介入的过程。新媒介不再像传统大众传播媒体一样耸立在我们之外向我们发布权威信息，它已经融入人们的现实生活，成为现实生活的内在的结构性要素。本节主要介绍新闻的产生，讨论受众接触媒介的动机、状态和个体差异，以及受众认知结构、特征。

一、新闻机制

每个人都有看新闻的习惯。每天早晨醒来后,第一个映入眼帘的或许就是手机中的新闻报道。但是受众为什么每天都要看这些新闻,这些新闻又给受众的生活带来了怎样的影响?

2012年,瑞士一位小说家罗尔夫·多波利在《卫报》上发表一篇《新闻有害健康,丢弃新闻,去过幸福生活》的文章,其言:"新闻有害健康。新闻导致恐惧和好斗。新闻阻碍你的创造力和深度思考力。怎么解决这个问题?干脆不再看新闻。"

这位小说家为什么会发表如此激进甚至悲观的观点呢?

他认为,新闻无法解释世界;新闻报道与解释世界的关系是负相关的;那些悄悄地改造社会和改造世界的运动不在记者的新闻扫描雷达里;在今天的媒体里,看的新闻越多,越看不清世界的整体画面。

此外,他还在文章中有以下的观点:例如,新闻是藏在各种食品里的糖,一点点地进入糖尿病病人的身体,很容易消化,没有新闻过量的感觉;新闻加深人们的认知偏见;新闻破坏你的记忆力;等等。

这和受众对新闻的传统认知很不一样,我们每天看新闻不是为了获得准确真实的新闻报道,从而客观地认识这个世界,破除我们视野的偏隘吗?为何这位作者反而认为新闻会加深我们的偏见、阻碍我们理解世界呢?这需要我们去深入思考我们每天看到的新闻是怎样产生,并基于怎样的标准产生的。

新闻学教科书中,开篇通常是这样定义新闻的:狗咬人不是新闻,人咬狗才是新闻。其结果是,与广大人民群众利益密切相关的事件和发展不是新闻,而与广大人民群众利益不那么相关的事情成了最抓人眼球的新闻。图5-5是著名医学杂志《柳叶刀》总结的1990—2017年,中国人死亡原因的排序,目前排在前十位的分别是中风、缺血性心脏病、呼吸系统癌症、慢阻肺、肝癌。但是我们甚少看到多少人死于肝癌这样的报告。

再例如,每年十来万人死在公路上不是新闻,而每年死于空难的几十人或几百人便是天大的新闻。在电视上看到飞机坠毁是什么样的感觉?想必多数人想的是:乘坐飞机风险太大!而没有想到其在现实生活中发生的概率。在这种时刻,很少有记者有强大的内定力,不被这种具有强大的新闻价值、高情感的事件左右自己独立的思考和判断。受众是跟随着高情感的故事去激动的发泄,而不是冷静的思考。

科学家与新闻媒体对风险的评估不同,科学家用数学模型和概率评估风险。而媒体对风险的评估尺度包括:

(1)个人对风险的选择和感受;

(2)媒体对风险判断基于新闻价值判断,不是科学判断;

(3)媒体的知识结构及对风险的熟悉程度;

(4)风险的政治化高低(一般来说,风险的政治化程度越高,媒体对其就会投入越多的关注)。

1990年排序			2017年排序
脑卒中（中风）	①	①	脑卒中（中风）
慢性阻塞性肺病	②	②	缺血性心脏病↑
缺血性心脏病	③	③	慢性阻塞性肺病
下呼吸道感染	④	④	肺癌↑
新生儿疾病	⑤	⑤	阿尔茨海默病 NEW
胃癌	⑥	⑥	肝癌↑
肝癌	⑦	⑦	胃癌
肺癌	⑧	⑧	高血压性心脏病 NEW
道路交通伤害	⑨	⑨	道路交通伤害
自残	⑩	⑩	食管癌 NEW

* 肺癌 = 呼吸系统（气管、支气管、肺）癌症
阿尔茨海默病 = 阿尔茨海默病及其他痴呆症

图 5-5 《柳叶刀》1990—2017 年来中国人死亡原因排序

在如今的互联网时代，我们与承载着新闻等诸多内容的各类媒介已经是难舍难分、水溶于水的关系，从政治选举到普通人生活中的柴米油盐，可以说，现代传媒已成为人们生活中不可或缺的一部分，无论是主动地选择还是被动地接受，现代人已经无法自绝于媒体设置的有形和无形的网络之外。身处现代传媒巨网的受众正在以和将以怎样的角色出现？是沦为媒体强大宣传攻势的"应声虫"，还是在现代媒体所编织的意义之网中不断自我调节、自我启蒙，成为现代传媒的理性主体，即"解读者"？这需要我们好好探究，我们于现代媒体中获取知识的动机状态，以及这一过程中传媒受众认知结构所表现出来的诸种特征。基于这样的了解，有助于我们将注意力投向需要的信息，控制大脑处理的编码为自己的需求服务，而不是媒体和广告商。这是媒介素养对我们提出的要求。

二、受众接触媒介的动机、状态和个体差异

首先需要关注受众接触媒介的动机。人们为什么每天要接触媒介？一部分原因是为了获得真实生活中亲身感触和体验不到的东西，丰富自己的生活阅历。得益于传媒技术膨胀式的历史发展，"鱼"已经不知道自己是湿的了，当代人们已经产生了对媒介的绝对依赖性。人们不仅仅是寻找有趣的信息消遣娱乐，更重要的是来自内心，生发于人的心理需求，这种绝对依赖性主要体现在：

求新心理：由于视觉疲劳，人们总是容易被新、异的事物所吸引。

求知心理：信息与文化一脉相通，人们的求知欲与后天教育成正比增长。

亚里士多德曾说："求知是人类的本性。"而人类求知的过程无非通过两种途径进行：一种途径是个人的恒产和生活实践，即通过个人切身的对自然世界的探究、对生命本身意义

的不断追问获取知识；另一种途径则是通过知识的交流与传播，由于个人的亲身实践领域毕竟有限，所以人们的大部分知识来源于他们借助他人所知能力，这在社会分工日益细化的今天尤其明显。

情感需求：人们需要人际交往与交流，这是人的社会本质决定的天性。

接下来看受众接触媒介的状态。詹姆斯·波特在《媒介素养》一书中将受众与媒介信息分为"接触与注意"以及之后的"接触"两大阶段，并将每个阶段继续细分出不同状态。

我们先来看第一阶段，接触与注意阶段。

以《媒介素养》的观点，"接触"与"注意"是需要严格区分的不同概念。"接触"有连续的三种类型：身体的、感知的和心理的。

身体接触：指最基本的亲临状态，信息与人要在某个时段占有相同的物理空间。

感知接触：指人的各感官接收相应感觉输入符号的能力，感官是有局限性的。

心理接触：指某些符号元素进入了人脑并留下痕迹，人能够意识到它的存在。

当媒介受众完成了接触信息的以上三种情况之后，才开始对在大脑里留有的痕迹符号元素有意识地进行关注，这才是"注意"的内涵。"注意"的发生是偶然的，有时即使对某些信息产生了关注，注意力也会被牵扯到其他事物上。

再来看第二阶段，接触阶段。注意，这个接触阶段与前一阶段的"接触"和"注意"是不同的。从身体接触，经过感知接触到心理接触，受众接触媒介信息经过了第一阶段自动信息处理的流程。当信息接触发生了注意和停留以后，又会进入第二阶段，产生进一步的自动、留意、情不自禁和自我反思四种状态。其中每一种状态不仅专注的程度不同，而且实现了跨越，使受众个体在信息接触本质上产生完全不同的新的体验。

第二阶段可以按顺序分为四个状态。

自动状态：它是大脑自动导航，信息元素被身体感知，信息在潜意识中自动处理。

自动状态发生在受众信息接触的前一时刻，媒介信息符号元素处于人类感觉极限以上，却在意识门槛以下，直至某些元素打破了受众的默认模式并吸引了注意，受众有意识地追踪它。

留意状态：有意识注意到信息并积极互动，但注意力集中的程度有较大的弹性。

留意状态发生在心理接触之后，受众关注的程度取决于他的精神资源有多少是专门用于接触媒介信息的，其程度也可由部分关注到广泛关注，这取决于受众处理信息元素的数量以及分析的深度。

情不自禁状态：被强烈吸引到某信息中，进入媒介丧失了此信息之外的知觉。

情不自禁状态是当受众被强烈吸引，对于某信息的关注度极高时进入了信息世界，以至于丧失了要离开这一信息的意识。它与自动状态相反，忘掉了自己的真实世界，但是关注度较狭隘，人们的情绪高度参与，容易在媒介内容中迷失自我。

自我反省状态：高度关注并高度意识到自己是在处理信息，是意识最充分的程度。

而在自我反省状态下，人们有意识地高度参与，分析、反思和判明媒介立场、真实世界和自我认知，是能够意识到社会责任的清醒状态。

受众接触媒介信息的认知过程，正是媒介接触—注意—情不自禁—自我反省状态的一个认知信息，获取意义的学习和领悟过程。媒介信息对受众心理的深刻影响是通过受众的认知过程完成的。

接下来看受众认知的个体差异。在我们接受信息的过程中，由于我们的认知结构千差万别，在感知和解决媒介信息时各带自身的倾向性，对信息有不同的接收行为和影响结果。受众不同，对于媒介信息的接受能力也不同。一般来说，决定受众个体差异的一般因素有以下一些：

地域/家庭的文化差异：来自地域或家庭的文化氛围和背景的不同。

受众心理因素差异：来自不同环境下其心理认知结构和社会经验的不同。

受众需求因素差异：来自多元化社会以及人们个性习惯信息需求动因的不同。

人口统计因素差异：来自性别、年龄、教育程度及收入等基本因素的不同。

但是这些只是一般的因素，以上这些决定受众差异性的主要因素发生综合作用，会影响受众个体对媒介信息的接触和认知过程，从而形成制约受众理解信息的几大关键和具体的要素，这几大关键要素主要表现为制约受众理解信息的关键因素：

心理预设：在解读信息前根据自身经验而预先设定了信息内容的应有倾向。

文化背景：在理解信息时打上自身行为、观念、习惯、性情等文化模式的烙印。

动机：受众接触媒介的动机对理解和解读信息具有一定的影响和制约作用。

情绪：受众总是处在某种情绪中接触和理解信息，不同情绪导致不同的理解。

态度：受众对媒介信息的认知最终还是决定于解读信息时所持有的态度。

以上影响因素是在共时态下作为受众个体存在的差异性，以及由此形成的受众解读和理解信息的制约要素。

可以说，我们接触信息、解读信息的过程既依赖客观的信息本身，同时也依赖我们的主观活动和个人背景。不同的人，从同一种媒介中解读出来的内容仍会有比较大的差异，有时甚至有天壤之别。而有趣的是，我们关注的信息也大多都是与我们密切相关或者与我们的观点吻合的信息，我们会不自觉过滤掉与我们的观点不符合的信息，值得警惕的是，有时这种过滤甚至是无意识的。

三、受众认知结构与特征

根据瑞士著名的近代儿童心理学家皮亚杰的发生认识论，人在接触新知识或新信息的过程中，新的认知是在主体和客体相互作用的过程中完成的，主要发生在两个环节上：

第一，同化于己。即把外界的知识、发生了心理接触的信息同化为自身认知结构，用已知的旧知识来吸收和同化新知识、新信息。

第二，顺应于境。即通过改变主体的认知结构来适应新的知识或信息情境，发生在同化于己之后，再对原有的知识结构进行调整甚至改变，这是重构新认知结构的过程。

人们在接受新知识时，不可能脱离过去自身的一切完成一个全新的认知建构。这样，即使在相同的信息接触时，每个人的认知与解读都会由于自身的背景不同而不同。从这一角度出发，我们有理由认为，人们获取知识（或信息）的内在机制在于新的知识材料（或信息）与主体已有的认知结构相互联系和作用的过程，两者的互动使我们的认知结构不断扩展、分化和重组，而正是在这一过程中，认知结构本身得以更新，从而为我们进一步的认识和实践活动提供新的基础。

概括起来，媒介受众的认知结构主要特征表现在以下几个方面：

1. 受众认知具有依赖性

受众虽然有选择、加工信息的能力，但受众认知结构是媒介信息作用于人的心理系统的产物，而所有信息都是大众媒介既定的，构成受众认知来源的信息最终无法逾越大众媒介所建构的"媒介现实"。也就是说，受众有选择信息的主动性，但主动性的范围是依赖于大众媒介的。我们这里所说的受众认知的依赖性主要是指受众认知来源和认知范围的局限性。

不知道大家是否有这样的体验：手机没带在身边就心烦意乱，无法认真学习或工作；一段时间手机铃声不响，就会下意识地看一下铃声设置是否正确；经常把别人的手机铃声当成自己的手机在响，脾气也变得暴躁起来……

随着手机在中国的普及，特别是年轻人手机拥有率的提高，越来越多的年轻人开始被"手机依赖症"困扰。

【小测试】大家如果想知道自己是不是有手机依赖症，可以做一做下面的测试：

（1）你是否总是把手机放在身上，如果没带就会感到心烦意乱，无法做其他事情？

（2）当一段时间手机铃声不响，你会不会感到不适应，并下意识地看一下手机是否有未接电话？

（3）你会不会总有"我的手机铃声响了"的幻觉，甚至经常把别人的手机铃声，当作自己的手机在响。

（4）接听电话时你是不是常觉得耳旁有手机的辐射波环绕？

（5）你是否经常下意识地找手机，不时拿出手机看看？

（6）你是否经常害怕手机自动关机？

（7）你晚上睡觉也开着手机吗？

（8）当手机经常连不上线、收不到信号时，你会不会产生焦虑和无力感，而且脾气也变得暴躁起来？

（9）最近经常有手脚发麻、心悸、头晕、冒汗、肠胃功能失调等症状出现吗？

如果以上问题有一半以上你的回答是肯定的，那么你很可能已经患有"手机依赖症"。

2. 受众认知具有发展性

《大篷车》《芝麻街》《电动火车》《智慧树》等节目之所以在儿童受众群体中受到了普遍欢迎，在于它们正好适应了儿童认知发展的需要，儿童们在这些节目中既能够获得娱乐，还能够学习解决问题的办法、提高语言能力、激发个人创造力。而且一旦媒介找到了切入特定受众群众认知结构的适当途径，其在后者的认知发展中将扮演重要角色，媒介符号和理念必然会对该受众群众的社会行为发挥某种形式的模塑功能，但由于受众认知发展具有明显的渐进性特征，媒介永远无法突破受众认知结构的内在局限性，只能单方面地"教育"受众。

现代社会心理学研究表明，人的社会性过程主要是通过两种相辅相成的途径实现，即社会教化和个体内化。所谓社会教化，是指"社会通过社会化的机构及其执行者实施社会化的过程",而个体内化是指"作为社会化主体的人经过一定方式的社会学习,接受社会教化,将社会目标、价值观、规范和行为方式等转化为其自身稳定的人格特质和行为反应模式的过程"。作为发挥社会教化功能的重要机构之一的大众传媒,其所承担的只是一种非系统的、非正规的教育,其对个体的成长、心理的成熟以及行为模式的选择,只具有潜移默化的作用,其效果也是长期的、潜在的。

3. 参与性

与传统的以"传者"为中心的传播理念不同,现代传播理念强调受众在传播过程中的主体意识。

如果说传统的传播过程只是一种从"传者"到"受者"的单向运动,现代传播过程则表现为传受双方积极的双向互动。例如,现代传媒给受众提供了传情达意的平台,受众可选择适当的媒介形式表达理想、传达意见、发表评论,充当"意见领袖",在陈述观点、发表意见的同时,充当受众的集中代表,成为"意见领袖",充当传者的角色(见图5-6)。

图5-6 意见领袖

【思考】

1. 请思考:你平时有多少时间处在无意识浏览新闻和使用媒介的状态中?你认为无意识浏览与有意识浏览(甚至进入自我反省状态)的区别在哪里?

2. 请尝试与朋友阅读同一则新闻或看同一张照片,并交流各自对此新闻或照片的解读内容。你认为你们的解读相同或不同的原因是什么?

【练习】

一、选择题

1. 以下属于数字时代受众测量特点的是( )。

A. 在受众样本知情和配合的情况下进行

B. 数字时代的受众注意力只集中在手机媒体中

C. 内容提供者无法扮演内容测量者的角色

D. 受众测量时常在受众的无意识中悄无声息地进行

2. 选题决策是报道策划的第一步,所有的选题决策必然基于对传播客体的新闻价值、传播主体的实践条件和( )三者平衡的考虑。

A. 传播内容

B. 传播渠道

C. 事件发生地

D. 受众的获知需求

二、判断题

3. 大部分研究表明,如果可信性高的信源反复暴露于受众,其说服效果会降低。( )

附录答案

1. D   2. D   3. ×

参 考 文 献

[1] 胡泳. 理解麦克卢汉 [J]. 国际界, 2019, 41 (1): 81-98.
[2] 李璇. 人是媒介的尺度 [D]. 杭州: 浙江大学.
[3] 庞金友. 后真相时代竞争性真相的谱系与策略 [J]. 安徽师范大学学报（人文社会科学版）, 2020, 48 (5): 54-62.

第六章
媒介信息与搜索能力（检索能力）

第一节 培养搜索、提取和利用信息的能力

引言：本章主要引导大学生学会在媒介海洋中搜索信息，提取并利用有效信息，从而提高学习工作的能力和效率。本节主要以数据的方式呈现当代大学生媒介使用状况，简要分析其媒介使用的特点。从理论上阐明"培养搜索、提取和利用信息的能力"的重要性、必要性和可行性。

一、当代大学生媒介使用状况

随着媒介技术的飞速发展与普及，以大学生为主要代表的青年群体越来越频繁而普遍地使用各种媒介，以适应信息时代带来的传统学习方式的改变和对信息采集能力的更高要求。然而，由于青少年群体易冲动、易受媒介的影响、正处在成长阶段等特点，学校开展媒介素介素养教育，教会学生正确使用媒介，提高学生的媒介素养水平，成为迫切需要解决的现实问题。培养大学生的媒介素养，有助于大学生树立正确的价值观、养成良好的思维习惯、做出适当的行为选择。

在此援引四川省教育厅项目"青少年媒介素养提升策略研究"的相关调查，该课题选取的调查对象为西华师范大学新闻传播学院的学生，其样本具有典型性，能够代表当代大学生媒介素养状况，该研究报告中指出，当代大学生媒介素养状况存在以下三个特点：

（一）便携式移动设备占主流，媒介接触时间长

该调查显示，在问及平时经常使用哪些设备上网时，绝大多数学生都选择了手机，这一点与现实状况十分契合；其次，有相当一部分学生还选择了笔记本电脑、平板电脑和台式电脑等。由此可见，由于大学生群体本身具有不固定教室、集体寄宿的特点，对于便携式移动设备尤其是智能手机和笔记本电脑的选择占绝对主流。

在调查中，有超过九成的学生认为网络已经成为获得信息的主要来源，这是大势所趋，与当前的互联网环境也密不可分。从每天上网时长来看，3小时以下的只占极少数，绝大多数学生每天都会用较多的时间上网。这同时也说明，大学生对网络的依赖程度较高，存在对网络媒体单一的过度的依赖。

（二）媒介使用方式多元，实用性和娱乐性突出

当问及上网的主要原因时，排在前五位的上网目的分别是：网上支付、浏览网络新闻和

资讯、网络购物、网络音乐、网络视频,其次是网络交际、网络游戏、预订机票酒店、在线教育等。这体现出当代大学生对网络媒介的使用,更多地具有实用性和娱乐性的特征,即大多数学生利用网络媒介仅仅是为了休闲娱乐或方便生活,而利用网络资源和网络平台进行自主学习和规划学业管理的意识尚不足,学生不喜欢把网络看作学习工具,对网络媒体学习功能的运用不多。同时,可以看出,大学生使用网络的方式多种多样,这也是由网络本身的多元性所决定的。

而具体在网络媒体中,移动设备尤其是智能手机适用范围极其广泛。调查显示,从大学生对手机 App 的使用情况来看,社交类、购物类、影视音频类的手机 App 使用占据前三位,其次是新闻资讯类、生活服务类、游戏类、工具类,而教育类 App 的使用则位于最末,这说明当前媒介素养教育仍然存在明显的欠缺,绝大多数学生仍不会想到更完整更彻底地使用网络媒介以提升自我信息处理能力和综合素质,或由于网络媒介学习功能的开发需要一定的思维转变和经验能力的要求,没有一定的引导,在有限的时间内,学生无法自主开拓出利用网络媒介进行高效学习的新天地。

(三) 对信息真实性的求证度低,发布信息责任意识高

在对媒介内容的判断上,当被问及对媒介所提供的内容的真实性是否怀疑时,选择相信、表示偶尔怀疑和经常怀疑的受访者人数大体相差不大,前两者比例接近且较第三者人数多。这表现出大学生随着思维和判断能力的提高,对网络内容的真实性持相对怀疑的态度,具有较高的独立鉴别能力。当被问及怀疑网络上某些内容的真实性时,选择不深究和主动从更多的媒体了解核实的受访者均占四成左右,由此,从媒介素养的角度上来看,大学生群体对信息真实性的判断和求证程度还很低,不能够完全正确分辨、筛选和提取有用的信息。

虽然从后续调查中我们发现,大学生在面对与自身利益相关的信息时,会主动核实信息,但对于这些信息的产生及媒介的运营所知甚少,因此不能够从根本上解决辨别网络虚假信息的问题。

对于信息检索的媒介选择,从图 6-1 中可以看出,大学生使用频率较高的几个搜索信息的渠道。

媒介名称	使用频率	利处	弊处
互联网	很高	信息资源丰富、时效性强、查找方便快捷、平台多元、互动共享性强	良莠不齐、无从下手、难辨真伪、搜索技巧性要求高、碎片化严重
书籍	较高	资源丰富、真实可靠	检索任务繁重、难以快速找到合适的资料、更新较慢
报刊	一般	专业化个性化、视角独特、时效性强	难于搜集整理、资源单一、较大的局限性
电视、广播等	很少	易引起兴趣、生动便于记忆、能激发灵感、时效性强、层次深而广	难以查找和检索、信息冗余度高

图 6-1 媒介使用

互联网信息资源丰富、时效性强、查找方便快捷、平台多元、互动共享性强,这个平台是大家最常使用的渠道,但是互联网搜索信息也有良莠不齐、无从下手、难辨真伪、搜索技巧性要求高、碎片化严重的缺点。

书籍因其资源丰富、真实可靠,使用较广,但是检索书籍会任务繁重,短时间内难以快速找到合适的资料,更新较慢。

报刊具有专业化个性化、视角独特、时效性强的特点，但是资源比较单一，难于搜集整理。

电视和广播易引起兴趣、生动便于记忆、能激发灵感、时效性强、层次深而广，但是这个渠道难以查找和检索，信息冗余度高，所以在检索信息的时候很少使用这个渠道。

据此，在接下来的媒介使用教程中，我们将详细介绍如何从正规正确的渠道寻找到我们需要的信息，充分利用互联网时代给我们的学习生活带来的丰富资源和极大便利。对于大学生，除了要学会辨别真假信息以外，利用现代媒介提升自身能力的主要方面便是培养搜索、提取和利用信息的能力，更好地服务于学生时代的科研和学习，甚至是走向工作岗位时的硬性要求和必备的基本素质。

二、培养搜索、提取和利用信息的能力

（一）必要性

现代社会是一个高速发展的社会，科技发达，信息流通，人们之间的交流越来越密切，生活也越来越方便，由此产生的数据信息也与日俱增。大数据时代到来，数据和信息正迅速膨胀并变大，为了更好地融入这个信息时代，人们不得不面对纷繁杂乱的信息，不得不利用自身的辨别能力和有限的知识对海量信息做出自我的判断和选择。

同时，由于智能移动通信工具的普及和大量交互式 App 的出现，以微信、微博为主要代表的碎片化阅读渐成风尚，并得到了大众的认可。以微信朋友圈和公众号为例，每天产生数以百万计的推送文章，涉及生活及学习的方方面面，使人们能够随时随地分享技巧、得到知识。然而，公众号和朋友圈的关注和显示却是一个"主动"的过程，而这样一种选择的过程，不失是一种能力的考验，是沉浸于海量垃圾信息因不自知而沾沾自喜，还是苦于无处寻找有效信息而茫然失措？社会的飞速发展使我们身处其中的每个人都有着不同程度的学习焦虑，因为唯有不断地汲取新知识，我们才能更好地跟上时代的步伐。

无论是学习阶段各种课题所需的检索资料要求和归纳整理任务，还是步入职场后，各种文件资料分类汇总、工作小组信息交流的硬性要求，这些都体现出这样一种搜索、提取和利用信息的能力是现代人必备的基本素质。

（二）重要性

掌握足够的技巧，充分利用身边的网络资源和电子设备，便能够在知识的海洋中恣意徜徉，真正成为现代信息社会知识的"主人"，而不是被海量良莠不齐的信息裹挟着前进。深入地学习媒介的正确使用方式，不仅能够开阔视野，提升我们的学习能力与工作效率，更能提升我们的媒介素养和信息素养，从而总体上提高我们的综合素质。同时，作为大学生群体，媒介素养水平的提高，从宏观层面上能更好地促进对核心价值观的认同感与国家归属感，从而有利于大学生树立远大的理想抱负，形成正确的人生观和价值观。

（三）可行性

当代媒介技术迅速发展，区别于传统媒介的互联网媒介已趋于普遍和繁荣，软件技术的提升促使硬件技术以指数级的速度更新换代，众多平价的高性能设备为我们更好地利用互联网媒介服务于自己的生活和学习提供了诸多可能。以电子设备为例，便携式手提电脑已不再是令人望洋兴叹的奢侈品，更有智能手机、智能手环、平板电脑、电子阅读器等高科技设备

作为补充供人们自主选择。与此同时，以百度网盘、新浪微盘等为首的信息资源分享平台的普遍流行与广泛使用，给予了我们接触更多高质量信息与资源的机会，为我们的信息搜索开辟了更为多元的有利渠道。

此外，当前教育部及各大高校对于媒介素养教育的重视也逐年增加。随着各种形式的媒介素养教育活动的展开，关于媒介使用的基本能力将成为在校大学生必备的知识技能之一。

【思考】数字化设备已经可以承载保存信息，那么纸质书籍、实体资料是否还有存在的必要？为什么？

【练习】

一、选择题

1. 培养信息搜索、提取、利用能力的原因是（　　）

A. 数据和信息纷繁复杂，需要提高判断和选择信息的能力

B. 可以快捷地获取资料，提高学习工作效率

C. 能绝对防止陷入信息茧房

D. 能改变信息源

二、判断题

2. 网络传播时代，受众有更多主体性。受众不再是被动的信息接收者，逐步成为信息生产的传播者，网络社会的主导者，传播活动的体验者。因而我们可以主动获得信息，交流信息，解释信息。（　　）

附录答案

1. AB　　2. √

第二节　如何实现高效的信息搜集与管理

引言：本节主要简述当前各类常见媒介的使用优缺点，指出当代大学生媒介使用偏好，详细阐述如何实现高效的信息搜集与管理，涉及大量的实用技巧和搜索技能以及相关应用、专业网站和手机 App 的推荐，以"找信息、存信息、理信息"三个步骤的次序展开，力求实现从查找初始材料到再提取的信息利用过程全覆盖，全面提高学生利用身边媒介资源提升学习工作效率的能力。

一、善用信息搜索的第一个渠道：互联网

（一）建立关键词

互联网最常使用的功能之一便是关键词搜索，但有时我们键入的关键词却不一定能检索到我们想要的结果。那么，我们究竟应该如何利用关键词进行高效的信息搜索？建立自己关注的核心关键词是非常重要的一步，这可以减少我们浏览网页的盲目性，做到知识和材料的积累功在平时，尤其是一些与自己专业相关的前沿资讯，若能坚持，则既可以拓宽专业知识的广度，又可以发掘到细节的深度，待需要调用时便可以信手拈来。

每天我们都能接触到大量的信息，信息的种类和来源多种多样，更新速度也与日俱增，而

这些信息多半是零散的、碎片化的。以微博和微信朋友圈为例，一旦进入其界面内，扑面而来的便是无数主体多元、关键词多样的信息，如果我们不设立一些主题，便很容易陷入信息的汪洋中，通过一个消息接着另一个不相干的消息之间的阅读，如此便造成了时间的无谓消耗。

如此，建立专属主题关键词的优势有以下几方面：

（1）建立方向提醒：时刻明白真正对自己有价值的信息是什么，培养对专业相关讯息的高敏感度；对于其他信息，选择性地少看或者不看。

（2）主动获取信息：使用各种订阅和信息集成工具等，使用自己的关键词进行信息的订阅，主动预见信息。

（3）减少无聊时间：课余搜索主题关键词，了解实时动态，随时充电。

第一次尝试形成自己的主题关键词，可以借助万方数据和中国知网的关键词、维普同义词、超星发现可视化联想来完成。这些专业的数据库网站有较为成熟的关键词链接系统，甚至可以给出依据联想程度建立的关键词网络图，并呈现实时搜索热词。当然，网站虽好，但也不能全盘照搬，需要结合自身的兴趣和研究方向进行筛选。建议先从几篇自己曾阅读过并比较感兴趣的论文中的关键词入手，确定一两个涵盖面较广的关键词，再通过网站的联想工具进行范围的缩小和细化。

专属主题词建立好之后，当然可以选择存放在大脑里，但工具无疑能够帮助你加深对它们的记忆，如利用百度脑图、X－Mind等思维导图工具将自己的关键词制作成图表，打印出来放置在书桌上或者贴在墙上，时时提醒自己追踪这些信息的动态。

这些关键词不是一成不变的，相反，正是在结合自身学习阶段、学习进度和学习目标而重新评估和更新时，你才能明显地察觉到自身的进步，这是一个帮助思想不断深化的过程。

（二）用好你的搜索引擎

主题关键词让我们知道自己时刻应该关注什么，而接下来我们便要学习更高效地去寻找这些信息。搜索引擎是最为普通也最为重要的信息获取入口，然而由于各种原因，如广告、推广、置顶等垃圾信息的干扰，我们在利用搜索引擎搜索时很难做到省时省力。那么，下面就介绍几个小技巧供大家参考。

一是找准关键词，事半功倍。

更多时候，我们并不能一次就得到我们确切想要的结果，所以在搜索中，要不断地切换更贴切的关键词。如何找到更贴切的关键词？从你认为可行的第一个关键词开始，根据每次搜索结果显示的线索进行跟踪，不断更换关键词，直至得到想要的结果。

二是扩充检索式，游刃有余。

根据课题，确定初步检索式，在初步检索的基础上，利用万方数据和中国知网的关键词、维普同义词、超星发现可视化、知网高被引来扩充检索式。由此检索的文献不仅广泛全面而且相关度高。

三是更换语言，别有洞天。

有时使用Google浏览器运用英文搜索能够让你得到更为精准的结果，因此，我们的主题关键词最好也是中英双语。许多报刊、论文及简讯原本就是由英文翻译过来的，因此直接阅读原文能够最大限度地避免信息的损失和遗漏。

以此类推，多掌握一门语言就能多打开一扇了解世界的新窗口。以搜索关键词"收纳"为例，用中文"收纳"去搜索相关文章，只能得到一些零碎的图片和社区网站为了招徕用户而拼凑出的人人皆知的收纳技巧；而当用日语在 Google 浏览器上进行搜索时，便能够链接到很多日本的网站，使我们能够看到很多关于收纳的经验、文档及教程，其丰富程度，当然是国内拼凑的居家整理学所不能与之相比的。在此基础上，我们可以充分挖掘各个国家和民族的优势研究领域，从而查询到更多更丰富的资料。

四是更换搜索方式，殊途同归。

当我们想要寻找特定类型的材料，比如指定的文档格式、图片格式等，此时直接运用网页搜索常常难以快速找到想要的内容，因此可以键入限定搜索类型，比如在关键词前键入限定条件语句等。

【案例】如何用搜索引擎直接搜索文档？

如果使用 Google，在检索词前加上 inurl：PDF。

如果使用百度，则可以在检索词前加上 filetype：all，如果需要特定的 PDF 格式，则输入 filetype：PDF。

如果直接网页搜索结果很少，那么可以尝试变换一种搜索的类型，比如换成搜索相关图片，然后通过图片的原网站链接跳转到有价值的专业网站，时常会有意想不到的发现。

先来看专业网站的搜索。

专业网站与网页搜索引擎相比，省去了我们在大量垃圾信息里寻找所需资料的烦恼，因为专业网站往往更能聚焦重点，而普通的信息集成网站是很难做到这一点的。大学期间随着知识学习的不断深入，通识网站不能很好地满足我们查阅资料的需求，因此在平时的学习中探索和收藏一些专业网站是很有必要的。

最常见的专门网站有各大论坛、博客等，豆瓣网、知乎也是入门时的很好选择。比如，豆瓣读书可以查阅推荐书单和书籍的网友评分，而知乎则可以获得一些对具体问题的详细回答，通过百度搜索引擎链接到的专业网站也是不错的选择。这些网站的发现和整理都重在平时的积累，每当遇到一个不错的网站时便及时收藏起来，并定时地对自己的浏览器书签做增删和分类整理，如此便可以提高再次访问的速度。

此外，一个很重要的专业网站来源便是学校图书馆的馆藏资源。学校图书馆网站上会为学生列出一些常见数据库网站的直达链接，但学校购买的资源远远不止这些，还有大量的专业网站资源。点击图书馆网页上的数据库列表，便可以按学科分类进行数据库资源的检索。以法律专业为例，我们可以检索到北大法宝、中国裁判文书网、万律中国法律数据库等专业网站，这些网站内容翔实丰富且均为学校已采购的资源，在校园网环境下可以免费下载浏览。

再来看从书籍里寻找搜索提示。

当面对的是一个有着宽泛概念的搜索目标时，有时会无从下手，没有关键词灵感，可以试试从专业书籍的目录里获取关键词提示。当然，除了目录，专业书籍里还有很多隐藏的可供挖掘的宝贵信息。

目录作为专业书籍最精简的脉络，可以直接截取上面的词语作为关键词。然后，书中提到的人名、地名、网站名称，尤其是注释和引证部分提到的论文、网站等，都可以试着搜索出来，一窥究竟，通过从一个网站链接到另一个网站，从一个人名链接到另一个人名，在这个过程中，你会逐渐形成自己的关键词并不断强化，信息的嗅觉也会变得非常灵敏，牢牢抓住搜索的线索，便能够在不经意中探得捷径。图书馆是我们身边的数字金山，每个大学的图书馆都为学生购置了很多资源，可以充分利用这些资源进行查阅。

（三）互联网的线上学习平台

从第一节的调查中可以发现，当前大学生使用网络媒介更多偏重娱乐性，而很少使用其线上学习功能。殊不知，网络发展带来的极大便利之一便是使知识变得触手可及，只要连接互联网，人人都可以分享知识，人人也都可以得到知识，线上学习平台就是一个很好的例子。目前，有大量的线上学习平台可供学生选择，这些线上学习平台课程内容十分丰富，足以满足学生多样的学习需求。可以在上课前听网课做预习，提前思考将要学习的内容；也可以在课后聆听网络课堂不同的授课思路，形成知识互补，使自己的知识体系更加完善；更可以在线上平台选择一些自己喜欢的通识课程，充分利用好课余时间，开拓视野，提升自己的综合素质。当然，线上学习平台虽然多，却也良莠不齐，下面就部分热门的线上学习平台进行简单的优劣势对比，希望学生们能够在平时的学习中逐渐找到自己喜欢的平台，从而利用互联网媒介产生更大的学习效益。

网易云课堂，其课程数量多，涵盖的内容多，每个分类有很多课程，可以尽情挑选适合自己风格和学习方法的课程。有很多付费的精品课程质量比较高。在 IT 方面有很多课程。但课程质量参差不齐，夹杂着很多低质量的课程，想要找出自己喜欢的课程要花一番工夫，有很多喜欢的课程需要付费。

中国大学 MOOC，涵盖课程种类较多，合作高校也较多，其课程更加贴近我们所学的课程，可以在预习时使用。但部分课程视频比较老旧，有些学校的部分课程不对外开放，部分课程上完课后就会关闭，一些课程无法学习。

学堂在线与中国大学 MOOC 类似，课程质量普遍较高，还会留有作业及练习。合作的国外大学要多于中国大学 MOOC。但课程数量少于中国大学 MOOC，覆盖的种类也不全，不能保证找到自己想要学习的科目。

Coursera 是全球数一数二的网络免费大型公开课在线课程项目，它与全世界顶尖的大学和机构合作，提供任何人可学习的免费在线课程。有很多国外名校开设课程。课程质量很高，完全免费。学术性很强，但课程讲解梯度不是很明显，部分讲解内容有可能过于深奥，对学生的理解能力与接受能力是一个挑战。

网易公开课类似 Coursera，可以看 TED，课程质量较高，学术性较强。但部分视频无法下载、播放卡顿，有时网络连接不稳定。

好知网是一个比较文艺的学习平台，少有学术性的东西。摄影后期制作、PS、设计类课程较多。

超星学习通是一个面向智能手机、平板电脑等移动终端的移动学习专业平台，与国内各大高校图书馆有合作关系，可以在超星学习通上自助完成图书馆藏书借阅查询、电子资源搜索下载、图书馆资讯浏览，学习学校课程，进行小组讨论，查看本校通信录等。同时其网站上也拥有丰富的电子图书、报纸文章以及中外文献元数据，为学生提供方便快捷的移动学习服务。学术类资源十分丰富，文献传递服务做得非常好，并且像论坛网站一样，有类似发布经验贴的界面设置，因此可以挖掘出很多有价值的经验和资讯。

（四）善用社交软件

我们使用微信常常只是为了即时交流或者发朋友圈分享自己的生活，其实，微信内置的搜索功能也十分强大，可以检索到各个公众号发布的文章，其中有不少文章质量很高。微信公众号运营一般要靠阅读量支撑，因此各大公众号平台都会尽量推出高质量的文章以吸引读者关注，由此，使用微信"搜一搜"常常可以检索到很多使用普通搜索引擎查阅不到的内容，即使同样能查到，微信文章也会更加详细，更符合普通人的阅读习惯。如果想要查阅一些个性化的资料，那么微信"搜一搜"实在是再合适不过了。

1. 微信公众号推送

这里推荐关注资源型公众号。平时我们可能会通过各种途径，比如微信朋友圈转发、推广、朋友推荐等关注到各种各样的公众号，建议先翻阅它的历史消息，觉得合适再选择关注，一旦觉得不再感兴趣，便及时取消关注，以免造成公众号订阅太庞杂，反而造成自己原本想阅读的内容被遮盖。

公众号应当及时整理，可以选择自己非常喜欢阅读的几个高质量公众号置顶，每天利用零碎时间翻一翻，日积月累将是很可观的知识财富。"学苑君""干货书院"等，这些公众号每日都会更新资源，虽然有时需要朋友圈转发集赞才可以获得，但大家可以相互分享，资料较优质。学校官方公众号也经常发一些实用的资料链接，包括历年试卷、复习资料等。

建议关注的还有"新华社""央视新闻""中国青年报""人民日报""共青团中央"等官方微信，通过这些公众号可及时了解国家大事和世界资讯，广闻窗外事，才能读好眼前书。举个例子，"新华社"每早6点左右更新的"早知天下事"便是一个很好的新闻速读栏目，我们在学校很少接触到电视，这些官方媒体的微信公众号便很好地弥补了这一点。"无穷的远方，无数的人们，都与我有关"，鲁迅先生如是说。时事政治，其实与我们每一个人都息息相关。

最后便是根据自己的个人偏好选择关注公众号了，可以根据自己的专业选择关注一些专业资讯类的公众号，比如法学专业，关注类似"法律讲坛""法律就业""中国民商法律网"等与自己学科相关的公众号，以便随时掌握有关学科动向的资讯。当然，也有很多组织大学生活动的公众号，要注意小心筛选，谨慎参加，选择值得信赖的活动承办方。你也可以自己发掘一些很有意思的公众号，比如趣味科普之类的，有利于拓宽知识面。

公众号的选择，一方面需要自己日常积累，有时也可以询问学长学姐，特别是与学科相关的公众号，学长学姐们更有经验，一般也非常乐意与学弟学妹们分享优质的公众号。

2. 微信资讯搜索

上文已经提到，利用微信"搜一搜"，能够检索到丰富的内容，特别是一些比较冷僻的话题。使用微信搜索，可以同时检索到朋友圈、小程序、文章、百科、表情、公众号等，非常全面。如果百度搜不到，就用微信"搜一搜"，常常会有意想不到的发现。

3. 微信小程序

微信小程序种类繁多，涉及各种各样的应用，其中不乏优质且人性化的小插件，且其挂靠在微信首页顶部，将聊天记录下拉便可以呼出小程序界面，使用十分方便，使用体验也非常流畅。一些好的效率类微信小程序可以时时刻刻帮助你学习和复习知识，是很值得去体验的。

下面是一些效率类微信小程序的例子。

如果你想要播放白噪声以帮助自己专注于手头的工作和学习，可以使用"番茄闹钟"这个小程序，它提供许多优质白噪声，并且支持自定义播放时间与专注内容，形成你的个性化专注图表，帮助你提高学习和工作的效率。

如果你想要每天坚持做一件事情，并且希望有人能与自己互相监督、交流经验、分享收获，那么你可以使用"小打卡"这个微信小程序，它作为一个兴趣圈平台，覆盖外语、健身、阅读、运动、艺术、职场等数十万个兴趣圈子，可组织分组打卡活动且支持数据导出。

如果你想要利用小程序背单词，也是很不错的选择，以德语为例，"德语背单词"这个小程序界面简洁，使用高效，支持词库切换和收藏单词，随背随停且占用内存小。在忙碌地回复各种微信消息之后，打开这个小程序，背几个单词，日积月累，将会有长足的进步。

当然，优质的微信小程序还有很多，这里只是简单介绍三个较为典型的，更多的则需要你自己去探索发现。

4. 微信群

微信群是一个很不错的交流分享平台，与QQ群相比，微信群功能更为简洁实用，建群快捷方便，颇受学习和工作小组的青睐。可以与三五志同道合的好友一起，建立属于你们自己的微信资料圈或者学习小组，互相监督学习进度，检测学业水平，或者在群内打卡，相互鼓励。常见的如资料群（分享考试复习资料）、打卡群（背单词、练字）、考研群（发布考研信息和复习指南）、技能学习群（一般为摄影、后期技术等）等微信群。一定不要放过加入这些能提供干货的微信群的机会。不过核实其是否为严肃的学习群或者正规的兴趣群很重要。

5. 微信朋友圈与联系人

进入大学，微信使用频率越来越高，我们的微信联系人也在不知不觉中不断增多，他们的背景可能千差万别，从事的工作也大相径庭，有的人可能是我们的铁杆发小，每天联系不断；而有的人却有可能只是萍水相逢，从未互发过消息。殊不知，这些你微信里的"陌生人"，有时却能够更多地帮助到你，他们不属于你熟知的圈子，在你需要跨出自己的圈子，前往陌生领地里探索时，能够调用自己的资源给予你更为专业的指导。给联系人加上标签提醒自己，关注他们的朋友圈动态，说不定哪一天，在你最需要的时候，只要你能很快地想起他们，就能多出一个有效的途径去解决自己面临的难题。

6. 微博

微博作为时效性和随意性非常强的一种社交媒介，常常以信息庞杂著称，它每时每刻都会产生大量的个人感想和动态，并且由于参与主体的复杂性，其界面往往会存在大量的垃圾信息，从而给人一种纯娱乐的感觉。

但是微博同微信一样，其搜索功能也是值得一试的，微博账号鱼龙混杂，但我们却不能否认民间高手的存在，可能你冥思苦想好几天无果的课题，打开微博搜索，网友们更多可行的方案和不同的角度便会呈现在你面前，激发你的灵感，使你得到意想不到的收获。同时，我们可以有意去关注一些资源大V。这些各领域的专业人才有时能够更快地获得该领域内的一手资料并分享出来以取得更多人的支持和关注，微博的高时效性在这一方面无疑是无与伦比的优势。留心资源大V，紧跟他们的步伐，你可以更快地获得你想要的新鲜见闻和实践素材等。

（五）手机效率 App 的使用与推荐

我们使用手机频率极高，在使用手机过程中实现我们对信息的需求，满足我们提升和学习的需要，是再方便不过的事情了。

App是以智能手机为主要载体的手机软件，它有效地完善了原始系统的不足，赋予智能手机更多个性化的体验。随着手机App开发的大众化，越来越多的优质App进入了人们的视野，手机App不止有网络游戏，一些有趣并实用的App不但能够丰富我们的生活，更能给我们的学习和工作带来极大的便利。

可以通过阅读豆瓣推荐、小红书、应用商店推荐等途径发现优质手机App，需要注意的是，手机App的使用不在于多而在于精，分类寻找适合自己使用的App，深入发掘它的功能，并习惯使用它，很多事情将会变得更容易。

1. FocusMatrix

时间的四象限法，美国著名的时间管理理论，把工作按照重要和紧急两个不同的程度进行了划分，分为重要且紧急、重要不紧急、不重要紧急、不重要不紧急四大块。平时在工作当中做好第一块和第三块的分类，也就是重要且紧急以及不重要且紧急，因为它们都是很紧急的，优先选择完成这一类的任务。培养自己理性安排工作的能力，分清轻重缓急，做到有条不紊管理各类事务。

2. Omnifocus

这个软件是工具控的福音，第一次接触它，可能会觉得很复杂，但真正掌握方法后，便会完全融入你的生活。其最大的优点是可以把大脑中所有繁杂的事情剔除，使你能够静下心来学习，不用再让任何烦琐的事情占据大脑的内存。Omnifocus可与手机端和电脑端同步，任何时候想到任何问题，只要记录下来，到规定时间它就会自动提醒。

备忘可以以地点为主命名，比如学校、公司、机场等。以地点的方式进行提醒，告知某地需要处理的事情，这当然是非常方便的。

打开附近项目的地图，比如走到学校附近的时候，它就会自动提醒你，在学校这个地方需要做什么事，例如去图书馆还书，再也不用担心去了某一个地方却等到离开后才记起原本应该干些什么。

栏目按键下，可以设定各个项目主题的任务清单。重复清单每月都会进行提醒，比如，纪念日可以记录重要的人的生日，到了那一天就会提前提醒你。

收件箱的界面在这里有一个详细的清单，可以看到所有即将发生的事情。即将到来的重复清单同样会在这里显示。

3. Forest

这是很多人都已经在使用的一款培养专注度的工具，时间长度可以自行设定，类似番茄钟。当你开启以后，就不能再停下来玩手机，必须专注自己所做的事情。同时它还有一个非常有意义的活动，当你积累到一定的分值以后，可以在真实的场景种一棵树，这一点同支付宝的蚂蚁森林很像。用自己的专注，为地球增添一点绿色，这无疑是一件非常有意义的事情。

4. Sleeptown

这是 Forest 团队开发的另外一个帮助培养早睡早起习惯的软件。用法与 Forest 大致相同。当开始准备睡觉时，就不能再使用手机。只要做到了安心睡觉，第二天早上它就会修建起一座楼房，久而久之，一个属于你的城镇就会建成。积累到一定分值，便可以真正建一座楼房，十分有趣。

5. 朝夕

这是一款日历记事软件，其最大优点在于语音输入待办清单。在紧急情况下，来不及拿出纸笔记录，打开朝夕，点击那一天，说出希望的时间以及内容，就会自动生成，非常方便。同时也具有重复清单的功能。

虽然培养好习惯并非一朝一夕的事情，但拥有这些强大的现代科技产品作为辅助，是完全可以做到事半功倍的。优质的手机 App 还有很多，找到它们，然后去充分体会科技进步给人们带来的无限便利。

二、善用信息搜索的第二个渠道：书籍

（一）合理利用学校图书馆

可以通过学校图书馆网站查询、定期关注图书馆资源培训讲座，学会利用国际标准书号查询，国际标准书号由 13 位数字组成，并以四个连接号或四个空格加以分隔，每组数字都有固定的含义。因此，其具有唯一性，读者可以根据查阅到的 ISBN 码寻找到对应的书籍。

（二）学术类书籍书单查找与推荐

老师推荐。老师上课时会随时提出一些希望学生课后阅读的专业书籍和查阅的资料，将这些书籍名称和资料方向统一记在一个小本上或者课本对应的章节部分，下课后及时找到这些书籍和资料并阅读，遇到难理解的地方可以询问老师，这才是主动学习的正确态度。同时，这些书单也是你宝贵的资源收藏，日后写论文时可能会派上大用场。

学长学姐推荐。我们身边有很多学习成绩优异的学长学姐，抓住学院组织经验交流会的契机，向他们询问有什么推荐阅读的专业书目。学长学姐们在这一方面可能更有经验，能够给出较为具体的推荐书目，他们的推荐必能在学业上助你一臂之力。

微信公众号和社交分享平台。一些出版社的官方公众号如"北大出版社法律图书"会定期推送一些优质的书单，这些书单偏学术性的居多且质量较高，分类的推送设置让你能够更快地找到符合自己需求的书籍。

论坛经验贴、交流群等也会不定期地推出推荐书单，记住自己的关键词，在平时浏览社交分享平台的时候稍加留意，将零散的推荐书目集中记录，日积月累便能得到一份详尽的学术书单。

（三）文化类书单查找与推荐

豆瓣读书。豆瓣读书评分是普遍认为公正且具有说服力的。豆瓣网每年都会根据当年网友们参与阅读和评价的情况推出年度读书报告，其中不乏优质通识类书籍的推荐。根据自己的兴趣，参考网友的评分和感想，你很容易找到自己喜欢的书籍。

书单类微信公众号也是获得推荐的便捷途径之一,例如"书单来了""幸福的味道""为你读诗"等公众号,每天推送不同的畅销书单并常常配有十分吸引人的推荐语。但需要注意的是,这些公众号有时营销和娱乐的性质较为突出,需要多加注意以甄别优劣。

(四) 电子书查找与软硬件推荐

随着智能电子移动设备的普及,越来越多的人选择"无纸化"阅读,利用通勤时间或者排队等候的时间使用电子产品阅读电子书。然而,有时我们很难找到自己想要阅读的书籍的电子版,尤其是专业书籍的电子版。

1. 搜索引擎类

鸠摩搜索——专业搜书的聚合搜索引擎,众多电子书资源一站式整合搜索,简单高效是一大优势;新浪爱问共享资料——寻找偏学术资料的最佳选择,一般为扫描版PDF;云海免费电子图书馆、苦瓜书盘、周读——提供免费电子书下载、分享。

2. 外文原版书下载

网站时光倒流机器;开放图书馆——书很多;创世纪图书馆,这个站点内容极其丰富,电子书质量极高,可免费下载超过200万本高质量书籍,包括科研论文、小说、漫画、杂志等;古腾堡计划——优质的公版书站点,可免费下载5万多本公版书,例如版本极佳的William Blake 的诗歌、《西游记》等。

3. 微信读书

微信读书界面简洁,电子书设计精美且十分人性化,沉浸式阅读体验极佳,可以与同在使用微信读书的微信好友进行想法的分享互动,可以相互点赞和评论,也可以看到自己好友正在阅读什么,让好友帮你筛选出优质书籍,从而大大增加了阅读的互动性。你甚至可以点击书中画虚线的文字查看同样读到这里的网友留下的感想,与陌生人碰撞出思想的火花,有些吐槽非常有趣,有些点评则鞭辟入里,使阅读不再孤独。与好友比拼读书排行,根据阅读时长发放书币,免费阅读更多好书,如此,在严肃的阅读中,我们既能收获知识,又能获得与好友比拼的成就感,从而激发更强的阅读兴趣。

4. 电子阅读硬件

一般情况下智能手机便已足够,使用平板阅读可能更为舒适。当然,如果你每日都非常频繁地使用电子阅读并且有护眼的需求,亚马逊推出的电子阅读器 Kindle 系列是很值得入手的。墨水屏显示堪比激光刻印,非常像纸质书,即使是在强光下都不会反光,内置阅读灯可调节暖色亮度,任何光线条件下阅读体验都非常舒适。有限的浏览器功能使你阅读时可以做到更加专注,电子书的导入导出也十分方便。唯一不足的便是墨水屏刷新较慢,需要具备一些耐心。

三、善用信息搜索的第三个渠道:报刊

(一) 学术期刊

学校图书馆订阅了很多优质的核心期刊,学科门类齐全且更新及时,学生可以在课后去图书馆翻阅这些高含金量的学术期刊,提升自己的科研素养,为日后撰写论文打下一个好的基础。

除了传统的纸质期刊外，图书馆还购买了大量的电子期刊库，例如"博看期刊"（博看期刊数据库共分为 10 个子数据库，收录涉及时政、财经、管理、文学、科学、教育、文化、艺术、时尚、娱乐、生活、健康、学术等 20 类 3 000 多种主流畅销人文期刊，总计超过 150 万篇文章，是现今最大最全的人文畅销数据库），从文学到科研，相当一部分纸质期刊的电子版在上面都可以找到，而学校均已全部购买，在校园网环境下可以随时阅读，非常方便。

（二）文化博览类杂志

这一部分的杂志有《中国国家地理》《博物》等，它们可以使我们拓宽眼界、提升通识素养，也可以作为课余阅读材料，使自己的兴趣领域得以拓展。它们可以激发你的灵感，并在一些场合下发挥特殊的作用，比如即兴演讲和面试等，平时多浏览、多积累，厚积薄发，是大有益处的。

这类杂志不在多，而在于精，图书馆可能存量较少，可以自行购买，它们大多印刷精美，用作收藏也是一件很美好的事情。

（三）中英文报纸

校图书馆除订阅中文报纸，还引进了《纽约时报》《华盛顿邮报》等英文报纸供学生查阅使用。报纸作为传统媒介，其特点是时效性强、信息真实严谨，具有系统性可摘录的特点，覆盖面广，翻阅占用时间少。每日阅读中文报纸，可以从官方的角度了解国家大事和时事政治，有利于思考科研选题。一些专业报纸，如法律、科技类报纸，则可以作为有力的学术论文引证材料，长期翻阅可以提升学科素养，培养专业走向的敏锐嗅觉。

四、善用信息搜索的第四个渠道：电视和广播

虽然平时在学校里很少有机会接触到电视，但网络电视的发达使我们自主选择收看一些优质的电视节目成为可能。优质的电视节目集知识性和娱乐性为一体，有良好的学习和科普效果，同时更加侧重对知识素养潜移默化的提高。通过电视和广播了解到的知识保存时间长久不易遗忘，且影视采用的独特表达方式和表现角度也能够与文字性媒体形成互补。利用零散的课余时间，如在地铁上、吃饭时、运动时，看电视或者收听广播，是充实自身的另一个选择。

（一）时事新闻与评论

在食堂吃饭时可以收看食堂内电视播放的新闻节目，了解身边事。选择性观看一些政策评论，提升自己的政治素养，如果学习经济学或者对经济学感兴趣，则可以收看一些经济分析和经济讲坛类节目，央视财经频道就有很多广受好评的此类节目。这些评论类节目通常邀请的都是国内外知名教授，且考虑到受众的平均知识水平，节目的内容不会特别学术和深奥，而是简单明晰易于接受，有利于我们进行理解内化并运用到自主写作中来。一些弘扬传统文化和中华美德的综艺节目也很值得观看。

（二）纪录片

纪录片是认可度很高的一种电视媒介传播观点和知识的形式，其题材广泛、制作精良。优质的纪录片切入点小，却能窥见大千世界，是非常好的通识教育自主学习材料。国际上以

BBC 纪录片最为著名，看 BBC 的纪录片，既可以追溯上下数千年的历史文化，亦能踏上从宇宙到地壳深处的奇妙旅程，其精美的画面即使定格，也是一幅摄影佳作。

搜索与自己专业相关的纪录片，如法律专业，观看《法治中国》，也是获得知识、激发灵感、搜集材料的捷径之一。近年来，以《舌尖上的中国》为首、《我在故宫修文物》为高潮的国产纪录片热潮充分展现了国产纪录片水平的飞跃式提升。不管是国内的也好，还是 BBC 纪录片也罢，发掘优质的纪录片资源，并汲取其知识营养，不失为一桩美事。

（三）影视作品

好口碑的影视作品，自有其独到之处，如哲学类、历史类、文学类的影视作品，将原本枯燥的文化知识变得更为生动，日常可以作为休闲娱乐也可作为谈资，还可以提升知识素养，何乐而不为。关于影单，还是推荐豆瓣电影，这里有很多高质量的影评，能够引领你发现影视作品的另一面，从而碰撞出思想的火花。

五、信息的存储

信息的存储是信息的集中归档。搜索引擎固然方便，可是一些常用的东西，未必每次都需要搜索，因此，在自己的电脑上建立个人资料库非常有必要，不管是否有网络，都能够随时调用、随时查阅。

我们都习惯将搜索到的有价值的文档、网页、图片存储在自己的电脑里，可是，我们也会发现，时间长了电脑的存储空间不够用，需要经常删除文档以腾出空间。存到硬盘里，却又常常如石沉大海。下次若需要，重新在硬盘里翻找的时间还不如再次求助于搜索引擎。因此，将我们辛苦搜索查找到的文档和信息用合适的方法集成，在存储时便预先设置好内容的主题归类和索引标签，对文件进行清爽的分类存储，能够有效地提升我们已存储信息的再利用效率。下面，分类别阐述如何在自己的终端管理产生的和已存储的文件。

（一）文档管理

比起 Word 的 doc 格式，在文档最终存储时，推荐采用 PDF 格式。虽然 PDF 格式对重新编辑不太友好，但相对于 doc 格式，PDF 占用的存储空间少、启动快、界面简洁，更适合阅读。同时，PDF 的阅读笔记和备注功能使用起来比 Word 方便很多，特别推荐学习讲义和待看论文存储时采用 PDF 格式，配合移动端的 PDF 阅读器可以省去打印的步骤，节约能源且调用更方便。至于待编辑的文档则仍使用 Word，存储在临时文件夹中，等到完成以后再存储为 PDF 格式，删去原 doc 文件，节省空间。

保存文档有几个要素，首先是文件存放路径，假如硬盘是一棵树，分区就是大的枝丫，文件夹就是分枝，内嵌文件夹就是小枝丫，文件就是树叶，当然也可以把它当作城市—街道—路—小区—单元—房间。

文档文件的保存属性有只读、存档、隐藏三个，"只读"属性可防止因修改而丢失数据，在必要的时候，它可以挽回因操作失误而造成的损失。"隐藏"属性可以使文件在文件列表中无法发现，能够防止因误操作而被删除，还带有一定保密功能。

图 6-2 列举了文件分类中的常见电子文件格式。

文件类型	格式	格式特征
纯文本文件	TXT格式	格式简单透明、不含结构信息和加密、不绑定软硬件、能用基本文本编辑工具阅读、数据占用字节数少
	XML格式	遵循XML技术规范、格式开放、不绑定软硬件、格式自描述、不包含加密、易于转换
版式文件	PDF格式	遵循ISO/DIS 19005《文件管理 电子文件长期保存格式 第1部分 PDF1.4的使用(PDF/A-1)》，支持数字签名、格式开放、不绑定软硬件、格式自包含、格式自描述、固定显示、不包含加密、可向其他文本格式转换
	CEB格式	支持数字签名、格式自描述、固定显示、可向其他文本格式转换
	SEP格式	支持数字签名、格式自描述、固定显示、可向其他文本格式转换

文件类型	格式	格式特征
音频文件	WAV格式	支持数字水印技术、支持无损或其他公开的压缩算法、易于转换
	MP3格式	遵循GB/T 17191-1997《信息技术 具有1.5Mbit/s数据传输率的数字存储媒体运动图像及其伴音的编码》，压缩算法公开、格式紧凑、数据占用字节数少、易于转换
	WMA格式	内置版权保护技术、格式紧凑、数据占用字节数少、易于转换
视频文件	AVI格式	支持数字水印技术、支持无损或其他公开的压缩算法、易于转换
	MOV格式	格式紧凑、易于转换
	MPEG格式	遵循GB/T 17191-1997《信息技术 具有1.5Mbit/s数据传输率的数字存储媒体运动图像及其伴音的编码》，压缩算法公开、不绑定软硬件、易于转换

图6-2 电子文件格式与特征

在文档管理方面，5S管理方法备受青睐。

5S起源于日本，是国际上较流行的一种先进的企业现场生产管理方法，其目的是保证企业能够以最高效和最节约的方式生产。为了提高办公室人员的工作效率，分析办公工程中遇到的问题、造成效率低下的原因，制定防治对策显得尤为重要。5S管理应用到办公电脑的文件管理上具有一定的现实意义。5S是整理（Seiri）、整顿（Seiton）、清扫（Seiso）、清洁（Seiketsu）和素养（Shitsuke）这五个词的缩写。

整理：把需要的文件定位、定量以便用最快的速度取得所需。要做到盘符固定化、结构科学化、存放目视化。

整顿：要把有用与无用的文件分开，再对无用的文件进行处理。

清扫：定期清除和归档，将电脑保持在无垃圾文件、桌面整洁的状态。

清洁：建立完善的文件结构，规范地命名文件夹，周期性地将文件归档，并且养成每天清洁的良好习惯。

素养：这是比清洁更高的要求，就是今后要用上面的一套管理思想来对待新的文件资料，处理所有需要整理和存放的资料，进而逐渐养成习惯，形成高效有序的工作作风，从整理电脑推而广之，直至整理你的办公室、整理你的工作、整理你的思想。这就是素质的提高。

电脑的空间因整理变大，生活的空间因清理变宽，思想的空间因总结变扩。

（二）照片管理

可以使用如花瓣网（www.huaban.com）等浏览器插件做图片集成。

我们电脑里一般都会建立一个或者多个文件夹用来专门存储我们下载自互联网的各种图片。然而用这样的方式存储在电脑上，自然也会遇到同样的问题，如检索困难、占用空间、多平台同步不易，等等。

花瓣网是一家"类 Pinterest"网站，是基于兴趣的社交分享网站，网站为用户提供了一个简单的采集工具，帮助用户将自己喜欢的图片重新组织和收藏，诚如花瓣网创始人所言："花瓣网提供的是重新链接/收藏/整理/分享你所感兴趣的事物。"用户将喜欢的图片采集到"画板"上，为"画板"自定义标签和关键词，用户可以选择公开或者私密查看。除了利用花瓣网的 Chrome 浏览器图片采集插件自行采集图片以外，你也可以看到大量其他用户创建的优质画板，所以花瓣网同时也是一个非常优质的图片搜索网站。

花瓣网提供各种浏览器的采集扩展插件，帮助你更方便地收藏自己感兴趣的网页内容。以 Chrome 浏览器为例，将采集工具添加到 Chrome 浏览器应用里，浏览器右上角便会出现一个花瓣图标。当你浏览网页时，看到喜欢的内容，点击右上角花瓣图标，便可以选择相应功能对其进行采集，随时存储网页上的各种图片。最重要的是，这个采集工具可以随时调用，不会打断你当前的任务流，且"画板"可添加标签的个性化设置使利用花瓣网管理自己待用的图片比电脑文件夹清晰很多，也更易于后期再筛选和整理，不用直接下载大量的图片，极大地节约了电脑的存储空间。

如此，每次上网时都可以将任何自己感兴趣的图片按不同的主题放到自己的预设分类里，长此以往，便可以建立自己的专属图片库。当你需要找一些有关某主题的图片时，打开自己的花瓣网，便可以看到大量自己平时积累的素材，而达到这样的效果，仅仅需要平时浏览网页时点几下鼠标。

（三）录音管理

课堂上知识点多、节奏快、重逻辑，在一些情况下我们会录音，可录音文件相对于文档来说量多且杂，难于整理，尤其是用录音笔，间隔时间过长很难找到想回放的录音文件，若想要重命名录音文件则需要导入电脑，这样又会挤占电脑内存。

手机自带的录音机，可以较方便地对录音文件进行重命名，但手机无法精确到指定内容的回放，同时录音质量比录音笔差，杂音较多。

电脑软件可以将课堂笔记和录音一并保存，从而方便课后的复习和回听，虽然就目前而言很难实现全面无纸化，但是用电脑做笔记还是有得天独厚的优势，打字比手写快很多，易于课后整理，课堂上还可以即时查看资料。同时，软件的分类整理和搜索功能用起来也十分便捷，再也不用担心找不到相应的笔记。

Windows 系统推荐 Office 办公旗下的笔记软件 OneNote，完全免费，功能齐全，非常好用。利用 OneNote 在电脑上做笔记，可以实时录音，录音文件可以随笔记一同保存，也可以单独导出。同时，OneNote 也可以视为一款笔记集成工具，右侧索引栏可以非常方便地跳转到对应的学科笔记，笔记页面在不同笔记分区之间移动也很便捷，支持键盘输入、插入图片、导入 PDF、添加视频和链接、会议重点记录和录音、手绘和沉浸式阅读等。其独特的笔记框格设计相对于 Word 单向输入而言，用户可以更方便地对笔记内容进行排版，文本输入也更加自由。只需要注册一个微软账号，登录后便可以在联网状态下，自动进行笔记的多平台同步，从而可以随时随地利用手边设备对笔记内容进行回顾。

"印象笔记"，几乎能够覆盖 OneNote 的全部优点，同时它还有信息集成管理等其他强大的功能。由于"印象笔记"采取高级会员订阅制,免费用户可获得的云存储空间较小,而会员每年订阅费用并不便宜,因此"印象笔记"并不是很适合大量电子笔记和录音的存储和同步。就单纯选择笔记无纸化应用而言,OneNote更适合学生使用。

IOS系统的App Store中有很多优质的笔记效率应用,如Notability、GoodNotes等。尤其是Notability这款软件,甚至可以实现手写笔记和录音完全同步播放,点击对应部分的手写笔记,即可从此开始播放记录该笔记时录下的音频,可以大大提高课后回顾的效率。

(四) 手机端的资料保存与整理

相对微信而言,手机浏览器产生的资料很少。微信存储文件有15天时效,如果文件过期,微信为节约内存,会自动删除。这一点虽然出发点是好的,却会给我们带来一些麻烦。同时,智能手机上虽然也可以进行相应的文件管理,但其界面并不是很友好,整理起来非常不方便,需要第三方App协助完成手机端的各类文档整理。金山公司的"WPS办公"App汇集了文档、PPT、数据表格、纯文字四种常见办公文件格式的编辑器,可以直接在手机端对上述四种格式的文件进行修改和保存,支持多平台同步,因此可将文件上传到云端用电脑视图进行管理。微信传输的文件可在下载后,默认使用WPS打开文件,就可以将文件转存到WPS应用内,省去了登录电脑版微信接收文件的不便之处,再也不用担心文件被自动清除。在手机上利用WPS应用搜索文件也比直接搜索手机内的文件方便得多,但前提是文档必须曾经用WPS应用打开过才会留有记录。

微信虽然提供内置的"收藏"按钮,可以收藏我们喜欢的公众号文章或者内容,但是如果对应的公众号删除文章,那么收藏也会随之失效。对于这种情况,最好的解决办法也是使用第三方的笔记软件。关注"有道云笔记"的官方微信,将自己的有道云笔记账号同微信账号进行绑定,那么在下次浏览公众号文章的时候,原先"收藏"按键出现的页面便会添加一个"发送到有道云笔记"的图标,该页面的全部内容便会以拷贝的方式发送到你的有道云笔记中,再也不用担心原内容丢失或者被删除。

勤利用"手机管家"等手机管理App的"手机体检"和"空间释放"等功能,检测手机内存是否被恶意占用,及时清理无用的安装包和垃圾文件,让手机变得和电脑一样井井有条。

(五) 定期整理归档资料

养成定期整理归档资料的习惯,提升信息再提取效率。

将信息都妥善存储之后并不意味着所有信息整理的工作已经完成,不能忘记我们存储这些信息最初的目的是什么:这些信息对我而言具有价值,我下次还会使用到,因此我将它们存储了下来。由此可见,我们的最终目的是当需要再次使用这些信息时,能快速地在存储设备中找到,而不是重新借助搜索引擎。电脑固然配有全盘搜索功能,但其通常搜索缓慢、杂乱无章,且不提供全文搜索,因此绝不应该成为我们信息再提取的主要方式。

六、信息整理

定期检查自己的电脑文件夹,查看是否有摆放不合适的文件,及时移除,确保自己建立的文件夹主题是具体而明确的。这样的工作每隔较长的时间做一次即可,顺便删去已经没用的文档,清空回收站,不让所谓的"废信息"遮蔽自己的视线。

在给文件夹命名时添加可供搜索的标签或关键词，用短横线隔开，这样既方便文件的命名，日后若一时忘了文件夹存储的目录，亦可以用本机搜索快速找到。

（一）利用信息集成工具

Evernote 印象笔记是一款多功能的笔记类应用，其信息集成功能也十分强大，总的来说，它有以下三个优点：

（1）调用方便：不需要像使用网盘那样先存储再上传，能随时调取使用，不会中断当前工作。比如在一件任务进程中，遇到一篇不错的文档，想归档以后阅读。只需要点击一下就可以集成到自己的主题分类里（这里类似花瓣网的采集插件），比如预设好的"待读"文件夹，而继续执行当前任务。

（2）高效检索：能够对所集成的文档加标签、关键词，甚至支持全文检索。

（3）云端、客户端同步：切换平台随时保存工作进度。

把印象笔记作为信息集成工具，是因为它除了拥有强大的笔记功能以外，还非常适合处理近期"待读、待办"的任务。Evernote 提供可以添加到 Chrome 浏览器设置栏的剪辑工具（使用方法同花瓣网采集工具相同），从而使阅读网页时可以随时调用并归档待读资料。也可以添加 Evernote 的 Outlook 邮箱插件，这样在阅读邮件时便可以一键收藏重要的邮件并标识有任务处理要求的邮件。印象笔记相较于其他信息集成工具的优势便是能够将这些信息全部集中到同一个操作平台上，从而使任务目标更加清晰，工作学习更加有条理。

Evernote 也可以归集重要的文档。将文件拷贝至 Evernote 中，便可以利用其平台进行各项管理任务。Evernote 支持用户自定义笔记本用于收纳自己的材料，同时会自动按照笔记本的名称及字母顺序进行排序，支持 PDF 全文搜索。除此以外，其多平台同步的功能使你在电脑端平台编辑文档后，手机端、平板端可以即刻同步。它唯一的缺点是实行会员制，普通免费用户的云存储空间较小，无法保存更多的材料。若无意升级，解决办法是可以建立一个"待读"文件夹，将后续需要阅读的文档归类到此文件夹下，即形成一项待办任务，同时在本地电脑文件夹里也存储一份，这样 Evernote 里的文档则可以阅读一份删除一份，只将有用的信息摘录出来，从而大大地节约其云存储空间。

建立主题关键词后，可以在 Evernote 笔记本里建立相应的名称，以便于归类平时浏览到的、想存储下来的各类资料、文档、图片等。Evernote 会自动按照笔记本的数字及字母顺序排序，所以在数字前加字母 ABC 就可以帮助形成带有优先级的排序。同时，字母 ABC 又可作为三个大种类的区分，可以任意拓展其中的一个分类，而不会影响其他。

如果是纸质资料，可以利用"CS 扫描全能王"这个应用扫描云同步上传，再在电脑端整理已扫描资料即可，其网页端同样采用文件夹形式方便用户进行文档管理，甚至可以将指定文件夹内的多个页面拼接成一份完整的 PDF 格式文档用于分享，非常实用。

（二）思维导图

思维导图的作用在于可以更加清晰地展示电脑文件分层体系，帮助找到所需要的文件。使用百度脑图，无须安装客户端，云端自动保存每一步，可以随时添加和更改主题文本框。可以试着把自己电脑文件的分类目录做成一张思维导图，时刻掌握自己电脑中存储内容的变化。

（三）电脑桌面整理

有关电脑桌面的整理常常被我们忽略。桌面其实是一种充分体现了操作人性化的快捷方式，一般而言，它可以由以下几个部分组成：

快捷方式：用以放置我们常用文档和软件的快捷方式，便于你用最短的时间找到它们。

一级的临时文件夹：桌面可以是临时文档的收容所。比如突然收到的文档，你可能暂时没时间读，也不知道如何归类。如果存储在电脑 D 盘或者 E 盘的临时文件夹中，非常容易忘记。此时最好的解决办法就是在桌面也设置一个 TEM 文件夹，这样只要一开电脑，就能看到它，可以时时刻刻提醒自己。需要注意的是，桌面的 TEM 文件夹需要经常整理和清空，以免文档过多，造成桌面文件的膨胀。

如果桌面常被滥用，堆满了很多根本不会用到的各类快捷方式，真正所需的快捷方式和有价值的临时存放就不再有任何意义。因此桌面可以这样安排：桌面背景设置为让你身心愉悦的照片，比如你和家人的合影；存放不超过 10 个常用工具的快捷方式；建立临时文件夹存放一时无法归类的待读文件。

除此以外，电脑的任务栏也是非常重要的快捷方式区域，它类似程序坞，固定在任务栏的快捷方式不需要回到桌面即可随调随用——最常用的应用程序可以放到这里，比如文件资源管理器、Chrome 浏览器、OneNote、计算器等。利用好自己的电脑桌面，学习工作可以事半功倍。

本部分偏重实际操作的方法和技巧，想要做到真正在媒介海洋中得心应手地搜索、提取和利用信息，耐心细致的心智品质必不可少。信息的查阅和检索本来就是一项高耗时、枯燥而乏味的工作，我们需要做的是静下心来，慢慢地，一步一步地，坚持下去，最终找到自己想要的结果。

【思考】你常利用哪种渠道、哪个平台获取信息？这些平台提供的信息是什么方面的？

一、选择题

1. 在获取信息的过程中，首先要做的是（　　　）。

   A. 采集信息　　　　　　　　　　　　B. 确定信息源

   C. 确定信息需求　　　　　　　　　　D. 保存信息

2. 关键词"媒介 | 媒体"的意思是（　　　）。

   A. 同时出现"媒介"和"媒体"的信息

   B. 只出现"媒介"不出现"媒体"的信息

   C. 出现"媒介"或"媒体"的信息

   D. 只出现"媒体"不出现"媒介"的信息

二、判断题

3. 信息是用于消除随机不确定性的，所以只要是能检索到的信息都是正确的。（　　　）

附录答案

1. C　　2. C　　3. ×

参 考 文 献

贺立凯. 大学生媒介素养现状调查研究 [J]. 新媒体研究，2018，4（1）：80－81.

第七章
媒介观点表达能力（表达能力）

第一节 媒介观点表达

引言：全媒体浪潮赋予学生更多参与媒介的权利，以及在媒介参与实践中发展自我的机会。在全媒体时代，要培养学生媒介表达能力，锻炼其主体意识、自由精神和探究本能，使他们成为参与构建网络空间命运共同体的主人翁。本节主要介绍媒介与媒介语言，并提出媒介中进行观点表达的方法。

一、媒介与媒介语言

媒介是意义输送的纽带（A Conveyor Belt of Meaning），在"我们的世界"与受众之间搭起一座桥梁（Our World – Media – Audiences），"我们的世界"由媒介语言构成。

（一）媒介语言的界定——语言与媒介语言

狭义的语言指用于人际沟通的符号，主要指听说读写的活动，包括听觉语言——说话的声音、语调，视觉语言——文字。广义的语言指用于传播的符号、信息与娱乐的表现方式。媒介语言主要指大众媒介使用的语言，包括所有表达意义的符号、惯例、代码以及叙事的形式，等等。其与现代媒介技术、传播方式密切相连，是大众传播的语言。常见的媒介语言包括听觉语言——话音、音乐、音响效果、背景声音等，视觉语言——文字、照片、动态画面、形象设计等。

（二）如何审视媒介语言的内涵

1. 符号学

符号分为语言符号与非语言符号系统。

语言符号是由音、义的结合构成的。"音"是语言符号的物质表现形式，"义"是语音符号的内容，两者结合才能指称现实现象，构成语言的符号。语音符号包括口头语和以书写符号文字形态出现的书面语。

（1）符号学的基本概念。符号学是研究事物符号的本质、符号的发展变化规律、符号的各种意义以及符号与人类多种活动之间关系的学科。符号学的原理应用到各具体领域就产生了部门符号学。

①符号学以前的语言研究模式：语言是现实的反映；语言是个性的写照。

②符号学对语言的认识：

a. 世界被划分为各种范畴，而范畴则由语言来界定，但有些范畴是模糊的，如"杯子""车"等概念中英文的差异。

b. 人们对社会现实认识的建构与成型是通过语言文字与符号进行的。

c. 符号比语言更能恰当地表达社会生成意义。有时图像符号比语言更确切、更通用。

（2）符号的特点。

①物理形状：具体的形式，"能指"。即一个图像、物体、文字或者声音本身（亦可谓符号的物质部分，可感知部分），"能指"是我们感知的符号的形象，如符号形状和空气中的符号音响。

②符号概念：符号的意义，"所指"（"能指"所指代的头脑中的概念）。

③符号所指的具体物质，即符号概念的具体体现。

④符号的意义必须被某个群体所接受并使用。

（3）符号学在媒介语言研究中的应用。

索绪尔研究语言符号：索绪尔是一门崭新的语言科学的奠基人，在其最富影响力的《普通语言学教程》中，他明确提出了自己的符号学语言观，认为语言符号是语言学的基础和出发点，语言是一个符号系统。同时，他强调符号的社会性："语言在任何时候都不能离开社会事实而存在，因为它是一种符号现象，它的社会性就是它的一个内在特征。"索绪尔提出，语言符号的意义取决于"能指"与"所指"之间的关系。

皮尔士研究非语言系统：美国符号学创始人皮尔士则认为："符号或表现体是某种对某人来说在某一方面或以某种能力代表某一事物的东西。"换言之，每一个符指过程（Semiosis）都体现了符号、符号所指的客体与解释体（Interpretant）之间的关系。"解释体"的引入将意义的形成引入三维空间，这是一大进步。

罗兰·巴尔特（Roland Barthes，1905—1980 年）将符号学运用于媒介研究，罗兰·巴尔特对符号在媒介形式中的运用主要有以下看法：

①对于符号的理解需要依赖文化知识。

②对符号的统一认识是受社会文化环境限制的符号的意义必须得到特定群体的认可才能得以实现。

③符号是通过差异系统来传递意义的。

④符号通过外延与内涵表达意义。

⑤符号可能会因为"解读者"的不同而产生不同的意义，它的意义可能是含混的、多义的、变化的。

（4）符号学研究方法在媒介研究应用中的缺陷：

强调深层次的含义，忽视表面意义。

意义与符号的对应缺乏系统性、科学性。

过分强调意义是通过编码而构成的，而忽视了编码必须得到认同的道理。

2. 语言学：语义学与语用学

语义学研究语言符号的意义，即语言形式内部所包含的意义，如"玫瑰"。

语用学研究语言符号在具体语言环境中使用的意义，如"他送了我一朵玫瑰"。

3. 编码与解码

英国文化研究之父斯图亚特·霍尔（Stuart Hall）在《电视话语中的编码与解码》一文中提出了"编码与解码"理论。编码与解码是通过符号进行信息传播活动过程中的两个环节。编码就是传播者将自己要传播的信息或意义转换成语言、文字、声音和图画等符号的活动。解码又叫译码，是传播对象把接收的符号加以阐释和理解，读取其意义的活动。编码与解码的连通过程实质上就是简单的传播过程。

在观众解码阶段，霍尔提出三种解码模式：

（1）偏好。阅读受众在编码者设定的框架内进行解读，认同主导的意识形态。

（2）妥协。阅读受众与占统治地位的意识形态之间存在着相容与对抗，矛盾与协商。

（3）对立。阅读受众识破编码者的意义后，采取与占统治地位的编码完全相反的策略，根据自己的经验解读出新的意义。

4. 媒介码的分类

（1）技术码，包含摄影机角度、镜头的选择、画面的确定、快门的速度、光线、多机拍摄。

（2）象征码，比如物品、背景、人体语言、衣着、色彩、音乐。

（3）文字码，例如标题、图片说明（或字幕）、话语、风格。

新闻媒介的编码主要有三种，报纸新闻语通过版式设计编码，广播新闻语依赖言语风格编码，电视新闻通过非语言符号系统编码。媒介文本的意义是一种社会建构，它需要"被学"。理解它的意义需要理解社会某群体中的惯例与行为规范。解码过程与解码者的身份密切相关：年龄、性别、职业、民族、社会阶层、立场等。

文本是书面语言的表现形式，解释学家利科尔认为广义的"文本"指任何由书写所固定下来的任何话语。狭义的"文本"指由语言文字组成的文学实体，代指"作品"。可分为开放式文本，读者想象的空间极大；封闭式文本，读者基本上按照字面意义理解。

二、媒介中如何进行观点表达

（一）启发性问题——观点表达的意义

简言之就是用语言、行动显出某种思想、感情、态度。

（二）主流媒体——新闻解读

【案例】节选自人民网 2020 年 8 月 5 日《民进党作祟　陆生一再受习难》（日月谈），作者张盼

"逢中必反"的民进党，对待从大陆返台的部分台胞、陆配子女到在读陆生，皆是无所不用其极地卡关，泯灭道德良知，离间骨肉亲情。俗话说，多行不义必自毙。操弄"仇中"意识形态为非作歹的民进党，必将自食恶果。

这则新闻中就蕴含着鲜明的思想、感情和态度。主流媒体的发声，一般代表的是国家的态度与立场。

（三）自媒体时代

自媒体的作用——传递消息、引导观念、盈利。

1. 微博

【案例】选自王石的微博（微博身份认证：万科集团创始人兼董事会名誉主席）。

7月23日

#人与植物#（3130）西双版纳植物园：虎刺梅（大戟科铁海棠属），蔓生灌木植物，原产非洲。茎秆上长出了很多的尖刺，茁壮的生长开花，给人不可侵犯的感觉。全年都可开花，花语：倔强、坚贞、勇敢。

传递消息（关于花卉的知识+个人动态）+思想+情感。

作用：树立个人"人设"+传递观念。

2. 微信公众号

著名自媒体人咪蒙旗下某微信公众号发表文章《一个寒门状元之死》。文章从"寒门难出贵子"这一时代焦虑点出发，讲述了一个寒门子弟逆袭成为高考状元，最终又被厄运击倒并去世的悲情故事。

这篇文章刷屏后又很快反转了。文章从刷屏到被揭穿只经历了很短的时间，围观者识别出许多破绽。然而其矫揉造作的贩卖焦虑之作正中大家过分追求跌宕起伏的故事、幸灾乐祸等心理，达到了很好的传播效果。

我们能感受到一个公众号的火热程度的最直观的数据是阅读量是否达到"10万+"。

补充：何谓传播媒介？

将信息传递给其他人，这个过程至少涉及两个人。

传递信息的过程是双向的，当中涉及传授与接受、交通及沟通。

传播信息时须依赖某种工具，这种工具称为媒介，以确保信息得以传达。

【案例】在1966年的一期《中国画报》上，日本情报机构看到了王进喜站在钻机旁的那张著名的照片，他们根据照片上王进喜的衣着确定，只有在北纬46度至48度的区域冬季才有可能穿这样的衣服，因此大庆油田可能在冬季为零下三十摄氏度的齐齐哈尔与哈尔滨之间的东北北部地区。之后，来中国的日本人坐火车时发现，来往的油罐车上有很厚一层土，从土的颜色和厚度日本情报机构得出了"大庆油田在东北三省偏北"的结论。

日本情报机构又对1966年10月《人民中国》杂志上发表的王进喜的事迹介绍进行了详细的分析，从中知道了"最早钻井是在北安附近着手的"，并从人拉肩扛钻井设备的运输情况中判明：井场离火车站不会太远。

在王进喜的事迹报道中有这样一段话："王进喜一到马家窑看到大片荒野说：'好大的油海！我们要把石油工业落后的帽子丢到太平洋去。'"于是日本情报机构从旧地图上查到："马家窑是位于黑龙江海伦县①东南的一个村子，在北安铁路上一个小车站东边10多公里处。"

为了弄清楚大庆炼油厂的加工能力，日本情报机构从1966年的一期《中国画报》上找到了一张炼油厂反应塔照片，从反应塔上的扶手栏杆（一般为1米多）与塔的相对比例推知塔直径约5米，从而计算出大庆炼油厂年加工原油能力约为100万吨，而在1966年大庆

---

① 海伦县：今为海伦市。

已有 820 口井出油，年产 360 万吨，估计到 1971 年大庆年产量可增至 1 200 万吨。

通过对大庆油田位置、规模和加工能力的情报分析，日本决策机构推断："中国在近几年中必然会感到炼油设备不足，买日本的轻油裂解设备是完全可能的，所要买的设备规模和数量要满足每天炼油 1 万吨需要。"

掌握了这些准确情报之后，日本人迅速设计出适合大庆油田开采用的石油设备。不久之后，当中国政府向世界各国征求开采大庆油田的设计方案时，日本人一举中标。

（四）媒介中的观点表达关注点

聚焦需要表达的重点：在获得的信息中，着重详细地表达主要观点。对于某些信息甚至需要一事一报。

分清表达面向的对象：不同的文章、不同的平台面向的受众不同。

选择恰当的表达方式。

使用具体的语言表达。

【案例】2022 年 6 月 10 日，唐山发生烧烤店打人事件，9 名涉嫌寻衅滋事、暴力殴打他人者被抓获。"搭讪""交谈""尝试摸背后被拒""冲突""肢体对抗"……关于该事件的报道，一些媒体在警情通报和续报前后（特别注意"后"字）描述事发经过时，使用看似中性的词语，引发了广泛质疑。

中国政法大学传播法研究中心副主任朱巍认为，使用"冲突""对抗"这类词语并不妥当，特别是在大部分公众已经看过视频的情况下，这样不仅会误导没看过视频的公众认为双方都有问题，还会刺激了解事件的公众的情绪，显得媒体没有温度感和正义感，为了表面的客观而有失公正。

"媒体出于客观、中立、审慎的报道原则，在事情真相和事件的前因后果未明之前，为避免先入为主的立场和情绪，使用中性化的描述词语，这是符合传媒职业规范的。从司法角度而言，是否构成骚扰必须有要件支持。"北京师范大学刑事法律科学研究院教授彭新林指出，构成骚扰必须满足三个条件：一是行为人抱持主观故意的心态；二是违背他人意愿；三是对他人生活安宁等方面的人身权利构成侵害。但这样的判定需要完整的逻辑链、证据链，媒体难以给出准确判断。虽情有可原，但媒体也并不是没有瑕疵。

中国妇女报社社长、总编辑孙钱斌认为，就唐山烧烤店打人事件而言，这些中性词语存在很大问题，不仅仅是"不当"，既不客观也失去了应有的是非判断和价值立场。视频提供的客观信息已经可以让我们做出比较清晰的判断，这是性骚扰不是"搭讪"，是恃强凌弱不是"冲突"。如无其他外在因素，所谓的"中性"就是完全跳进了"客观主义"的话语陷阱里。

浙大城市学院传媒与人文学院新闻系主任、高级记者李晓鹏认为，保持客观中立的立场并无问题，正相反，媒体在报道的时候要尽可能做到客观中立。但是将一个证据确凿、事实清楚的恶性伤人案件，为了刻意体现出所谓的中立客观，而忽视了基本事实，甚至放弃了同情心和同理心，就不太妥当了，引发争议也在所难免。

"打人者明显是对正在吃饭的姑娘进行骚扰，并有揩油猥亵的动作，引发了女孩的强烈不满和反弹，最终导致暴力伤人事件。对于这些动作的描述，再怎么客观中立，都不应该把骚扰替换成'交谈',把猥亵替换成'抚摸'这样的带有中性乃至积极暗示的词语,这就是与事实不符。"李晓鹏补充说道。

传媒茶话会梳理发现,在唐山市公安局路北分局发布警情通报、警情续报,称该事件为"涉嫌寻衅滋事、暴力殴打他人案件",且经初查,案发时犯罪嫌疑人陈某志正在对四名用餐女子中的一人进行"骚扰"之后,仍有20家以上媒体在对该事件的报道中用了冲突、搭讪等词语。

"从警情通报的措辞变化可以发现,打人事件已经从治安案件上升为刑事案件,法治新闻的报道中媒体措辞要客观,准确使用法言法语,不需要'中立''文雅',对于警方正在侦办的案件的报道,媒体要'报事实,不报原因'。不对案件做主观分析,不做'有罪推定'。对于案件的报道要找到权威信源——警方。尤其是当治安案件上升为刑事案件时,媒体报道一定要以执法部门或司法部门的口径进行报道。"华东政法大学传播学院院长范玉吉分析称。(采访来自传媒茶话会)

【思考】以上受访者是站在怎样的立场、是如何表达观点的?

【练习】

一、选择题

1. 符号指的是（　　　）。
   A. 画出来的符号,例如乐谱
   B. 文字中的符号,例如标点符号
   C. 被接受者认为携带意义的感知
   D. 公之于世给大家看的符号,例如奥运标记

2. 自然界符号是无发送者符号,因为（　　　）。
   A. 发送者必定有表达意义的意图,大自然无意图
   B. 自然符号是天然生成的
   C. 自然符号并没有表达意义
   D. 自然符号的意义是接受者解释出来的

二、判断题

3. 解释项可以比喻地称作符号的"百科全书式"意义解释,因为解释项可以包括尽可能多的内容。(　　　)

附录答案

1. C　　2. D　　3. ×

第二节　运用传播规则与技巧传播正能量

引言:近年来,自媒体媒介进行网络信息传播,广泛而深刻地影响着大学生信息交互、社会交往、表达诉求和建言献策,需要大学生提高媒介素养,有效避免自媒体短板,传播正能量。本节主要介绍传播类型与技巧以及媒介中人类命运共同体的价值体系认知、构建和实践。

一、媒介中传播规则

（一）传播

传播（Communication）是一种社会性的传递信息的行为，是个人、集体之间以及个人与集体之间交换、传递新闻、事实、意见的信息过程。

（二）传播的分类

1. 人内传播

人内传播也称内向传播、内在传播或自我传播，是个人接受信息并在人体内部进行信息处理的活动。

人内传播的特点如下：

（1）人内传播虽然是人体内部信息处理的过程，但这个过程并不是孤立的，它的两端都与外部过程保持着衔接关系；

（2）人内传播虽然与人的生理机制密切相关，但其本质是社会实践活动的反映，具有鲜明的社会性和实践性；

（3）人内传播不是对外部世间的消极的被动的反映，而是积极主动的反映；

（4）人内传播是其他一切传播活动的基础。

2. 人际传播

在人们的交往活动中，人相互之间传递和交换着知识、意见、情感、愿望、观念等信息，从而产生了人与人之间的互相认知、互相吸引、互相作用的社会关系网络。我们将此称为"人际传播"。

人际传播的类型：直接传播——面对面的传播；间接传播——在现代社会里的各种传播媒体出现后，人际传播不再受到距离的限制，可以通过这些传播媒体进行远距离交流。

（1）印象管理。

戈夫曼（1959年）在其《日常生活中的自我呈现》一书中提出的"戏剧论"又称为印象管理。他认为社会交往就像戏剧舞台，每个人都在扮演某个角色，在社会互动中每个人都竭力维持一种与当前社会情境相吻合的形象，以确保他人对其做出愉快的评价。

表现形式：一是自我表现。个体选择合适的言行举止、服饰打扮而进行的印象管理，即通过自我美化来增加自己在他人心目中的吸引力。二是自我行动。个体采取投他人所好的言行举止而进行的印象管理，即投人所好，通过各种途径努力使别人感觉良好，这就是"讨好"现象。琼斯（1964年）认为讨好者有四种战术：称赞和抬高别人、对不重要的问题和重要问题采取不同讨好策略、投其所好和自我表现，以及报恩。这便是生活中的恭维、迎合、施惠。

（2）库利的"镜中我"。

"镜中我"（The Looking-Glass Self）理论由美国早期社会学家查尔斯·霍在《人类本性与社会秩序》中首次提出。库利认为，对自我的想法看起来具有三种元素：关于他人如何"认识"自己的想象；关于别人如何"评价"自己的想象；自己对他人的这些"认识"或"评价"的情感。就是指人是通过观察别人和自己行为的反应而形成自我意识，完成自我评价的。也就是说人都是一面镜子,通过他人对自己的意见态度可以反观自身,形成自我的观念。

(3) 米德的"主我"与"客我"。

美国人米德则根据"镜中我"理论,发展了"主我客我"理论。他发现,自我意识对人的行为决策具有重要影响,而自我可以分解为相互联系和相互作用的两个方面:一方面是作为意志和行为主体的"主我",它通过个人对事物的行为和反应具体表现出来;另一方面是作为他人的社会评价和社会期待之代表的"客我",它是自我意识的社会关系的体现。

3. 群体传播

群体是相对于个体而言的,是由三个或三个以上的人,为达成共同的目标,以一定的方式联系在一起进行活动的人群。

群体规范与说服。在说服的观点与群体规范一致时,群体规范可以推动成员对观点的接受,起到加强和扩大说服效果的作用;在说服的观点与群体规范不相融合时,后者则阻碍成员接受对立观点,使说服效果发生衰减。

4. 组织传播

组织传播系由各种相互依赖的关系结成的网络,为应付环境的不确定性而创造和交流信息的活动。(戈德哈伯)

5. 大众传播

大众传播是指专业化的媒介组织运用先进的传播技术和产业化手段,以社会上一般大众为对象而进行的大规模的信息生产和传播活动。现指一群人经由一定的大众传播工具(报纸、电台、电视、电影等)向社会大众传送信息的过程。

大众传播的社会功能:拉斯韦尔的三功能说。

环境监视功能:指人们通过大众传播媒介提供的各类信息了解外部世界发生的重大事件,了解周围环境的变化。

社会协调功能:社会是个建立在分工合作基础上的有机体,只有实现了社会各组成部分之间的协调和统一,才能有效地适应环境的变化。

社会遗产传承功能:人类社会的发展建立在继承和创新的基础之上,只有将前人的经验、智慧、知识加以记录、积累、保存并传给后代,后人才能在前人的基础上进一步完善、发展和创造。

(三) 传播的模式

1. 线性传播

第一个提出传播过程模式的是美国学者拉斯韦尔,他的五因素传播模式内容如下:

Who(谁)——传播者——控制研究;

Says What(说什么)——信息——内容研究;

Through What Channel(渠道)——媒介——媒介研究;

To Whom(对谁)——受传者——受众研究;

With What Effect(什么效果)——效果——效果研究。

在"5W"模式的基础上,布雷多克增添了情景和动机形成"7W"模式。

香农-韦弗模式概说。香农-韦弗模式是主要的传播过程模式之一，1949年由美国的两位信息学者C. 香农和W. 韦弗在《传播的数学理论》中首次提出，又称为"传播过程的数学模式"。其内容主要描述电子通信过程，为传播过程研究更进一步提供了重要的启发。该模式最早被用于数学模式，它研究的是哪种传播渠道能够运载最大数量的信号。在从发射器到接收器的途中，产生的噪声将会破坏多少传递的信号。比"5W"模式更为细致，媒介被一分为三：发射器、信道和接收器。

无论是"5W"模式还是香农-韦弗模式都是线性传播，它们缺少反馈，割裂了传播过程与社会过程的联系。

2. 循环传播

施拉姆大众传播模式。该模式的中心是媒介组织，它执行着与奥斯古德-施拉姆模式相同的功能，即编码、释码和译码。受到媒介组织发布信息影响的广大受众是由个体组成的，施拉姆认为，媒介的信息可能通过个体接受而传至周围群体的成员。这一模式将大众传播看作社会的一个结合部分；媒介组织中的编码、释码、译码工作要比模式中描述的复杂得多；施拉姆把大众媒介的受众成员描绘成与他人及群体相互影响，对大众媒介的信息进行讨论并做出反应，这一看法可以说是与大众社会的现象相反，在大众社会里，个人之间的联系非常松散，大众传播信息是逐一递达、影响并操纵受众成员的。

丹斯的模式。丹斯是基于这样的认识提出螺旋模式的——他认为循环模式中的传播经过一个完全的循环，不折不扣地回到它原来的出发点的看法是错误的。它引导人们注意这样的事实：传播过程是向前发展的，今天的传播内容将影响到以后传播的结构和内容。在不同的情境下，对于不同的人，螺旋形呈现出不同的状态（对于某些人，由于事先熟悉要谈论的主体，螺旋线往往变得越来越大，而对那些对话题不熟悉的人，螺旋线的扩展就比较有限）。

其他模式描述的传播过程是一种"静止性"，而丹斯则强调了传播的动态性；这个模式中的传播者比其他模式中的更为积极，人在传播时是主动的；这个模式还表明，人在传播时富有创造性并能够储存信息。

赖利夫妇认为在传播过程中传播者和接收者会受到基本群体的影响，赖利夫妇的传播模式不再是孤立地考虑传播过程，大众传播不是发生在真空中的。

该模式揭示了基本群体与参照群体在传播过程中扮演的角色；传播者和接收者被描述为两个互相联系的更大结构的要素；提出大众传播应该被看作各种社会过程中的一个过程，大众传播可以影响周围的社会，也可受周围社会的影响。

马莱兹克的大众传播场模式。德国学者马来兹克1963年在《大众传播心理学》中提出，他从社会心理学角度研究大众传播，将大众传播过程细分为众多因素构成的复杂的社会过程。

该模式提出许多影响传播者和受众的因素，指出大众传播的社会制约性和其中的心理变量，更加全面系统且更具社会性。表明社会传播是一个极其复杂的过程，解释任何一种传播活动都要全面系统地分析，不能轻下结论。

（四）传播的特性

（1）传播具有社会性；

(2) 传播具有普遍性；

(3) 传播具有工具性；

(4) 传播具有共享性（共同有某种观点、知识、新闻，分享某种情感等）；

(5) 传播具有互动性（人与人之间的相互作用、相互行为）。

(五) 影响传播的因素

(1) 传播者素质——既要有健康教育意识，又要有医学知识和技能，还要有收集、制作、传递和处理反馈信息和评价等能力；

(2) 信息因素——科学性、针对性、适用性；

(3) 受传者——根据受众个体差异、群体心理制定传播策略；

(4) 媒介因素——注意媒介选择和综合运用，优势互补；

(5) 环境因素——自然环境、社会环境。

二、媒介中的人类命运共同体的价值体系认知、构建和实践

(一) 人类命运共同体的含义

人类命运共同体旨在追求本国利益时兼顾他国合理关切，在谋求本国发展中促进各国共同发展，追求持久和平、普遍安全、共同繁荣、开放包容、清洁美丽的世界。

(二) 人类命运共同体的国际背景和国内背景

1. 国际背景

(1) 和平发展仍是这个时代的主题。

(2) 虽然和平发展的时代主题没有变，但世界进入了全球化时代，最主要的特点就是各个民族、各个国家之间的相互依赖加深了，形成一个一荣俱荣、一损俱损的局面。

(3) 世界正处于大发展、大变革、大调整时期，国际潮流发生了深刻的变化。

2. 国内背景

(1) 不忘初心、牢记使命。

(2) 中国改革开放和中国特色社会主义建设发展进入一个新时代。

(3) 过去几十年我们强调比较多的是在物质发展领域、经济发展领域对世界的贡献，但随着中国的发展，中国越来越走近世界舞台的中央，距离中华民族伟大复兴宏伟目标的实现越来越接近，中国也应该为世界贡献更多的文化和思想。

(三) 用媒介讲好中国故事

以社交媒体、大数据、VR 为代表的新媒体技术迅猛发展，全面深入地影响当下国际传播格局及未来走向。新形势下，以创新新媒体技术形态、变革国际传播理念、传播新时代中国国家形象、共建人类命运共同体为终极使命的中国国际传播理论探索与实践不断开拓创新。

新媒体时代中国国际传播体系建构与全球传播格局，新媒体环境下中国国际传播理念更迭、战略选择，加强中国价值观和人类命运共同体对外传播，中国外宣媒体实践创新、开启国际传播新时代，成为中国新媒体时代下的国际传播重要主题。

具体而言，国际传播要以提升大国影响力为目标，通过讲好中国故事、建设话语体系、

培养传播人才，使中国道路、中国理论、中国制度和中国文化深入人心，为构建人类命运共同体贡献中国力量。

（四）国家层面的传播

传统的国际传播由于活动规模大、范围广、目标偏向宏观、参与主体偏向泛化，其效果的达成并不那么容易，即使对其传播效果进行评估和掌握，也还没有特别成熟的指标、技术和方法，因此导致国际传播战略的泛化，国际传播效果的无力。

随着媒介技术的发展，新媒体采集、监测和分析技术的发展，大数据理论与实践的日渐成熟，智能媒体的逐渐普及，有望使国际传播效果得到深入的掌握和剖析。一国一策、精准传播成为国际传播的战略选择。

（五）相关案例——李子柒

2019年12月14日，由《中国新闻周刊》主办的"2019年度影响力人物"荣誉盛典在北京举行。

"从2009年开始，《中国新闻周刊》决定用一份推崇理性价值的榜单，来致敬那些有影响力的人。"中国新闻社副社长、副总编辑，中国新闻周刊社社长夏春平在代表主办方致辞时表示，"这份名单来自各行各业，也许会挂一漏万，但是他们汇聚在一起，就是能够引领时代浪潮的中坚力量。"

央视热评："没有热爱就成不了李子柒，没有热爱也看不懂李子柒。外国人看懂了李子柒的热爱，也解释了为何李子柒的很多作品没有翻译却依旧火遍全球。没有一个字夸中国好，但她讲好了中国文化，讲好了中国故事。"

知乎上有个话题，叫"如何评价李子柒"，其中一个高赞回答是：李子柒的海外文化影响力，可以抵得上1 000个CGTN（中国国际电视台）。

无数人在她视频里看到了中国隐士式的田园牧歌，从她的视频中得到安慰，在纷杂的世界里找到一处清凉。

李子柒给我们的启示：

1. 保持积极向上、热爱生活的态度

很多人喜欢她的视频，不是因为她拍的是真实的纪录片，而是拍出了我们心中向往的美好生活，以及对生活热气腾腾的爱。

每一个物件、每一道美食、每一个场景，仿佛都在讲述生活的酸甜苦辣，又在不经意间，让人们感到勤劳、勇敢、友爱、自强、爱护自然等理念，静水深流、沁人心脾。

在她的身上，看不到儿童时代的不幸给她造成的消极影响，我们只看到一个热爱生活、热爱劳动、热衷传播中国文化的美好女子。

因为渴求上进、渴望幸福生活的人，只有一个观念，那就是：我要好好地、快乐地活着，而且要活得有价值。

也有很多人质疑，视频中如诗一般的乡村生活并不是真正的现实，它只是满足了小资青年的田园幻想。

对此，李子柒表示，她从现实生活知识和古代技艺中汲取养分，只是想拍出自己的生活，或者说拍出自己想要的生活。

2. 在学习中创作优质作品

也许有人会问，李子柒在农村生活，为什么却成了火遍全球的"宝藏女孩"？

视频中的她看起来无所不能，不论制作食物，还是田园采摘，李子柒都亲力亲为。一个如此娇小、看起来柔弱的弱女子，可以牵着牛耕地，也可以在田野间收获。她4月会酿枇杷酒，5月又能酿出樱桃酒，7月做出七巧饼，8月做苏式鲜肉月饼。她的第一个视频，是用手机拍摄、手机剪辑的《桃花酒》，成品画质较差，连个特写都拍不清楚。

每一个视频，从拍摄到剪辑，她都需要用上好几天的时间。

但她从没想过放弃，即使在拍视频时肠胃炎发作，疼到全身冒冷汗，最后被朋友送去医院。

《秋千沙发床》的视频点击量很高，成片近5分钟，前后累计拍摄素材2 000余条。劈木材、钉桩等粗重劳动内容屡次造成伤口，甚至左手无名指曾被几十斤重的木桩砸伤，但由于兼顾摄像职责，为了减少相机损耗，她忍痛操作。由于素材过多，手机总是卡住然后闪退，她前前后后剪了5次，用了整整3天的时间，每次快要成功时的闪退都让她接近崩溃。

每次剪好视频在上传后，她才有时间回复朋友们的消息，一开口就把自己吓一跳。那时她才后知后觉，自己已经整整一天没说话、没吃饭、没喝水了。

后来，为了拍摄得更清晰，她买了第一台单反相机，对着说明书一个字一个字地学习。这台单反陪着她上山下河，一言不合还要上树，而遇到了特殊角度，三脚架搞不定的时候，她就把家里的锅碗板凳都请出来帮忙。

3. 树立正确的三观

李子柒在接受采访的时候说，她有些视频一拍要拍八个月，中间许多技能是她后来学的，比如她为了拍这个"活字印刷"，专门花了小半年时间去学，最后才拍出木活字的视频。

所以她的视频不会显得假，很多农活一看就是真的会做农活，她的手漂亮但是放大了看很粗糙。

4. 为了内心的梦想而努力

李子柒是一个平凡普通的人，插秧、种果、修剪花草、打虫……平淡的日子被这位"90后"的姑娘过成了诗画，成了浮躁的现代生活中一片难得的精神净土。

视频中，大多是李子柒一个人干活，但她做完饭之后总会叫奶奶吃饭。祖孙俩共同在桌上吃饭，呈现一幅岁月静好的画面。

很多人说李子柒创造了令人向往的田园生活，也许是因为她呈现了自己最美丽的一面。

谁说乡下生活一定是脏乱差？只要心中有那一份对美好的追求，都可以像李子柒一样去创造精致的生活。

被炒上了热搜后，央视新闻关注此事，并给出评价："没有热爱就成不了李子柒，没有热爱也看不懂李子柒。外国人看懂了李子柒的热爱，也解释了为何李子柒的很多作品没有翻译却依旧火遍全球。没有一个字夸中国好，但她讲好了中国文化，讲好了中国故事。"

李子柒回应道："不敢说我造了谁想象中的生活，我只是拍摄出自己的理想生活。"而现在，她活出了自己理想中的样子，也实现了同龄人没办法拥有的梦想。

【思考】用"5W"模式思考《后浪》的传播。

【练习】

一、选择题

1. 小组讨论，同事、同学、亲友的聚会等都是（　　）。

　　A. 人际传播

　　B. 大众传播

　　C. 群体传播

　　D. 组织传播

2. 拉斯韦尔提出大众传播有三个功能，其中不包括（　　）。

　　A. 环境监视功能

　　B. 社会协调功能

　　C. 社会遗产传承功能

　　D. 重申社会准则功能

二、判断题

3. 当代社会中，影响力最大的是人际传播形式（　　）。

附录答案

1. C　2. D　3. ×

参　考　文　献

陈宏薇. 符号学与文学翻译研究［J］. 外国文学研究，2003（1）：11 – 15，170.

第八章
媒介产品生产能力（生产能力）

第一节 媒介产品生产和校园新闻概述

导语： 媒介技术重塑了高校的校园传播环境，形成以报纸为代表的传统媒体和以微博等社会化媒体为代表的新媒体矩阵，为促进高校校园媒体健康持续发展、塑造良好的文化传播环境需要提高大学生媒介生产能力。本节主要介绍媒介产品生产和校园新闻。

一、媒介产品生产

媒介产品的定义：媒介产品是指媒介根据市场的需求，生产能满足媒介消费者需求的产品和服务。由此看来，从媒介产品的定义出发，其可以延伸为物质产品和精神服务两大分支，这也是我们生产中需要兼顾的两大部分。

媒介产品的特点如下：

（1）媒介产品的劳动性。作为一种产品，拥有产品的一般特质：不论其以什么形式表现出来，如文字、音频、视频，等等，都是凝结了人类劳动的产物。

（2）媒介产品具有价值和使用价值。

媒介产品在市场交换过程中，会满足受众的某些现实需要，比如招聘信息满足人们的求职需要，文化产品满足人们丰富知识的需要等，这就是使用价值；而媒介产品出售获得的直接价值，就是它的价值，如杂志社出售杂志、媒体出售公众注意力等。大学生的媒介生产更多的是关注其使用价值。

（3）媒介产品的特殊之处。

第一，媒介产品的使用价值具有共享性与持久性。共享性是指信息是共享的，可以向一人或多人传播，每位拥有者都不会失去该信息。持久性是指媒介信息的载体作为客观存在的实物，可能会磨损而老化，但信息所具有的相对独立性决定了信息产品本身不会损耗和丧失，信息的消费和使用表现为载体的转化，是会持久存在的。

第二，媒介产品通过"二次售卖"拥有受众和广告客户两级消费者。媒介产品的价值在媒介生产者、受众、广告客户三个环节的流动过程中，经过两次销售之后实现了双重价值。存在少量专门提供信息内容的媒介产品，不搭载广告，如一些纯文学杂志、图片杂志等，这类媒介产品在媒介市场中的比例越来越小。

【案例】比例小不代表意义小，美国《烹饪画报》不刊登广告，只靠发行赚钱。没有浮华的包装使它从来不受广告客户的左右，杂志内容完全由编辑部决定。目前，《烹饪画报》已经跻身《美食家》《食品和酒》等最畅销的杂志之列。真正服务大众的媒介产品，应该将受众放在首位。

第三，媒介产品体现特定的意识形态。媒介产品可以满足人们的精神需求，丰富人们的知识，推动受众形成特定的世界观和价值观。

"新闻是新近发生的事实的报道"——揭示了新闻的本质特征：

其一，是新近发生的，不是十天半个月以前发生的；

其二，是事实，不能虚构，不能编造；

其三，必须报道出去，不报道出去，其他人不知晓，也不叫新闻。

"狗咬人不是新闻，人咬狗才是新闻"，在西方这句话便是新闻定义的"金科玉律"。

例如，一位老农在挖地时挖出一个2 000多年前的陶罐，拿回家洗干净后用来装东西，其他人不知道，这不是新闻。如果有人看见，有记者去采访，写成稿件登了报，大家都知道了，这才叫新闻。

新闻区别于其他文字类型的特点：

新闻首先是事实。（与文学有别）

新闻必须有新近。（与资料、信息有别）

新闻必须当时。（与历史文献有别）

新闻的手法是报道。（与论文有别）

广义的新闻包括：消息、通讯、新闻评论、报告文学、特写、人物专访、新闻调查、深度报道等。

狭义的新闻一般指消息，强调新、短、快、活。

新闻媒介首要目的是提供信息，我们需要通过了解信息的特点，来编写新闻。

信息具有扩缩性：在传播过程中可以压缩也可以扩展。根据这一性质我们常常需要加强容量扩缩（变一次性的终端报道为分阶段报道），加强深度扩缩（进行深度报道）。

信息具有多度性：不同的人对信息有不同的利用。因此在新闻中要加强综合评述。

信息具有组合性：两个及两个以上的信息的有机组合，可以产生出新的信息来。两个不同的信息可能引起人们的联想，以提供新的信息。对于新闻，要考虑不同信息同时出现会产生的效应，同时要加强全方位报道，提供进一步的信息。

信息具有相对性：一部分人认为有价值的信息，对其他人来讲不一定有价值。新闻定位不同，采写的方式也不同。

二、校园新闻概述

校园新闻生产媒体主要是以校报、校广播电视台、校新闻网、校通讯社等为代表的传统媒体和以校官方微博、微信等社会化媒体等为主的新媒体两大阵营。

（一）高校传统媒体的新闻生产特征

1. 生产过程把关严格

高校传统媒体几乎都是由学校主办并直接管理，通过面试与笔试筛选学生责编，并且指派一到两名有经验的老师进行指导，生产内容往往经过"四级审核"，新闻在生产过程中受到了层层严密的把关。

2. 内容具有信息优势

传统校园媒体在许多重大事件上的响应速度会更快，并且也会独占部分内容资源。

3. 内容取材范围狭窄

高校校园媒体以校园师生为主要传播对象，内容从校园生活入手，取材相对狭窄。而高校传统媒体由于自身肩负着构建校园文化的责任，在选题上更为谨慎，取材的范围和思路更为狭窄。

（二）高校新媒体的新闻生产特征

1. 新闻生产主体多元

从论坛、博客到现在入驻微信、微博、抖音、B站，技术门槛的降低，使校园新闻生产主体呈现多元化，越来越多的人通过新媒体的渠道来进行校园新闻生产。同时暴露出了新闻生产主体专业素质参差不齐的现象，这也导致新闻生产内容质量不稳定，谣言也更有可能被传播。因此高校往往设置舆情控制部门，同时会以大数据监督学校相关人员的媒介产品。

2. 新闻报道形式丰富

新媒体对于新闻生产最为直接的冲击就是新闻报道的形式，在新闻报道过程中可以综合运用图文、图表、动漫、音视频等多种形式，实现新闻作品从静态到动态、从一维到多维的升级融合，满足多终端传播和受众多种体验的需求。

3. 传受双方联系密切

一方面，校园新媒体通过社会化媒体平台与用户进行互动，例如发起新闻话题讨论等吸引用户参与到内容创作中来，满足用户的表达欲望，增强用户黏性。

另一方面，受众的相关建议和意见能够有渠道进行实时反馈，校园新闻内容生产者可以获得更为清晰的用户需求，不断改进内容生产，密切传受双方的关系。

校园新闻宣传文本的常用体裁有以下几种：

（1）消息：快捷、准确；时效性强。

例如，《北理工主办2019两岸高等教育高峰论坛》《北京学院成功举办新生篮球赛》。

（2）通讯：人物、事件；时效性弱，特点性强。

例如，《李博：博士毕业，到基层去》《新理念，新机制，建设一流新平台》《分享成长　分享收获——北京学院德育答辩侧记》。

【思考】

1. 校园网上的哪类新闻是你关注得比较多的？为什么？
2. 你是否主动为某次活动撰写过新闻稿件？是否被采用？
3. 你是否考虑过培养自己的这一项技能？是否考虑过未来工作中用到这项技能的可能性？

【练习】
一、选择题
1. 陆定一的新闻定义是（　　）。
A. 新闻是最近产生的报道
B. 新闻是新近报道
C. 新闻是新近发生的事实的报道
D. 新闻是发生事件的报道
2. 新闻自由的核心是保障自由，但又要防止（　　）。
A. 扩大新闻自由
B. 限制新闻自由
C. 滥用新闻自由
D. 侵害新闻自由

二、判断题
3. 我国已经有了成文的新闻法。（　　）

附录答案
1. C　　2. C　　3. ×

第二节　校园新闻报道撰写

引言：媒介产品种类繁多，此处仅以大学生经常见到的校园新闻报道为例，分别阐述其主题、要素和结构、语言、导语、主体、注意事项。

一、新闻报道的主题

不论写什么类型的文章，主题意识都非常重要。新闻主题，指新闻事实所提炼出的主要问题及表明的中心思想，它是贯穿一篇新闻的主导思想、主脑和灵魂，是决定新闻的思想意义和指导作用的根本因素。新闻主题又可称为采访写作的"统兵之帅"。

题目需要反映主题，写作中的主题多有"灵魂""一篇之主""统帅""主旨"等美誉，其作用在于形成自己的价值判断，它作为写作的"聚光点"，具有纲举目张的作用，使写作"成竹在胸"。

新闻是有选择的事实，要想突出主题，就不能面面俱到地去写。文章成败在立意（主题），文以立意为主，立意胜则文胜，在定立主题的时候，我们要深化新闻主题，提高新闻影响力。

要做好校园新闻产品的生产，需要挖掘校园新闻写作素材，突出新闻价值，这就需要做到以下几方面：
（1）熟悉学校有关情况，把握新闻事实；
（2）站在学校宣传导向和受众兴趣的立场上充分挖掘写作素材；
（3）对新闻主体进行深化，兼具新闻的深度与广度。

新闻主题确立的四大原则如下：

（1）从政治的角度，选择能正确引导舆论的新闻主题。

（2）从读者的角度，选择为读者所关注的新闻主题。

（3）从创新的角度，选择富有新意的新闻主题。

（4）根据所掌握的优势材料选择好新闻主题角度。

提炼新闻主题三步走路线：

（1）确立主题；

（2）突出主题；

（3）深化主题。

【案例】丰富多彩的校园文化（表面、形式）

提炼深化：培育出多才多艺的人才

（目的和结果：升华作用）

例：××学校××级××班×××同学在校园自主研发专利事例，可以对当今大学生起到激励作用。

二、校园新闻报道的要素和结构

（一）新闻报道的要素

我们在具体学习校园新闻报道的结构要素之前，先简单了解一下新闻报道的价值要素。

1. 真实性

真实是新闻最重要、最根本的特征。新闻的本源是事实。事实是构成新闻的根本因素，因此新闻报道必须货真价实、言出有据，不能像文学作品那样虚构和夸张。

2. 时新性

新闻是新近事实的报道。真实性与时新性作为新闻的不变要素，几乎每一则成文的新闻都满足这些性质。

3. 重要性

重要性是一项新闻价值的综合指标，其具有涉及面广、影响力大的性质。在衡量和比较新闻的重要性时，通常要考虑以下因素：

（1）现状改变的程度；

（2）受事件影响的人数；

（3）事件的接近程度；

（4）事件的及时程度；

（5）事件的后果和意义；

（6）事件中新闻价值的多样性。

4. 显著性

新闻报道对象（包括人物、团体、地点等）的知名度越高，新闻价值越大。国外新闻界流传一句话：姓名能产生新闻，显赫的姓名能产生重大新闻。名人效应在社会各个领域都存在，在新闻界也不例外。每年好莱坞奥斯卡奖颁奖盛典吸引全球观众收看，电视收视率屡屡创下纪录。即使如芙蓉姐姐、凤姐之类的网络草根红人，有了知名度后也会受人关注。娱乐圈名人靠新闻曝得大名后还要借媒体不断曝光炒作来"保值增值"，媒体也因报道名人而吸引受众关注。

5. 接近性

新闻越具有接近性，越为受众所关注。这种接近性不仅仅是空间性的（在重大国际灾难中寻找中国人、家乡人是一种体现方式），还有受众心理上的、利益上的、文化上的（能在社会类型相似的人群中产生共鸣）等。所谓新闻要接地气，也是受到这一方面的指引。

6. 趣味性

趣味性是在西方新闻界受推崇的新闻价值要素，这种新闻价值观是以引起受众的兴趣为首要目标。但是，这个要素的使用要注意，一定要避免陷入低级趣味。

（二）各类新闻体裁

1. 新闻特写

在校园报道中，比新闻报道要全面一点的是焦点特写（新闻特写），这类报道从题目上看有别于即时性的新闻报道。请看这则新闻特写《教室智慧升级，课堂刮起科技风》，首先题目就非常吸引人，既然是新闻特写，就要有挖掘出这个新闻上的闪光点，并且要在文章中交代清楚背景。在事件报道中要抓住特点和细节，同时也要注意结构，开头要吸引人，利用新闻写作导语的类型和方法，把最抓人眼球的特点亮给读者，媒介上传播的产品篇幅不要过长，同时主题和内容要聚焦，最后在结尾处要有升华，结合大背景和未来发展将文章拔高。

新闻特写报道一件事情的一个亮点，报道整个事件的整个特点，让校园新闻回归宣传，回归新闻价值，用语短小精练，仅需呈现一个工作亮点。在写作时，要重视场景带入、人物发声，让措辞用句带有生动色彩。写作思路方面，要突破新闻层级管理的旧有局限，勇于跨越校园媒体的界限，在吸收已有经验的前提条件下，发掘校园新闻更广阔的内涵。

【案例】《本堂课是全校唯一的媒介素养课程》。

新闻特写的基本结构：

标题；

场景带入，场景描述，人物原声；

新闻事件导语介绍；

新闻亮点当事人发声：第三人称描述变成第一人称的生动表白；

背景意义领导发声：什么人发声，高级专家，专业意见；

总结展望。

2. 人物报道与访谈

人物报道与访谈要找到三个特点，一般用三段式撰写，要在采访和前期资料整理的基础上列好提纲，厘清楚逻辑关系，论据要支撑观点，并且要通过生动的事实和翔实的数据来证实人物本身的一系列特点或某一特点。

逻辑关系：证明，寻找为什么与支撑；

目的：证实人物本身一系列特点或某一特点；

素材：鲜活的故事，避免空谈；

采访："农村包围城市"的做法，先采访周围的人，然后找证据，这个特点是真实存在的，要讲鲜活的故事，不能要求每个采访对象都有传奇的故事，只需要挖掘出生活中平凡而有趣的故事，真实的内容和生动的措辞，自然会带给读者优秀的阅读体验。

3. 新闻通讯类

事件报道需要深入，叙事需要完善与全面，要寻找特点、热点和价值点，代替读者去探究、研究，并有条理地阐明。结尾部分可自由选取开放式或不开放式，根据需求而定。

例如，《校园网络服务中心三个特点：网络，一站式，代替跑腿》。

（三）新闻报道的结构要素

接下来我们从校园消息撰写的结构来剖析，校园消息结构如图8-1所示。

首先，关于起标题主要有两种方式：

如果是简讯和消息类的，要用直接型——"谁干了什么"。

例如，《北理工主办2019两岸高等教育高峰论坛》。

如果是新闻特写型、深度报道型的，一般起显著特点型的标题。

导语部分则要尽量反映新闻的"5W1H"要素。"5W1H"，是新闻事实的主要构成因素，于19世纪80年代由西方新闻界首先提出，即：时间（When）、地点（Where）、人物（Who）、事件（What）、原因（Why）、结果（How），如果把六要素概括成一句话，便是某人（或某组织）在某时某地出于某种原因做了某事出现了某种结果。

一篇新闻报道，无论是消息还是通讯、特写，一般都包含这些要素，但只有消息能让人迅速地抓住"5W1H"中最有新闻价值的部分，并且按照新闻价值的大小，在标题、导语、主体和结尾中依次呈现。消息是新闻传递的轻骑兵，无论它是在报纸媒体上还是在广播、电视媒体实践中，都是现代大众传播中的主力军，是最受大众欢迎的一种文体。

导语完成后，可以根据需要介绍背景，并且在写作中要多换位思考，多考虑作为看到这篇新闻的读者会想知道什么，或者应该先知道什么才能更明白新闻的主旨。

接下来就是描述事件部分，描述过程中要尊重事实，按照顺序，把事件中每一部分的特点都交代清楚。

最后是对新闻的总结，这一部分也是许多学生在平时撰写新闻过程中最容易忽略的部分。如果是一个活动，可以从听众的角度或者业内影响力、对国家和社会的意义等的角度进行表扬肯定，展望一下未来，也可以从参与者的角度谈一下感受。专题报道的三段式结构如图8-2所示。

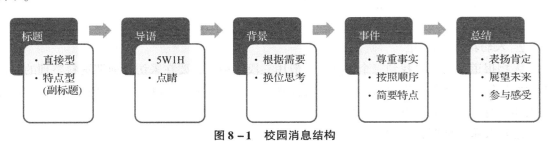

图8-1　校园消息结构

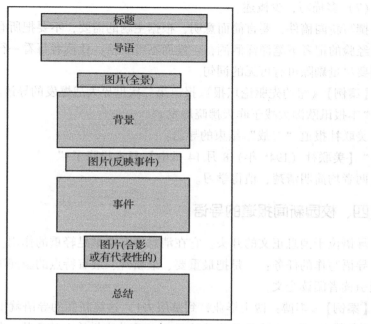

图 8-2 专题报道的三段式结构

三、校园新闻报道的语言

新闻是一种求实的叙述性文体，它不需要像文学作品那样进行长篇的描写抒情、欲言又止、蕴含寓意。新闻用简洁朴实的语言把事件的原委、发展、结果叙述清楚即可。

用简洁的语言准确地反映丰富的事件内涵，是最高境界的新闻，要做到"准确、生动、通俗、简洁"，既不能像文学语言那样虚无缥缈，也不能像科学著作语言那样生硬。力求做到：叙述信息尽量量化；语言要有分寸感；新词使用要讲规范。为此，需要注意以下几点：

（1）多动词，少形容词。

【案例】1978年，邓小平访问泰国。日本记者报道："身材矮小的副总理邓小平，以8亿中国巨人的使者身份，于今天踏上泰国国土。当邓小平步下飞机舱梯时，一群疯狂的记者围了上去，泰国总理用力拨开人群，一把将邓小平从人堆里救了出来。"

这里边的踏、步、拨、救，这几个动词用得特别到位。

（2）多细节，少议论。

（3）多比喻，少笼统。

【案例】阎吾，军事记者第一人，"情景记者"，虽然仅有小学三年级的文化程度，但以干练的文笔著称。1982年10月19日当他报道中国第一枚运载火箭成功发射时，用了很多形象的比喻："突然，从海底传来一声轰响，右前方的海面上冲起几十米高的水柱，像宝塔一样兀立在海上。……乳白色的巨龙，从高大的水柱中飞窜出来。"

（4）多解释，少晦涩。

（5）多白话，少文言。

（6）多具体，少抽象。

（7）多描写，少概述。

撰写新闻稿件，要言简而意明，根据主题的需要，不要把所有事实都塞进句子中，一些缺乏经验的记者下笔洋洋洒洒，一发而不可收拾，让读者每看一行就增加一分困惑，所以写新闻要尽量剔除可有可无的词句。

【案例】《纽约先驱论坛报》报道第二次世界大战爆发的导语：

"本报讯欧洲大战于昨天拂晓爆发。"

美联社报道"二战"结束的导语：

"【美联社（1945年）8月14日电】日本投降了！"

两者均简明清楚，值得学习。

四、校园新闻报道的导语

导语位于消息正文的开头。它在消息中有着举足轻重的作用。写好导语是消息写作的关键。导语写作的任务：一是把最重要、最新鲜、最有特点的新闻事实表现出来；二是想方设法吸引读者阅读全文。

【案例】《李博：博士毕业，到基层去！》这篇新闻的导语就十分抓人：

"年薪40万，东南沿海发达地区……面对这样诱人的条件，你会如何选择？

"2019年夏天，北京理工大学机械工程博士毕业生李博给出了不一样的答案——放弃东南部沿海大型企业的40万年薪就业机会，回到家乡广西，投身基层，成为一名选调生。"

这则导语不仅抓住事情的核心，而且能吸引读者看下去，像这样的导语就完成了导语的三项使命：

一语概要，以精练的笔墨反映出新闻的要点和价值，使读者一见即知此消息主要传递的是何信息。

一语引众，道出读者最感兴趣的部分，唤起读者的注意，最大限度地激发读者的阅读兴趣。

一语定意，为整篇新闻报道定下基调，体现鲜明的特点。

之前我们讲到新闻的5W1H，导语中需要尽量包含这些要素，可以根据内容所需给这些要素以不同的侧重点，也可以根据内容需要不把这些要素全部在一段导语中讲完。

导语的主要类型根据技巧来划分，可以分为叙事型导语、描述型导语、评述型导语、引导型导语、对比式导语、设问式导语、悬念式导语、个案式导语、单一式导语和复合式导语。其中悬念式导语又可以分为利益相关法、掩藏要素法和反常现象法。

导语写作的主要要求：

实——事实、朴实：一是要做到一头扎在事实里，实事求是；二是态度要朴实、扎实、踏实。

简——几十字概述：要用简洁的文字概括新闻主要事实，主体可详尽，导语重简要。

【案例】美国总统遇刺时的新闻报道：

报道1："今晚大约9时半，在福特剧场，当总统正同林肯夫人、哈里斯夫人和罗思本少校同在私人包厢中看戏的时候，有个凶手突然闯进包厢，向总统开了一枪。"

——1865年4月15日《纽约先驱报》

报道2:"肯尼迪总统今天遭枪击身亡。"

——1963年11月22日《纽约时报》

活——讲究艺术,产生活力和吸引力:生动、形象、具体地概括新闻的主要事实。

【案例】《新华日报》报道:

"解放前夕物价沪米价每担已越百万元大关,草纸每刀(90张),1800元。假如大便后用钞票,是不是比用草纸还划算?"

2011年中国好新闻奖评选,其中一篇以北京五个月干旱、大年初一降雪为背景,写出优秀导语:

"首都今天春雪飞扬。"(实、简、活)

新闻导语的写作方法如下:

(1)概括全篇,精练传达信息。在通常情况下,导语都要对全篇消息的内容进行精练的概括。受众只要读完导语,就能大致了解全篇报道的内容。

(2)展示亮点,妙语惊人。消息的导语,应当有自己的亮点,致力于发现新闻事实本身的亮点。

(3)设置悬念,激起阅读兴趣。也有一部分消息导语,并不采用读此一段、全篇了然的方法写成,而是在受众最感兴趣的地方设置悬念,形成"卖关子"之势,所走的是与在开首处将精华全盘托出相反的路,常常能收到意想不到的效果。

(4)变换套路,借鉴散文优点。在新闻写作领域,有人进行过散文化的倡导和实践。这有利于增强新闻作品的可读性。散文化的写作体现在消息导语上,那就是自由发挥、不受约束,作者采用自己认为有利于牢牢吸引受众和生动地表现新闻事实的写法。

(5)一语道明、一语破的(开门见山)。例如,1945年8月14日,美国杜鲁门总统宣布,日本已无条件投降。美联社在抢发这条爆炸性的新闻时,导语干脆利落:"日本投降了!"这条短而有千钧之力的导语,当时就被新闻界公认为"最佳导语"。

(6)数字对比法。数字是枯燥的,但数字是最有说服力的。把新闻中的主要数字或读者关注的数字,巧妙地运用到新闻导语中,回答读者的问题,就能提高新闻的价值,给读者留下难忘的印象。

(7)巧用背景法。若在导语中巧妙地运用背景材料,导语就会有"脸面",就会"满堂生辉"。例如,1994年10月19日,《人民日报》刊登了一篇笔者采写的关于"永州养蛇"的消息,导语就是以背景材料取胜的。

导语易出的问题如下:

(1)空泛,言之无物。例如,促进了……发展;取得一定成果;获得……好评。

(2)冗长,繁杂。主次不分,堆砌素材。

注意事项:

(1)单位名称、专门名词不能多,否则就冲淡了主题;

(2)人名、头衔不能多;

(3)事实线条不能多(抓中心),少写附属事实和细节;

(4) 不要堆满数字；

(5) "W" 过于全面。

五、校园新闻报道的主体

新闻主体是导语之后对新闻内容做进一步叙述、深化或说明的部分，可以说是新闻报道的"血肉"。"血肉"丰满，则新闻报道显得光彩照人。

新闻主体具有三项使命：

一是具体展示。对于标题和导语所涉及的新闻事实具体展示，进一步提供有关细节和新闻背景材料，使读者对新闻事件有更清楚更具体的了解。

二是补充延伸。对标题和导语所涉及的新闻事实加以必要的补充和延伸。导语只突出最新鲜、最重要的新闻事实，在新闻主体部分往往要补充导语中未涉及的新闻内容，使新闻要素得以完备。

三是深化阐释。对标题和导语的内容，既深化又阐释，使读者对新闻事件有更深刻的了解。

新闻主体的三种写法：

（一）倒金字塔式

此种方法的主体部分根据导语及新闻价值要素来组织材料，主体对导语起着解释、说明和补充的作用，材料按照价值重要性大小逐层展开。

【案例】"北理工1号"卫星发射成功

7月25日下午13：00，"北理工1号"卫星搭乘星际荣耀公司的"双曲线1号"火箭在中国酒泉卫星发射中心成功发射，进入距地面300千米的地球轨道，一个半小时后，卫星成功传回信号，标志着由北京理工大学研制的第一颗卫星发射成功，在浩瀚宇宙中自此有了一颗来自北理工的科学之星。

"北理工1号"卫星，代号为BP-1B，是由北京理工大学作为总体研制单位，与兰州空间技术物理研究所联合研制。作为北理工新技术验证系列卫星的第一颗，该卫星直径为500 mm，质量为3 kg，发射轨道高度300 km，倾角为42.7°（与载人飞船轨道倾角一致）。

作为一颗科学技术验证微型卫星，在稀薄大气作用下，这颗卫星的轨道寿命为7～10天。在本次发射任务中，"北理工1号"卫星将完成两项具有创新性的科研验证任务：帆球技术和新型空间电台技术。

值得一提的是，这是国内第一次在太空发射任务中使用和验证空间帆球技术。帆球技术及基于帆球的柔性轻型航天器技术，是将柔性材质的航天材料以折叠方式存放于卫星舱内，当卫星正常入轨之后，释放柔性材料并展开膨胀成为球状，球状结构的体积大于卫星数倍，如同为卫星展开一面"风帆"。

在空间中展开的帆球，可以作为卫星的太阳能电池板，未来也可以作为卫星通信的大型天线。相较于传统卫星的太阳能电池板和天线，帆球技术具有质量轻、体积小的优势，也将有效地减轻航天器电池阵质量，是未来卫星技术的发展趋势。

帆球概念由长期开展深空探测研究的北京理工大学首先提出，并进行了大量设计和分析工作，同时积极探索与其他柔性技术的结合设计，与航天五院510所联合研制。北理工及其合作伙伴目前已经在柔性薄膜球体展开技术、柔性电池片技术、柔性电缆技术等帆球技术和空间应用领域取得突破，这些都将在本次发射任务中进行验证。未来，帆球技术将直接服务于小天体探测等深空探测任务。

除此之外，在本次发射任务中，"北理工1号"卫星还将验证帆球镀铝表面和非镀铝表面的太阳光压反射特性，以用于低轨空间碎片减缓研究和大气密度模型反演等。国家天文台和北京天文馆作为项目合作单位，将开展空间碎片减缓研究和天文摄星活动。

"北理工1号"卫星上搭载的新型空间电台也将向全世界业余无线电爱好者提供卫星信标和通联平台，无线电频率为UV频段，上行145MHz，下行435MHz，北理工等高校大学生将参与发射后的无线电通信实践。

在"北理工1号"卫星研制和发射成功的背后，离不开一支常年在我国深空探测领域深耕的优秀团队，这就是北京理工大学深空探测技术研究所，该研究所于2009年成立，是北理工面向深空探测领域的研究机构，建设有工信部"深空自主导航与控制"重点实验室。主要研究方向有深空探测自主任务规划技术、深空探测自主导航与控制技术、深空探测轨道设计与优化技术、深空探测分布式仿真与演示验证技术。

北京理工大学深空探测技术研究所参与了我国月球、火星及小行星探测等重大深空探测工程，承担国家973、863、国家自然科学基金、民用航天预研和国防基础科研等课题，并负责组织国际宇航科学院（IAA）"小天体防御策略与可行性分析"国际合作项目的研究工作。

在学校面向"双一流"建设的背景下，研究所也处于快速发展时期，已获得国家科技进步二等奖一项以及多项省部级奖项，拥有"深空自主导航与控制"工信部重点实验室、小行星探测技术联合实验室、小天体探测与防御实验室。在小卫星自主管理技术成功在轨飞行试验的基础上，正在积极推进首个"小卫星搭载探测小行星"任务。

在喜迎新中国成立70周年和迎接建校80周年的背景下，北京理工大学第一颗卫星"北理工1号"的成功发射，是在学校"双一流"建设的大背景下，坚持"强地、扬信、拓天"的学科特色发展路径，取得的重要科技成果。充分体现了北理工师生传承红色基因，坚持服务国家重大战略需求，瞄准世界科技前沿，攻坚克难，团结协作，精益求精，勇攀高峰的卓越精神。

这是一则典型的倒金字塔形结构的新闻，第一段导语交代了何时何地何事何要素，突出了事件的显著性。

第二段开始介绍"北理工1号"的研制者。

第三段介绍了它承载的使命。

第四段介绍它的技术含量。

第五段介绍这个技术在未来应用中的贡献。

第六段介绍这个概念的首次提出者北京理工大学在此领域的贡献度。

第七段介绍本次发射任务承载的科研价值。

第八段介绍搭载的空间电台对业余爱好者开展活动的实践价值。

第九段开始介绍研制背后的科研团队。

第十段介绍这个科研团队除此之外在高新技术领域的其他作为。

第十一段介绍北京理工大学"双一流"建设背景下该科研团队未来的发展展望。

最后一段上升到北京理工大学在国家战略发展和学校历史和现实的背景之下，对未来的展望。

（二）时间顺序式

时间顺序式即主体以时间为线索展开材料，适合于事件新闻报道、动态新闻报道等。有两种形式，一种是展示事件进程中重要的时间节点，体现事件发生、发展、高潮、结局的演变过程；另外一种是没有明显的时间节点，但整个进程依然是以时间为顺序的。

例如，《北理工关工委举办"颂歌献给党，喜迎十九大"青老诗歌朗诵会》。

在校园的普通新闻中，围绕某一个单一事件或者单一活动展开的新闻大多是按照时间顺序来的。但是切忌将事件记为流水账，要在把握事件顺序的过程中突出主题和重点，尤其要记得在导语中点明关键要素，在记录完成后要点明主旨、点出效果或者做出展望。

（三）逻辑顺序式

这种材料组织方式，按照事实的内部联系或问题的逻辑关系来组织材料，逻辑顺序通常有四种；各材料间是因果关系的，可以先写因，也可以先写果；各材料间是递进关系的，要层层深入；各材料间是主从关系的，主在前，从在后；各材料是平行关系的，各材料平行排列，材料没有主次，顺序可以随意调整。

例如，《德学志·理工情·报国梦——北京理工大学成功举办2019年徐特立科学营》。

这个例子是逻辑顺序中的平行结构，这几点是描述这次活动的内容和成效，是平行并列的关系。

当然，文无定法，主题写作上，除了三种基本结构外，还有其他的方式，比如空间式——按照空间顺序组织材料；时空穿插式——过去和现在发生的场景或事件进行穿插叙述；亲历式——以记者活动为线索，记录所见所闻。

写作主体部分的具体要求如下：

(1) 线索清楚，层次分明；

(2) 以叙述为主，用事实说话；

(3) 通俗易懂，生动耐看。

新闻主体语言要做到以下几点：

(1) 语言要具体，不能啰唆；

(2) 宁要短的，不要长的；

(3) 宁要通俗的，不要花哨的；

(4) 宁要具体的，不要抽象的。

新闻宣传微观意识：

(1) 消息——准确、及时；

(2) 通讯——正确、特色；

(3) 有备而来，"预见未来"；

(4）换位思考——替读者探究；
(5）政治素养，丰富古今。

六、校园各类报道的注意事项

（一）校园新闻宣传之锤炼内容

若想提升校园新闻报道写作的能力，需要广泛的阅读，学习模仿其他优秀报道的结构。但要注意的是，可以学习结构，不要照抄内容。

在撰写校园新闻报道时，可以将离自己最近、与自己关系最近和对自己有帮助的媒体作为学习渠道，比如通过以下校级宣传平台进行学习：

（1）校报：全校唯一国家批准新闻刊物半月刊纸质存档。

刊载在校报上可以算作正式出版，经过层层选编后，能够刊载的都是校园报道的佼佼者。初出茅庐的大学生可以多阅读校报，学习前辈们的写作方式，当需要报道一些一年一度的活动时，不妨找来往期报道，提炼出关键，锻炼自己的写作能力。

（2）电视台：校电视台负责全校重大活动、重要事件的视频采集、视频发布。

（3）新闻网：全校日常新闻发布枢纽之地。

（4）官方新媒体：两微一抖，官微矩阵。

学生在实践中学习从模仿开始，日积月累，最终炉火纯青。

校园中的各类媒介产品的生产都不是一蹴而就的，如果是自己的心得，需要认真地思考提炼；如果是关于别人或者事件的报道，首先要去主动深入了解，这个部分的工作可能是最耗时耗力的，如果没有做好准备工作，很可能事倍功半，甚至无功而返，所以媒介产品的生产一定要把调查研究了解真相放在第一位。

采访要注意以下四点：

（1）列好采访提纲（根据文章结构想采访点）；

（2）现场随机应变；

（3）留下联系方式；

（4）成稿后的反馈。

采访阶段学韩信用兵，以十当一，多多益善；

写作阶段学孙子用兵，以一当十，以少胜多。

采访前准备工作很重要：

新闻材料的组织从采访准备过程中开始。

按照新闻主题要求组织材料。

重点新闻材料要翔实、细节化。

新闻背景材料通过多种渠道获得。

采访中还要善用活用录音笔、手机、照相机等各种工具。现在许多校园网站上的报道都是借助多个媒介而产生的立体化报道，如新闻报道、视频报道、校园公微推送等。现在很多记者都是集采、写、编、摄影摄像于一体的多栖型记者，当代大学生对媒介信息接触较多，善于学习，不妨平时在班级中承担一些新闻宣传工作，多学习一些相关技能。

若想写好一篇内容丰富、有水平有深度的好报道,需要做到叙事要完善与全面,并寻找新闻的特点、热点和价值点。而在大部分此类报道的写作中,寻找特点通常是难点,如何寻找特点,需要在实践中不断摸索。

一为比。比最能体现主题及特色。

二为小。不贪大求全、面面俱到。

三为异。独创,标新立异。

比如写一个人,材料可写成这个人兢兢业业,任劳任怨,一心扑在工作上。新闻却不能这样写,必须用事实说话,用典型事例或形象语言来说明。所以在写新闻的时候一定要注意写得形象生动,以事动人,以情感人,文章要代替读者探究、研究,并要有条理地说明内容。

(二)校园新闻宣传之摄影概要

新闻中除了文字,还有图片,尤其是现在在公众号阅读中,我们能够通过海量的图片更直观形象地去了解新闻事件的全貌,所以作为大学生,我们要有意识地提高自己的摄影水平,在这个自拍加美图盛行的年代,我们为了让自己在照片里更加好看,也要努力提高自己的摄影水平。

摄影方面的建议:

(1)相机手机都可以——目标明确最关键;

(2)每次活动不多照——图片说话配文字;

(3)图片拍摄分两类——工作过程与资料;

(4)图片存储有秩序——时间顺序有规范;

(5)照相关键:注意构图平衡;

(6)要将图片与内容紧密结合起来,做到最终成品图文并茂。

在一次活动中充当摄影记者,首先要目标明确,要有新闻意识,清楚这篇报道最后记者可能会怎么写,为了配合文字内容,我们应该拍摄哪些角度和类型的图片。根据不同类型的新闻,要求也略有不同:

1. 会议类型

全景一张:带会标。

观众一张:刚开始观众状态最好的时候。

谁说话谁一张(关键人物保证特写):拍特写,主讲人半身加 PPT,最好是有标题的 PPT。

重要动作一张(对话、交流、发奖)。

合影一张。

2. 活动类型

全景一张——团队与环境。

具体环节——小景别与团队。

成员的调研、访问、采访、交流具体动作场景:最好的照片,几个学生围着一个老年人,学生背心上有印字。

实践调研对象特写——景物、动植物、人物的特点。

在拍摄中，每次活动不用多照，有能够配上文字的图片就好。此外，新闻图片虽然忌讳拼图，但是对照片一定要做一些处理，根据网站对照片尺寸和像素的要求设置一下大小，调整一下效果，剪切一下无关内容，拼合一下图片。

不要把照片插入 Word 中，不仅费时费力，而且不利于网站或者公众号编辑，所以尽量在文字中注明一下，然后直接发原版图片比较好。

其实现在常用的智能手机无论是效果还是像素都可以在一定程度上取代照相机，所以每个学生都能够在任何一个新闻事件中充当摄影记者，关键在于积极尝试。

（三）校园新闻宣传之新媒体

北京理工大学的公众号做得非常成功，各个学院、各个社团甚至很多班级都有自己的公众号，大学生是这些公众号编辑采写的主体，下一章将会和大家讨论新媒体传播的一些内容，本节关于校园网的各类报道向大家简要地介绍一下。

首先作为媒介发声新人，我们需要注意几点：

一是把握正确方向：自媒体是自己掌握的面向社会的媒体端，接受社会和相关组织的监控；

二是精准自身定位；

三是符合个人能力：不做超过自己能力的媒体创作；

四是牢记言论有责，坚守法律、道德底线，弘扬正能量。

新媒体报道须知：

（1）定位必须鲜明：一定要以受众为中心。

（2）标题很重要：善用发问，悬念，展开联想。

（3）内容为王，贴近受众。

要四处奔走，广泛联络，获取权威内容；基于目的主动策划；语言灵活，但要前后连贯（比如采用问答的形式）；版式设计，不要喧宾夺主；多媒体融合提高体验感；借势而发；制作精良。

微信推送的标题非常重要，大家可以学习学校官微推送的各种标题格式（见图 8-3）。

（四）校园新闻宣传视频概要

短视频实践步骤大致如下：

（1）写好脚本，这是第一步也是最重要的一步，准备好一篇文字稿——以大约 220 字/分钟的体量为优。

（2）最好成立一个团队，分工协作，编制工作任务单，便于进度跟进和计划变动。

（3）根据脚本寻找和拍摄素材，素材任务单和拍摄脚本不可少；录制音频文件时，要注意它是图像剪辑的线索；拍照时，在同位置再录制几十秒视频即可，若想让图像生动，要善用推拉摇移跟甩的拍摄方法。

（4）对素材进行整理，排序并且罗列，具体到每分每秒，同时注意音画同步，并为视频片段、图片配旁白。

图 8-3　北京理工大学官微

（5）进行视频编辑，善用会声会影、威力导演、moviemaker 等视频软件，这些软件方便好学，便于上手。

（6）查找问题，配音，配字幕。

在录制视频时要注意：视频拍片段，图片拍关键，图像是语言，文字是主线。

影像器材：

摄像机——家用高清；

照相机——单反、卡片（摄影摄像，快门 1/50）；

运动相机——gopro，小蚁等（无人机）；

手机——手机拍视频最方便；

若想画面稳定，需要三脚架与三轴固定。

摄影摄像设备的普及，凸显出声音采集的重要，可以考虑采购专业与业余均有的指向性话筒。专业设备如图 8-4 所示。

图 8-4　专业设备

【小结】

校园新闻报道——先摆结构，后究文字；

校园消息报道——掌握五段式——传递信息；

少用定语、状语、形容词，不能有主观用语，这样才能让报道更加客观真实；

校园通讯报道——掌握结构——突出特点，生动讲述内容；

找亮点：捕捉新闻价值；

打引号：引用人物原话；

讲故事：引入具体事例。

【思考】寻找身边的新闻，试着用倒金字塔的方式写一篇消息。

【练习】

一、选择题

1. 消息的特点是（　　）。

A. 一事一报

B. 具有文学性

C. 及时迅速

D. 通常包含"5W"因素，如果其中一个因素没有收集到可以合理想象

二、判断题

2. 假新闻也是新闻。（　　）

附录答案

1. AC　　2. ×

参 考 文 献

[1] 黄信鹏. 我国高校校园媒体的新闻生产研究 [J]. 今传媒，2019，27（4）：87–89.

[3] 丁柏铨. 新闻文体写作规律初探 [J]. 江苏社会科学，1998（1）：133–139.

第九章
媒介传播与责任担当（传播能力）

第一节 大学生在媒介传播中的责任担当

引言：新型媒体发展，在拟态环境中，受众角色发生了质的变化，从被动接受信息，到积极利用各种网络自媒体进行信息发布，每个人都拥有了在网络上发言的权利。千千万万个意见流可以汇聚成网络舆论的洪流，身处网络洪流，辨明是非，掌握传播技巧，正确发声，提升自媒体传播素养是每个大学生都应该具备的基本能力。本节主要介绍大学生在媒介传播中的责任与担当。

一、大学生在媒介传播中的担当

互联网连接起每一台电脑，使网络终端的每个人都拥有网络的一切资源，也使每个人都成为无法分割的网络世界的主体元素。互联网唤醒了人的主体性，"人人意识"使整个社会进入了个人崛起的时代，"创客"与"创客空间"发展壮大；在网络空间用户生产的原创内容源源不断，无限长尾。互联网使得每一个人都可能是个人命运的直接掌控者，是个人价值的直接创造者。同时，网络社交平台的超功能也激活了人与人之间的双向或多向互动，个人和个人力量的汇聚释放出以往不曾有过的创造力与"人人价值"。通过自发性的群体智慧创造，人们更容易找到自我价值实现的途径。互联网使作为个体的每一个人都拥有了前所未有的媒介权益，集中体现在三个方面：

赋权：网络的技术性"赋权"使每个人拥有了让自己的声音影响世界的权利；

态度：人们在网上拥有更开放、更有想象力的人生，塑造出个体的媒介态度；

个性：在一个自由时空中的人们回归人的主体性，造就出草根型传播明星。

互联网驱动了人类的无限创新，大学生是这个创新群体的佼佼者。"无限创新"具有至少三个方面的意指：

其一，任何人都可以无身份、无牌照、无机构、无资金等，即无任何限制条件地通过网络平台发布自己感兴趣的创新成果，或直接承担"众包"类的客户需求；

其二，在网络公共平台上的众人，通过聚合各自的想法和创意，以无限整合和群体延续的方式不断优化和实施创新方案；

其三，创新的价值由于没有匹配的需求而被束之高阁，而互联网平台让需求者找到所求，使创新成果找到有意义的归宿，解决了公司或机构内部解决不了的问题。

无限创新为行业外或机构外的任何人都提供了参与产品项目改革创新的机会。

2004年宝洁公司的几个年轻人提议：在"品客"薯片上印制图案来刺激消费兴趣。这一建议得到了公司高层的认可。但是怎样能把图案印到薯片上？向人类提供了3万多种产品、拥有2 900项专利的宝洁公司被这个小问题持久地困住了，当宝洁公司的CEO把困扰图案薯片的难题发到网上，难题便迎刃而解：意大利博洛尼亚大学的一位教授早就发明了可食用的喷涂墨汁。于是，图案薯片风行天下，宝洁也止住了业绩下滑。目前，在150万编外研发队伍面前，宝洁公司内部的28个技术中心、9 000位科研人员显得微不足道，依靠互联网上的这个群体，宝洁的研发能力提高了60%。互联网上的每一个终端都意味着一个活生生的富有思维创造力的个体，这些人的自组织形式，形成了汇合个性潜能的创新机制，为人类社会消费品的智慧创造和人们的创业人生铺设了管道。

媒介传播中大学生的担当主要有四个方面：首先是合规合法，一切媒介的传播都要在合法框架中进行；二是能力构建，媒介传播实际操作性极强，因此在传播中要求实用性能高，真实有效地进行相关内容传播；三是创新创造，媒介在近年来更新换代的速度极快，因而要不断提升自我使用新媒介的能力；四是从思维格局上看，移动媒体的发展，使得人人都可以成为自媒体，成为信息传播的源头，因而在媒介传播中大学生要主动承担起社会正能量的群体担当。

大学生要在媒介中承担自己的义务，担当起自己的责任，那么就要提高创新欲望，培养探索问题的敏感性，养成自主批判思考的习惯，利用多种渠道搜索信息，学习创新实践中需要的理论知识，将所得知识系统化体系化，最后批判吸收信息，融会贯通，化知为智。

随着互联网技术和移动终端的普及，利用媒介搜集、使用信息的势头更盛，如何更好地使用媒介信息，在媒介中培养创新创造能力，满足各个创新实践提出的能力要求，已成为当代大学生最为紧迫的任务。大学生在大学校园里要积极培养自己的创新创造能力。

一切创新的内容都来源于社会生活，来源于社会需求。大学生在大学期间会得到许多机会，参与创新实践是我们找到创新目标、提升创新能力的极佳选择。常见的创新大赛有以下几个：

中国互联网+大学生创新创业大赛；

创青春全国大学生创业大赛；

汇新杯新兴科技+互联网创新大赛；

挑战杯大学生创业大赛；

大学生创新创业训练计划项目。

可以说适合大学生参与的创新实践非常多，这些创新大赛不但给当代大学生提供了探索世界奥秘的机会，也为其搭建了创造人生价值的极好平台。

二、大学生在媒介传播中的责任

（一）媒介传播中的底线意识

作为媒介传播者，应当守牢、守好底线，包括但不限于：法律法规底线、社会主义制度底线、国家利益底线、公民合法权益底线、社会公共秩序底线、道德风尚底线、信息真实性底线。

（二）媒介传播中的守护意识

守护信息："上网不涉密，涉密不上网"；

守护财物：防止网络诈骗、校园贷陷阱等；

守护人身：不轻易相信网络，绝不和陌生人见面；

守护隐私：在网络上保护自己的隐私，也绝不传播别人的隐私。

（三）媒介传播中的防备意识

防备意识与媒介信息甄别、媒介守法有相似之处，但往往容易被忽略。很多人在媒介中防备意识相对缺乏，即使没有触及法律，没有危及自己的切身利益，却错误地关注或者相信谣言，给自己心理上带来了冲击。所以，在媒介传播中，我们作为受众要牢固树立防备意识，作为传播者，更要提高这种意识，避免自己被不法分子利用。

【案例】A 大学 BBS 论坛上突然出现一个帖子，声称近期学校通往某教学楼的通道中常出现一个黑衣男子，连续骚扰过往的女学生，并有暴露裸体等猥亵行为。该帖子一经发布，迅速得到了大量关注，上升为热门帖。众多校园新媒体账号纷纷转载，在学生的微信朋友圈、微信群中迅速传播，引发学生的恐慌情绪。有学生向学校保卫部门电话求证。学校宣传部门发现后，也迅速联系学校保卫部门。保卫部门调取涉事路段近半个月的监控视频，证实该帖系谣言。宣传部门迅速对其进行了删帖处理，并另行开置顶帖向学生解释真相。学校保卫部门则通过校园网、微信公众号等途径澄清该事件，并公开了所涉及地段的监控录像。后经查证，该帖系校外人员盗取学生账号发布的谣言，学校遂向公安机关报案。

本案例是一起典型的网络造谣案件，网络造谣是一种新型的造谣方式，是指利用互联网作为媒介捏造事实并进行传播。与传统谣言相比，网络谣言借助媒介传播迅速而广泛，其后果难以预料，易诱发紧张的社会气氛，影响社会秩序的稳定甚至危及国家安全。本案例中，这则由 BBS 帖子产生的谣言迅速引发师生广泛关注，并造成了学生尤其是女生的恐慌情绪。

在当前频发的校园网络谣言事件中，在校大学生编造传播谣言的情况也不少见。《普通高等学校学生管理规定》明确要求大学生不得编造或者传播虚假、有害信息。《高等学校学生行为准则》要求大学生文明使用网络。大学生因缺乏法律意识，把编造虚假信息当玩笑，会给自己带来严重后果。对于造谣者，学校有权根据《普通高等学校学生管理规定》给予其纪律处分；后果严重者，追究其行政乃至刑事责任。

此外，在本案例中还需关注的是，经学校查证，涉事的 BBS 帖子的内容系谣言做出澄清后，各类校园公众号等新媒体、微信群和个人微信微博号也应及时删除涉及谣言的相关微信推送或微博，不得在明知其为谣言的情况下，继续传播，否则根据《互联网群组信息服务管理规定》与《互联网用户公众账号信息服务管理规定》给予纪律处分，也将作为"传谣者"承担相应法律责任。

(四）媒介传播中的自律意识

1. 对发表网络言论的自律

基于网络本身隐匿性、随意性和快速传播等特点，网络言论更容易失范，且危害性极大，难以消除。大学生正义感强、有想法，但欠缺一定的社会阅历，部分学生还缺乏辨别是非的能力，因此极易受到网络虚假信息、不实不当言论的影响，非理性地对待网络言论中的人或事。大学生网络言论失范是指大学生在参与网络舆论的过程中，其言论因包含虚假信息，或具有侮辱性内容，或含有不当的政治倾向等，违反社会道德规范或法律规范。

根据大学生网络言论失范行为的危害程度，分为一般网络言论失范行为、网络言论违法行为。

（1）一般网络失范行为，比如在微信朋友圈抨击他人或者散布不实言论，但并未造成严重后果，学校会了解具体情况后，根据立德树人原则，以批评教育为主、惩罚为辅；但如果其通过网络捏造或者歪曲事实、故意散布谣言，扰乱了校园秩序，造成了一定的危害后果，违反校规校纪，则应当以教育与惩戒相结合的方式，给予一定处分。

（2）网络言论违法，是指大学生因为网络言论违反了相关的法律法规，主要是网络诽谤、网络谣言和人肉搜索三类。

网络诽谤客观表现为，在互联网上通过电子邮件，或者在微信、微博、论坛等网络平台上捏造并发布虚构的事实，对他人进行中伤、污蔑的行为。网络诽谤一旦构成民事侵权，一般侵犯他人的名誉权、荣誉权等人身权利。

网络谣言是一种新型的造谣方式，网络谣言不是刑法上的具体罪名，其具体是指利用互联网作为媒介捏造事实并进行传播，不同于传统造谣，互联网的特性导致谣言得以迅速而广泛的传播，造成紧张的社会气氛，影响社会秩序的稳定甚至危及国家安全。

人肉搜索是对网民在网络上进行信息交流的形象概括，是指对特定人的个人信息的获得。人肉搜索最直接侵害的是被搜索人的隐私权，而且人肉搜索往往伴随着网络暴力，对被搜索人的名誉权等人身权利会造成侵害，可以构成民事侵权，甚至构成犯罪。

2. 对学术道德规范的自律

通过网络进行学习和娱乐已经成为现在大学生最为习惯的方式，在通过网络获取学习资源和娱乐资源的过程中，部分大学生因为法律意识淡薄或者为了牟利等，可能会侵犯他人的知识产权。

根据《中华人民共和国民法通则》的规定，知识产权包括著作权、专利权、商标权、发现权、发明权和其他科技成果权。如未经著作权人的同意，擅自从网上下载著作权人的作品并盈利，这主要表现在"在线盗版"。所谓在线盗版，具体是指在网络上复制和发行盗版软件，非法下载音乐、文学作品等现象。另外还有未经权利人许可，擅自将著作权人的作品传输上网，这主要表现在有的大学生将老师上课用的讲义、PPT等拷贝，为了方便资源共享、学习交流，擅自将其传至网上。老师对原创性的课件享有知识产权，学生私自将其上传网站，可能侵犯老师的信息网络传播权和发表权。

另外就是学校对本校的名称、简称、标识等享有知识产权，任何机构和个人未经许可不得使用，本校学生也不例外。所以学生在注册个人公众号的过程中或者对外传播时，如果是代表个人，就需要注意此方面的问题，避免为学校带来不必要的麻烦，卷入不必要的舆情事件中。

3. 对网络运行安全的自律

有少数大学生因主修计算机相关专业或出于兴趣努力钻研而成为网络技术高手，他们掌握了较高的网络技术，出于炫耀、报复、牟利等心理，制造或传播网络病毒，严重威胁网络运行安全。

学校的网络系统是大学生最常入侵的网络系统，伴随着网络技术的不断完善和发展，各高校建立了自己的校园网络。校园网络建立和发展的同时，校园网的安全问题也日益凸显，最近几年，多次出现学生利用自身掌握的网络技术，入侵校园网系统的恶性事件，其中最容易成为学生入侵目标的则是高校的教务系统，究其原因，是学生因为成绩不及格或者为了参评奖学金，入侵教务系统篡改成绩。

（五）媒介传播中的首善意识

网络平台将具有相同想法的人聚合起来，这种无组织的自组织更能凝聚共识，在一个能够释放心灵的语境中，人们最容易表达善良本质，焕发真实情感的力量。当信息和沟通突破了时空阻隔时将会产生一种神奇的力量，使自组织型社会结构创造出最佳效益——简约的目标，只为解决问题。我们应当善用这份力量，去传播善与爱。

【思考】网上的虚假信息被专业媒体直接转载或改写引用，以官媒的公信力为之"背书"，以假乱真，这是当前虚假新闻的重灾区。作为受众我们应如何分辨假新闻？

【练习】

一、选择题

1. 所谓媒介素养，具体涉及（　　　　）等。

A. 理解媒介的运行机制与基本特征

B. 理解信息与媒介的关系

C. 合理评价媒介所传递的内容

D. 反思和规范自己的媒介行为

2. 某媒体派人在道路中间丢下一个钱包，让记者和摄像人员躲在路边树丛中，观察捡拾者的举动，然后上前采访，并制作成新闻。这样的现象属于（　　　　）。

A. 假新闻

B. 假事件

C. 策划事件

D. 新闻策划

二、判断题

3. 我们只需要有关部门有效监管和互联网的自律，不需要每一个人对媒介信息进行鉴别。（　　　）

附录答案

1. ABCD   2. C   3. ×

第二节　社交媒介下大学生的媒介传播

引言： 社交媒介的出现，为人们提供了自我表达和社会交往的新空间。强调互动和分享的社交媒介阅读已经成为一种普遍的用户行为，大学生们在社交媒介上乐此不疲。本节主要以大学生常用社交媒介——微博、微信为切口，介绍大学生在媒介传播中需掌握的技能。

一、当前大学生常用的传播媒介：微信和微博

（一）微博

据说这是当代年轻人朋友圈和微博的差距：

在朋友圈装死，在微博上蹦迪；

在朋友圈里冷暴，在微博上聊爆；

在朋友圈里爱与和平，在微博里哈哈哈哈哈嗝；

在朋友圈里今天是元气满满的一天，在微博上是我怎么这么丧；

在朋友圈岁月静好不负人生，在微博上这是什么糟糕人生。

中国传媒大学优秀教学名师高萍老师从平台的互动性和社会化营销功能总结了微信与微博的共同点；又从创新价值、起源终端、时间效能、媒介性质、产品形态、传播属性、受众对象、功能差异八个方面分析了它们的不同：

微信是社会化的关系网络；

微博是社会化的信息网络。

微信是强关系弱媒体平台，"朋友关系"是纽带，通常是真实的人际关系，属于移动的 SNS；

微博是强媒介弱关系平台，"信息关系"是纽带，媒体属性强，影响范围更广。

因其特殊的属性，微博平台上的传播活动显示出了不同以往任何一种媒介的传播特征：

1. 裂变式渗透传播

微博传播方式既不是最古老的线性传播，也不是传统媒体的扇形传播，而是一种基于关系的细胞裂变式传播，这种传播形态的传播速度是几何级的，远远高于之前任何一种媒介产品的传播速度和传播广度，如水银泻地般渗透无孔不入，用老子所说的"道生一，一生二，二生三，三生万物……"来形容便是如此。2010 年 5 月 29 日 9 点 27 分，《华侨大学报》主编赵小波发表微博，想知道在新浪微博一条信息的影响范围。经过 12 小时 23 分，在 29 日 22 点 50 分，转发数突破 10 000 条。网友通过转发、分享、评论使这条微博传播各地，达到除了西藏之外所有省份，还到美国、澳大利亚、英国、韩国、日本等 10 余个国家去溜达了一趟。

2. 竞争式滚动传播

在微博平台上，有无数的议题在微民间滚动传播，无数议题在竞争眼球关注，比如一起特大车祸、一起腐败事件、一起娱乐圈的绯闻，等等，这些具有新闻价值的议题可以引起大

量的转发和评论,但常常一个议题刚刚被推起来有了点影响力之后,忽然间又被其他议题淹没,这些议题争夺眼球和口水的竞争异常激烈。微博平台就像一口熬着粥的锅,一刻不停搅拌着,能冒泡的也就那么几个议题,并且很快破灭,又被新冒出的泡代替。这些议题常常就没了下文,因为人们不再关注,所以问题有没有解决、解决得如何,不会再有人提起,特别是涉及官僚腐败的议题,更是可以被疏忽。从某种意义上,微博只是一个热闹的舞台,议题们你方唱罢我登台,各领风骚两三天。

3. 参与式接力传播

微博传播的一大特征就是微民们常常会自觉地分工合作,接力参与事件整个进程而不仅仅转发或仅仅是围观和旁观,如很多微友参与的公益性的求助活动,成立某些临时性人肉搜索和调查取证的民间组织,来揭露真相、推进事件的进程。比如之前讲到的"郭美美事件"中的民间侦探们。

在陕西安监局局长杨达才的"名表门"事件中,微友们再次展示了分工合作、接力推动的才能。陕西惨烈车祸发生后,新华社拍的现场图片中竟然有一当地官员在事故现场"傻笑"。这张图片在微博中流传后惹得网友非常不满,迅速"人肉"出图中官员是陕西省安监局局长杨达才,然后网友@零售资讯列出了杨局长在不同场合所戴的5块手表,经网友鉴定后确认都是奢侈品牌。杨局长进行危机公关,马上接受新浪微博微访谈,对不当微笑表示歉意,并称自己10多年来确实买过5块手表,是用自己的合法收入在不同时期购买的,已向纪律检查部门做了汇报。哪知话音未落,又有两个网友贴出图片证实,杨局长在另外场合戴的手表,最后总数达到了11块,价值数十万元!网络轰动了,国内各方媒体也纷纷介入报道和评论,陕西省纪委隔天宣布对他的问题进行"深入调查"。

4. 复合式立体传播

微博营销专家杜子健在《微力无边》中认为:"在新浪微博上,一个帖子的形成及进行,大致需要以下角色:①发布者;②阅读者;③旁观者;④喝彩者;⑤围观者;⑥推动者;⑦关键人;⑧内行人。"在微博平台上,一个有潜在价值的议题在经过复合式立体传播后就会蜕变为一个万众瞩目的焦点。

首先是传播者层面,在传播过程中,微民们自觉不自觉地扮演着一种或数种角色,而这些角色的作用各异,发布者负责实录实报,甚至可以在现场图文直播;阅读者是发布者最亲密的"粉丝",尽心尽职负责转发和评论,推动信息的扩散;喝彩者和围观者最多,他们或许只是简单地叫好或叫骂,或者仅仅报以同情,但以人数优势给议题造势;推动者可以认为是意见领袖,在更高的层面加工和解读信息并进行社会动员,他们的"粉丝"质量高、见识广、活动能力强;关键人和内行人数量最少,能帮着提供关键证据和向其求助,实质性地解析和解决问题。

其次是信息层面,表现在对原始信息的实录展示、阐释加工、挖掘后再加工,最后使得信息在深度和广度上得以立体化扩展。

最后是媒介层面,表现在各种在场和不在场的,草根的媒介、商业的媒介、官方的媒介一起发声,引发共鸣共振。

（二）微信

1. 从分享文章中学习微信的传播特性

腾讯公司于2011年1月21日推出了微信，而它的出现使在强人际关系的基础上实现了文字、视频、音频、图片的快速传送，让我们进入了"数字化社交"的崭新时代。在互联网、微博、微信等这些新兴媒介之中，微信是发展最为快速的。微信有朋友圈、摇一摇、附近的人、公众账号、扫一扫、微信支付等功能，这使其不再局限于是人际交往的社交媒体。经过升级改造之后的微信，尤其是微信公众号推出，使其具有了传统媒体的一些功能。

不同用户群体使用微信的侧重方面是不同的。比如，上班族及大学生群体使用微信更多地侧重于即时通信及朋友圈的互动，这也是微信的本质所在——自由的、开放的、共享的社会化媒体平台。商家建立微信公众号来宣传、推广产品。媒体建立公众号，是为了拓宽信息传播渠道，实现媒介的融合。微信传播具有以下特点：

（1）圈子化传播。

所谓朋友圈，就是由微信通信录上的朋友组成的私密小群体，封闭式的朋友关系使得微信朋友圈的好友的关系也十分稳定，这也是微信不同于微博等新媒体的关键之处。每个人的朋友圈不是相互独立的，而是相互交错的，形成一种由点到面的传播。"小世界"理论认为：你和任何一个陌生人之间的距离不会超过六个，只要通过六个以内的人你就能够认识这个陌生人。在微信传播中，每个人都有自己的朋友圈，而朋友圈之间是有交集的，通过这些交集的部分可在一定范围内拓展自己的朋友圈，此时，作为传播者已不是专业的媒体，而是每个操作微信的个体。

微信朋友圈中，传播者既是编码者也是译码者，个人朋友圈的分享可以是自己生活的记录，也可以是转载的文字、图片、视频等，看到的人可以评论和点赞，但是这种互动只有整个圈子内都是好友才能互相看到对方的评论，这种"圈子化"传播将每个人的圈子联结成网状，扩大了信息传播的范围和影响。

（2）精准化传播。

集社交、通信、平台多重角色于一身的微信，改变了人们的通信方式、社交方式，人们的思维方式、行为方式也受到了一定影响。随着微信功能的健全，尤其是2012年8月微信公众平台的开通，更是改变了微信的传播属性，使微信成为信息的发布平台。在媒介融合的背景下，媒体纷纷创建自己的微信公众号，使得微信具有了新闻传播的功能。

微信公众号推送模式为强制性推送，并且后台可以将不同的用户分组推送和按地域推送，从微信公众平台发出的信息到达的都是主动关注了此微信公众号的用户，使信息实现了更加精准的传播。微信信息传播的到达率高，几乎接近100%。

（3）信息传播的便捷性、私密性和有选择性。

由于微信属于腾讯公司，微信可以借助腾讯之前推出的QQ社交平台，与QQ平台实现互联互通。也就是说，微信可以利用QQ用户群体，而它又借助于智能手机移动终端，使其在信息传播中具有优势。微信主打语音聊天，操作简单，它的用户群体更加多元化，下至小学、初中的学生，上至中老年人，都可以利用语音功能实现聊天，迎合了大部分人对信息交流的要求。

微信与腾讯 QQ、微博相比，信息交流双方的关系更为亲密，也就是大部分学者所认为的微信是"强关系链接网"。在微信中分享的信息，需要相互关注后才能看到。在微博中，关注同一事件的个人是可以互相看到评论的，而在微信中须互为好友才可以看到对方的评论，这使得人与人之间传播的信息隐私化了。

"使用与满足"理论认为："媒介接触的行为是有着某种特定需求和动机的人使用媒介并得到满足的过程。"用户在朋友圈分享内容既是分享日常生活的过程，也是分享思想、看法的过程。约哈里窗户理论认为："对个人而言，其认识世界的知识基本上是由四部分组成的，即公开、盲点、隐私、隐藏潜能。"这四部分不是一成不变，而是一直变化的。通过搜索附近加好友的人，一般较少或有选择地分享隐私，而对密友则是无话不谈，相较就可以发现传播内容是根据关系的亲疏选择分享不同的内容，体现个人的主观能动性和选择性。

（4）信息窄化、片面化传播。

在信息大爆炸时代，信息的来源不再局限于专业机构和媒体记者，各种新型社交平台和普通人成为信息的重要来源渠道。信息传播越来越去中心化，"信息茧房"有了形成的基础。"信息茧房"理论认为：每个人都会被自己感兴趣的东西吸引，从而将自己束缚在一定的领域，而躲避那些不感兴趣的东西，长此以往会形成个人茧房。"信息茧房"效应在微信中比其他新媒介表现得尤为突出，这主要是因为微信的功能设置和信息传播的私密性。一方面，微信用户可以通过关注微信公众号的方式关注自己感兴趣的内容，用户有了更大的选择自由度，当用户在自由选择信息的时候，信息传播的窄化不可避免。另一方面，对微信传播来说，每个人的密友也就几个，大多数属于不常联系的人，这就使得"信息茧房"映射到交际领域形成定向化的人际交往，从而增加了信息传播的局限性。同时，微信传播固有的私密性又会加深这种定向化，使得个人越来越习惯于蜷缩在自己的小圈子里，不利于信息的平衡和真实。虽然现代人身处信息全面、多元化的时代，但是人们对信息的选择呈现出窄化趋向。

微信用户呈现的信息多是个人日常生活的记录和感受，以文字、图片、视频的形式出现，这些内容具有碎片化的特点，由于受个人心情、习惯的影响，发表的内容往往不够客观，呈现一定的片面性。

（5）偏人际化传播。

微信好友经过双方同意加上后进行交流，具有圈子传播特点。同样属于微传播的微博和微信是不同的，当发送一条信息时，不管是否是好友，微博用户都能看到并能进行评论和转发。微博用户可以互相不认识，它构建的是一个弱关系网络，只要关注就可以看到对方发送的信息。

微信的朋友圈没有转发的快捷按钮，无法像微博一样通过转发形成一对多传播。同时，微信中的语音等功能不能复制，只有聊天双方才可以收到，一定程度上制约了信息的大众传播。

微信成员间联系紧密，信息共享程度较高，扫一扫添加陌生人、摇一摇添加附近的人，既满足了构建个人交际圈的需求，又使得信息传递私密化、个性化，传播的内容仅限朋友圈传递，隐蔽性较强，具有人际化传播的倾向。而微博偏向于大众传播，微博能以较快的速度进行话题聚焦。

微信是依托于移动设备通过多种形式传播微信息给用户的社交平台，这与微博、微视频等传播具有相同的特征，但微信具有不同于微博、微视频的传播方式，呈现出不一样的特点。微信传播的私密化和碎片化的自我表达，满足了最基本的社交需求，其发展定会势不可当。

2. 从大铭脱口秀《不做"标题党"》中学习微信的传播特性

很多时候我们为了吸引人家的眼球，总会想出一些像这样的办法：用有歧义的文字，加上意味深长的省略号，故意引起别人的误会，也就是我们所说的"标题党"。而现在，新媒体时代，已经成了"标题党"的天下，你在网络上写篇文章或者出个音频视频，如果没有点儿下三路吸引人的标题是绝对不行的。2016年12月初，北京市委网信办对新浪、搜狐、网易、凤凰、焦点五家网站乱改标题、歪曲新闻原意等"标题党"行为进行了通报，并下达行政处罚检查通知单。这个行动，拉开了国家整治"标题党"的序幕。其实说到整治，这当然不是第一次。最著名的一次，是2015年1月10日，福建漳州26岁青年吴海雄在他经营的微信公众号"石狮民生事"上发布信息："昨晚，石狮，震惊全国！一家34口灭门惨案！转疯了！"他称福建石狮一家34口被残忍杀害，其中一个有孕在身，并指称犯罪嫌疑人逃往北流方向，警方正在进行调查。而文章结尾处附上一张现场血腥照片，结果你惊恐地一看，嗨，是34只死耗子。该条微信随即被疯狂转发并引爆朋友圈。7天后，吴海雄因涉嫌"虚构事实扰乱公共秩序"被石狮市公安局处以行政拘留10日的处罚。这件事告诉我们一个道理，"吹牛不上税"的日子已经结束了，任何造谣如果引起大的社会影响都要承担法律责任。

而这样的文章太多了，随便打开朋友圈，看到一篇文章《那对情侣在阳台做了什么？全程被房东偷拍》，点进去一看，是一对儿小鸟在一居民楼阳台做了个鸟窝，被市民拍下来而已。除了这种靠色情暴力字眼吸引关注的，还有另外一种，什么"朋友圈转疯了""转了上千万次""阅后即焚""看完泪如泉涌""不转不是中国人"……由于羊群效应和从众心理，当大家看到类似的煽情文字以后，都会不自觉地点击和转发。但当我们仔细看了以后才发现文不对题。还有一种是鸡汤"标题党"，分享诸如《莫言最经典的十句话，读到哪一句你心碎》《白岩松告诉我们的十个道理》这样的文章，其实莫言、白岩松根本就没说过这些话。还有我们的父母经常发的文章是养生"标题党"。这绝对是当下朋友圈最流行的文章类型了，如《让你不生病的三道养生菜》《大白菜排毒你绝对想不到》《日韩黑蒜养生，人均寿命世界领跑》……依据"新媒体排行榜"对32万个样本数据账号的统计，2014年度被复制转载最多的微信公众号标题，就是养生一族最钟爱的一则补肾秘方。微信安全中心曾经发布过某个月朋友圈谣言报告，从"吃麻辣烫感染H7N9病毒"到"菜板洗不干净致癌"再到"最近羊肉不能吃"，全都是"标题党"在造谣。最典型的，进入冬季，北京雾霾加重了，一篇《吃猪血鸭血能除霾》的文章在朋友圈疯转，后来证明这是一篇伪科学的文章。其实现在很多媒体人，无论是传统媒体还是新媒体，无论是报纸还是网站，为了吸引更多人关注,会习惯性地给标题润色。当然这是为了提高文章关注度,而有些则是恶意"标题党",这个必须查究问责,依法惩治,消除影响,以正视听。

3. 运营公众号过程中需要具备的技能

(1) 定位清晰。

明确知道自己运营的公众号的定位,了解受众的真实需求。

(2) 紧跟热点。

具有能够把自己的观点、产品等与时事相结合的能力。网民对热点的追逐是天生的,热点既能带来额外的流量,同时也是展示你态度的机会,更重要的是,证明你更新足够频繁。

(3) 态度严谨。

对自己写的文章要多次进行复核。因为自媒体人的工作特点,写公众号的团队并不会很庞大,很多人甚至是一个人撑起了全部,所以自己多次复核,避免出错极为重要。毕竟稿件发出去之后,能进行的修改极为有限。

(4) 文字功底。

做自媒体人一定要有一定的文字功底,这是一个基础技能,既要保证能够把自己的观点完整叙述出来,又要有一定的逻辑能力,倒不一定要有很深厚的文字功底,但一定要有建造、组合的基本能力,不过也不必太担心,这个可以在日常运营中通过练习提高。

(5) 坚定信念。

把一件事情做成功,一般来讲都是一个过程,这个过程或长或短,但一帆风顺的少。相信自己,坚信自己能做好,能够提升你成功的能力。

(6) 善用工具。

掌握一款或多款日用工具。公众号的内容构建体现在思路、文字和设计等多方面,这就要求自媒体从业者对各个环节的工具有一个大致的掌握,这样能大幅提升效率。当然现在的工具越来越傻瓜化,比如键盘喵编辑器把"图片美化"功能整合进编辑器内部,在编辑器内部点击图片位置,在弹出的菜单里点击"美化",很多效果足够大家使用了。这相对于专业的修图软件方便很多,而且效果极佳。

(7) 学习能力。

随着公众号官方运营方针的调整,做出适合自己的应对方案,这个非常重要。要紧跟官方的各种运营策略,不能违背大势去做。如官方不允许恶意推广,你一定要违反,那距离封号就是一线之隔。但能够顺着官方节奏走,比如对刚刚推出的"好看"功能,就能得到大量的流量红利,让自己做得更顺。

(8) 创意优秀。

一个平庸的文章,并不会引起大量的关注,就算是最后有人看到了,也并不会进行主动的传播,没有二次传播,你的文章的影响力也就仅限于此了,并不会成为什么10万+的爆文。

(9) 设计能力。

优秀的审美能力也是很重要的,不过现在也还好,使用键盘喵编辑器也可以或多或少地解决这方面的问题,但是多读读设计类书籍总是好事。

(10) 沟通能力。

良好的沟通能力也是自媒体人的一个重要能力,除了与同事的沟通,还可能遇到与读者的沟通、与业务伙伴的沟通,而这种能力可能会决定你能走多远。

4. 如何在公众号运营中提升自己的媒介传播技能

(1) 苹果从哪里来?

不要把自己假想为牛顿,认为苹果(稿源)会从天而降,然后你就发现了地球引力(推送文章)。所以,养成记第一条就是要找苹果,怎么找?

第一,"天下之道为我所用"。一个优秀苹果商贩一定是了解各地苹果的特点、生长期和成熟期,以及价格和运输模式的,所以,一个优秀的网编一定要做到眼观六路耳听八方。首先要经常浏览学校的网站,一有好的内容马上转载(注明出处),另外学校以及各个班的活动也要随时关注,这时候探子(记者)是少不了的;其次还要经常关注其他的媒体,取长补短;最后还要和各个组织保持联系,现在很多好的推送都是在活动开展之初就进行了周密策划的,组宣结合而成的文字内容更加丰富,也更接地气。

第二,"自给自足,自力更生"。要想吃到最新鲜的果子,自己种是极好的。所以除了被动收集之外,就需要编辑们主动出击了,比如自己根据受众的关注度和当下的热点,设立主题,广泛征集稿件,主动发掘民间的高手,与其约稿,甚至于自己根据所需内容,亲力亲为。

第三,"手里有粮心里不慌"。一个好的苹果贩子肯定会选最好的时机去买或者去卖,而且为了保证顾客的惠顾一定要保持稳定的库存,绝对不能出现顾客来了无货可卖或者货物积压卖不出去的情况。一个好的网编也是,为了能够应时应景地在第一时间发一个能够引起大家关注的原创作品,也是需要拼的。首先拼标准,我们想要选到最好的稿件,一定要在最初征稿时对自己的原创平台和受众面做好定位,明确稿件的类型和主题,对于征收稿件的文字、格式、字数都做好要求,这样才能收上好文章;其次拼管理,好的网编一定要有一个收放自如、一目了然、进程明晰的稿件库,在这个稿件库中,对于每一篇稿件做好追踪定位,做好排期跟进,所有稿件的修改完善使用都在自己的运筹帷幄下;最后拼人气,能否收到好的苹果与苹果最后是不是卖得好是呈正相关的,所以收到的稿件一定要第一时间和作者联系,表达对作者的尊重,是否录用要及早告诉作者,同时对于发出的作者的稿件要广泛地予以褒奖和宣传,赚足人气的同时也赚足了稿源。

(2) 苹果的生产加工产出链条。

第一,"是骡子是马,一定要牵出来遛遛"。不要认为收上来的苹果都是好苹果,如果有滥竽充数的做到你苹果罐头里了,你就满盘皆输了。收来的苹果分三堆,一堆是洗洗就能用的,这类稿件我们可以经过小的修改直接上;第二堆是看起来不好,但是削了皮也能用的,这类稿件通常需要编辑理解整合一下作者的意思,给作者提出一点修改意见,让他做出一点修改;第三堆就是不好用、不能用、用起来比较费劲的有点烂了的果子,这类稿件在稿源充足的情况下可以明确告诉作者不能用,如果稿源不充足,那么编辑们应珍惜这些非常热情、非常支持编辑事业的看起来不光鲜的果子,保护作者的积极性,让他们继续提供好果子,为我们所用。

第二,"不好好做是没有好果子吃的"。这里的做就是生产链了,这个生产链主要是指整个公微平台的运行是否有章可循,原创板块的记者和编辑们的分工是否明确,推送的时间是否有序合理,编辑们在推送之前对稿子的审校的程序和规则是否规范,这些都决定了我们最后吃到的果子的口感,也就是读到这篇文章的读者的感受。

第三,"不让一个次品流入市场"。这里说的就是审核环节了,做媒体之所以责任重大,就是因为这是个"一荣不显一损俱损"的关系重大的事情,所有的推送都相当完美,但只要有一个推送出现了原则性的大问题,就会砸了牌子,甚至于如果我们不对文章的错别字等细节问题仔细斟酌把关,也会大大拉低读者好感,拉低原创平台的办报质量。所以,一篇文章除了作者这方面要注意,文责自负以外,一个规范的审核认定也是必不可少的。有些微信的文章很好,但是从这上面看不到任何工作人员的名字,让人感觉好像是办了个上不了台面的小报似的,所以一个原创的推送还是需要署名的,当然也是需要标注版权归属的。

(3) 苹果要想卖得好,要会包装、会叫卖。

第一,"人靠衣装马靠鞍",这里说的是包装的重要性,这决定了我们生产出的东西的定价,当然,我们肯定是要拒绝金玉其外败絮其中的东西。

微信推送的包装之一是格式的统一。对于文章的字体、格式、标注着重句的方式要统一,为了文章前后协调,建议段首空格一定要数清楚,为了节省时间,防止自己数不清楚,建议段首不空格,第一个字强调显示,用段与段之间的空行区分段落,这样读者看起来更舒服。另外,为了配合大家阅读手机的习惯,把字体大小调整适宜,特别是重要的总结性的话语要标注出来。

微信推送的包装之二是要学会用封面和插图。好的配图能够让一篇文章增色不少,平时需要有一些图片的积累,而且配图的时候还要深刻理解文章的意思,避免图文两张皮。

第二,"王婆卖瓜要会卖会夸"。公微平台最终要靠读者的点击和转发焕发生机,如果没有读者,那么不论是作者还是编者继续推送的积极性都会受挫,所以对于推送的推广宣传也要跟上。首先,要选择好的推送内容。推送内容和关注的读者群体相一致,选择读者感兴趣的、目前实效性强的内容。其次,推送的时间和推送的频率要稳定,一定要避免影响用户的正常工作和正常休息,要尽量在用户使用时间多的时段推送。最后在推送完后,编辑和作者要在朋友圈做转发和文字宣传,也鼓励对这些感兴趣或者有共鸣的读者转发,如果有别的平台感兴趣,也让别的平台帮忙宣传。

总而言之,运营微信公众号是一门艺术,"总编辑"至关重要,内容为王是公众号运营的首要准则,内容的推送是向粉丝展示平台魅力的渠道,同时也是粉丝心灵交流的好机会,一个好的网编由此也会应运而生。

二、大学生在媒介传播中的技能

媒介传播中,传播效果与以下四个要素有关:传播主体、传播技巧、传播受众和媒介技术,下面将从这四个方面来进行分析。

(一) 传播主体与传播效果的影响

1951年,霍夫兰进行了信源重要性的实验,结果显示,传播者的可信度和权威度对传播效果有很大影响。

若希望自己传播的信息得到别人的赞同和认可，首先要建立自己的"人设"。作为传播主体，应当做到能够深度理解媒介信息，通过了解对同一事件不同媒介的态度或说明方向，开拓视野，丰富看待问题的角度。学会选择媒介信息，利用便捷的信息搜集手段了解对同一事件不同媒介的态度或说明方向，提高辨别媒介信息真伪的能力。学会质疑媒介信息，通过不同媒介之间、同一媒介不同媒体之间、同一媒介获取信息的不同人之间的观点碰撞得到新思路，提升媒介素养运用于实际创新实践，提高自己的习得能力和信息融合再创造能力。学会创新媒介信息，对筛选后的信息进行归纳整理，提炼出其中有益的信息，形成有效的结论和创新点。

（二）传播技巧与传播效果的影响

传播技巧的使用在媒介传播效果上作用非常明显，主要的传播技巧有以下四个方面：

1. 正反之选

如果受众一开始就倾向于反对传播者的观点，那么把正反两面的意见都提出来就比只谈一面之词更有效。

如果受众原来就倾向于接受传播者的观点，那么只讲正面就比正反两面都讲更好。

对受教育程度较高的受众，应将正反两方面的意见一并陈述。

对受教育程度较低的受众，最好是只说一面之词。

2. 前后直选

放在最前面的内容最容易引起受众注意——首因效应。

放在最后面的内容最容易被受众记住——近因效应。

3. 明暗之选

在论题和论旨比较复杂的场合，明示结论比暗示结论效果更好。

在说明对象的文化水平和理解能力较低的场合，应该提出明示结论。

让说明对象自己得出结论的方法，用于论题简单、论旨明确或对象文化水平较高、有能力理解论旨的场合。

4. 情理之选

动之以情适用于政府、政党对公众进行的政策宣传，晓之以理适用于理论问题的探讨、争论。

动之以情适用于一对多的传播，晓之以理适用于一对一的传播。

（三）传播对象与传播效果的影响

媒介传播中也因为传播对象的不同而有不同的效果：

心怀敌意的人比心怀善意的人更难接受他人思想的影响；

想象力贫乏的人比想象力丰富的人较难说服；

内向型的人比外向型的人更难说服；

观念保守的人比具有进步倾向的人更难说服。

大学生心怀善意，想象力丰富，比较活泼外向，具有进步倾向，所以更容易被说服。

（四）媒介技术对传播效果的影响

（1）每一种新媒介技术的使用和普及，都会形成一种全新的社会交流构型，趋向越来越授权于媒介使用者个体;从印刷媒介到广播、电报、电视和电话的普及,再到 PC 互联网,以至于今天数字移动终端这一完胜的自媒介形态。传媒技术的纵深拓展构建了个人与他人和社会越来越宽广和迅捷的连接。当代人类进入了以互联网技术和数字移动媒介为特征的信息时代,在互联网牵动下的思维导图绽放着人类个体各色各样的心灵花朵。新的数字网络媒介激活了人们的主题表达意识,又召唤信息文明消费的媒介素养。

(2)新的媒介技术需要新技能,网络"恶搞"以及许多网络狂欢等现象反映出人类对媒介新技能使用的自发性。越来越自媒体化的新媒介对年轻人有着无限的吸引力,任何好玩的新技术他们很快就能驾轻就熟,大学生对提高任何一项技能的自发性、主动性极高,对多种技能都能快速上手,人的媒介技能激发了人的主体性。技术远远不是问题,媒介以及技术都只是工具,只要人具备足够的动机。

(3)媒介技术养成媒介学习型技能增长的自觉性。在不断发展的新媒介技能面前,永远存在人与技术的对垒。在更多的情况下,需要人们以学习的态度面对技术。互联网上绝非仅仅是娱乐和快感元素,生活在一个信息过剩的时代,被泛滥信息包围的每时每刻,都需要人们具备媒介素养。

【思考】寻找你印象最深刻的公益广告,根据本节所学分析其影响传播效果的因素。

【练习】

一、选择题

1. 微信企业号是一种( )。

A. 人际传播媒介

B. 群体传播媒介

C. 大众传播媒介

D. 泛传播媒介

2. 通过操纵象征物来影响人们的行为的技巧被称作( )。

A. 说服

B. 宣传

C. 引导

D. 传播

二、判断题

3. 受众掌握信息存储控制权,但内容主题及其传播时间的控制权仍为媒体掌控的状况下,媒介的类型属于注册型。( )

附录答案

1. B   2. B   3. √

【课外阅读】

毛泽东的媒介思想与媒介实践

就在英国学者富兰克·雷蒙德·李维斯和丹尼斯·托马森在 20 世纪 30 年代首次提出"媒介素养"这个概念前后,在世界的东方,正投身于中国革命运动的毛泽东已经开始积极运用媒介,创造性地进行媒介内容的生产,以此作为领导无产阶级实现自身解放、参与社会运动、开展革命斗争的重要手段。

早在 1919 年 4 月，毛泽东就先后主编《湘江评论》《新湖南》周刊等。12 月在北京创办"平民通讯社"，后又创办《新时代》月刊、《政治周报》等。抗日战争一开始，毛泽东在当时中共中央驻地陕甘宁边区创办了一批党的重要报刊，传播中共中央的声音，指导全国人民进行抗日战争。1939 年 2 月，毛泽东将《新中华报》改组为党中央机关报并为之题词："把新中华报造成抗战的一支生力军。"1941 年，毛泽东为《解放日报》题写发刊词说："本报之使命如何？团结全国人民战胜日本帝国主义一语足以尽之。"在长期的革命生涯中，毛泽东自己动笔撰写了大量消息、评论，大家耳熟能详的消息《我三十万大军胜利南渡长江》、评论《对赵女士自杀的批评》等很多作品成为经典。可以说，在创造媒介、运用媒介、生产媒介内容方面，毛泽东的理论和实践都达到了一个很高的水平。

在对媒介的信息进行认识和运用方面，毛泽东也展示了不一般的素养。1958 年年初，他与当时的新华社社长、《人民日报》总编辑吴冷西谈话时说："《人民日报》有一个重要任务，就是转载地方报纸的好东西，把这件事当作一个政治任务来做。这样，对地方报纸是鼓励，使他们非看《人民日报》不可。"面对西方媒体的报道，毛泽东说，我们办了一个《参考消息》，登了许多西方官方和报刊骂我们的东西，可以说天天替帝国主义做义务宣传，目的是使我们的干部接触细菌，增强免疫力。

毛泽东不仅"把报纸看作自己极重要武器"，还对全党运用媒介提出要求。在《解放日报》改版座谈会上，他说："利用《解放日报》，应当是各机关经常的业务之一。经过报纸把一个部门的经验传播出去，就可推动其他部门工作的改造。我们今天整顿三风，必须要好好利用报纸。"他认为办报"也是一种工作方式"，通讯社及报纸具有"革命政策与革命工作的宣传组织者这种伟大的作用"。他说："我们地委的同志，应该把报纸拿在自己手里，作为组织一切工作的一个武器，反映政治、军事、经济又指导政治、军事、经济的一个武器，组织群众和教育群众的一个武器。要以很大的精力来注意这个工作，使这个东西一年比一年进步。"

毛泽东这种强调报刊的宣传要为政治服务的思想，先后受康有为、梁启超、陈独秀、马克思、列宁等人办报思想的影响。马克思、恩格斯创办《新莱茵报》，揭露、抨击宪兵，列宁创办《火星报》，进行宣传鼓动和组织工作，都把办报作为实现政治目的的手段。列宁说："报纸是集体的宣传者、集体的鼓动者和集体的组织者。"梁启超曾经说过："报馆有两大天职：一曰对于政府而为监督者，二曰对国民而为其向导者。"毛泽东批判地继承资产阶级改良派的新闻思想，结合中国实际，丰富和发展了马克思、列宁办报思想和传统，其新闻思想不断成熟，形成了包括"实事求是""全党办报""群众办报"等论断，其思想核心"政治家办报"也成为其媒介素养的高度概括，对新中国新闻事业的发展和媒介素养的形成产生了深刻影响。

"医生哥波子"的媒介素养

"医生哥波子"是广东省卫生厅副厅长廖新波的博客名字。开通博客以来，廖新波始终保持着几乎每天一篇的更新频率，坚持与访问者沟通。

廖新波的博客生涯早在 2005 年就开始了，微博的开通始于 2009 年。廖新波在腾讯微博中的关注者已经达到了 85 万多人（注：2013 年 6 月 6 日腾讯是 179 万，搜狐是 228 万，新浪是 360 万），其新浪博客中的访问量更是达到了 1 000 多万人（现在是 1 431 万）。面对网络这样一个新的传播媒介，廖新波有着自己的看法："网络确实是一个非常有效，而且速度非常快的交流工具，我在上面发表的文章和观点都是现实生活中态度的一些延续，但是我也从不在网上谈我的单位和单位里的事情，都是就事论事发表一些看法和大家交流，因为我的确是想通过网络为政府多做些实际工作，为百姓多解决些实际问题。"正是基于这样的想法和初衷，廖新波在网络上和大家交流的内容题材丰富：有跟本职工作相关的，如医改、药价、医院管理等业内难题；有谈健康知识的，如健康管理、养生等社会热点；有谈诗词歌赋的，如古今题材的抒情小品、在汶川地震救援一线的感慨等人生感悟……

今天在网络上不难找到其他政府官员实名的博客，为什么"医生哥波子"成为大家追逐的焦点？有人说，细细品读廖新波的每一篇博客、每一条微博，看到了一个政府官员在网络世界中的真诚和智慧。廖新波说："我在网络上和大家的交流是本着平等的态度的，这是一个思想碰撞的平台。我会看大家在网上给我的回复，也会和大家就某一问题进行讨论，还会因为某件事到网友的博客上表示感谢。我觉得我在网络中也和网友们学习了很多，大家的交流更给了我很多启发。"

廖新波的真诚在于面对意见相左时的直率相对、坦诚相告。广州市卫生局的某位领导曾经表示在中国看病其实不贵，是老百姓理念的问题。"医生哥波子"马上进行了这样的批驳："看病贵不贵？贵！我非常理解大家的心情！我是主管医院的工作，也了解目前的基本情况，看病是贵的！"在医院进行管办分开的问题上，"医生哥波子"也表达了自己的看法："医改方案里提出的管办分开一直是公立医院改革很纠葛的话题，也是很难为的任务。目前各地都在积极地落实医改的各项任务，国家级的检查督导小组也纷纷到各省督阵，虽然我没有走遍祖国大地，但是我可以说，在管办分开方面没有一个地区有成功的经验。"

廖新波的智慧在于面对社会焦点时的深入思考、创新思维。面对"以药养医"这样一个棘手且复杂的"历史问题"时，"医生哥波子"提出了这样的观点：试问为什么发达自由的美国，没有像中国医生这样乱开药？在具有共同民族血统的中国台湾、中国香港、中国澳门，那里的医生为什么会过着体面的生活，而不是通过开药去体现他的价值呢？在批判中国某些医生唯利是图、滥用抗生素现象的同时，我们要更多地反思我们的制度。目前，医改似乎成为各国政府的首要任务，而且每一次政府换届，几乎都以医疗等民生问题来说事。"医生哥波子"不禁提出"世界难题会不会有标准答案"的问题并对此进行深入分析。对不同国家和地区的办医模式进行介绍和评价后，他批评道：不管哪一个国家，都没有一个像中国这样模糊不清、似公非公、似私非私的"混合体制"。这种体制，根本就不知道谁在办医。因而出现类似在公立医院里另辟"平价病房""平价药包"的怪现象。这种创新可千万不要说是"中国特色的社会主义医疗体制"。

和"医生哥波子"一样，越来越多的公职人员，特别是领导干部大胆运用新媒介，围绕社会热点话题，主动通过媒介寻求与民众的交流与沟通，加深交流的厚度，增加相互理解的渠道。他们转变观念，以开放的胸怀，和网友一起"灌水""拍砖"，敢于并善于接受群众的监督，赢得了群众的欢迎。

九年"乐学"路,"我在学,你来了吗?"
——记北理人的慕课(MOOC)平台

在北京理工大学,每一位学习 C 语言程序设计的本科生,都经历过这样的学习过程,登录"北理在线"(http://online.bit.edu.cn),熟练地打开一个名叫"乐学"的界面,找到与课程同名的网络课程,"程序设计从这里起步"的标题赫然出现,之后按照提示在页面上看视频、做习题、提问和讨论,等等,这一连串的操作下来,一个个 C 语言的知识点伴随着程序设计的实际操作,就了然于胸了。进入这间"网上教室",学生真正感受到了"C 语言不是老师教会的,而是自己学会的"。

2011 年秋,来自世界各地的 160 000 人注册了斯坦福大学 SebastianThrun 与 PeterNorvig 联合开设的一门"人工智能导论"的免费课程,从此一种全新的网络教育模式——慕课席卷世界。以 Coursera、edX 和 Udacity 三大体系为代表的慕课体系,跨越时间和空间的界限,无差别地提供全球顶尖教育资源,得到了世界各地受教育者的追捧。

慕课,全称为"Massive Open Online Course",即大规模的网络开放课程,是以连通主义理论和网络化学习的开放教育学为基础的。这些课程跟传统的大学课程一样循序渐进地让学生从初学者成长为高级人才。慕课对高等教育的传统面貌产生了影响,已有十几个世界著名大学参与,在开放教育资源的同时,也将学校的文化与理念更为广泛地传播。

中国高等教育界也积极参与其中,教育部、财政部划拨专项经费、设置专项计划给予支持。清华、北大等国内高校,在积极开通本校慕课体系的同时,也将其精心打造的课程上传到国际慕课平台,为全球学习者提供学习资源。

当慕课热潮带着全新的网络教育理念和形式汹涌而来的时候,在北京理工大学的校园里,却"波澜不惊",因为早在 9 年前北理工自己的慕课之路就已开启,经过多年的教学实践,已深深根植于实际教学之中,并在一定范围内"颠覆"了传统教学模式。"在线教学""在线讨论""翻转课堂"等刚为人所熟悉的新概念,不仅早已经应用于学生的课程学习之中,甚至由学生主导的"自建课堂"模式更是领先当前的慕课教学方式,极大地提升了学生的学习效率和兴趣,有效提升了教学质量。

2005 年,"如何将课堂教学内容与网络资源和网络技术结合在一起服务于目前的教学"的问题长久萦绕在承担着全校计算机公共课教学任务的老师们的头脑中。这个问题的产生源于计算机教学,为学生提供计算机语言的学习环境和实际操作平台成为一种迫切的需求,只有通过实践才能让学生真正掌握学习和运用知识的能力。

由此,针对课堂教学中存在的问题与不足,从学生学习的实际需求出发,计算机基础教研室的老师李凌经过认真调研,引入了源于澳大利亚的开源网络教育平台,在自主汉化的基础上,结合学校教学实际进行深入开发,实现了对源程序的自动评判功能,通过这一开国内高校先河之举,建成了"网络教学支撑平台"。在计算机科学技术学院和软件学院的大力支持下,率先在每年近 3 000 学生学习的"C 语言程序设计"课程中投入使用,并逐步推广到多门课程的教学过程中。多年来教师们使用这一平台授课的过程,不同程度地体现出慕课教学的特点。

在成功应用于教学多年之后,伴随着学校信息化建设的推进,2012 年,网络服务中心结合学校"北理在线"网上社区建设,对系统进行了全面改版升级,并正式命名为"乐学",使之既能服务于课程教学,又充分发挥网络社交平台优势,实现课程资源创建和用户之间交互的进一步优化。

"乐学"平台的建设,紧密贴近教学实际,深受师生青睐,使用范围也从计算机学院、软件学院扩展到信息与电子学院、机车学院、管理学院等其他教学单位,先后有百余门课程将课堂延续至网络空间,潜移默化间给北理工的教学带来了全新的理念和模式,更为重要的是给学生们的学习带来了不同凡响的效果。

从"上课"回归"教学"

自大学扩招之后,基础课程的教学逐渐大班化,课上课下的师生交流和实践反馈愈发显得宝贵,而多校区办学也在一定程度上使之更加弱化,导致"教学"逐渐趋向"上课"。如何能在教学中实现充分的师生互动和在实践中实现充分的反馈指导,是学生也是老师的需求。

基于"北理在线"的"乐学"平台最为突出的优势,就是通过网络真正实现了师生的充分交流,在虚拟的网上社区构建出的却是实实在在的学习氛围,学生和老师需要在课堂上所做的交流全部在网络世界中得以实现并加以强化。学生真正感受到了老师"如影随形",遇到问题或萌发灵感时一个帖子或者是一个私信,马上能够寻求到帮助;提交作业后,不用漫长的等待,成绩和不足可以立刻反馈。

而网络课堂创造的实践教学模式,让从教已30余年的北京市教学名师李凤霞更是深有感触,作为网络教室的使用者,她对记者谈道:"网络课堂弥补了传统教学中的很多遗憾,以往学习过C语言的学生都会感觉到花了大量的时间,只是会填空,还是不会编程。而授课老师同样充满困惑,学生学习计算机语言和掌握人类语言一样,必须有语言环境的训练,才能真正学会使用计算机的语言来完成程序设计任务。网络课堂就很好地提供了这样一种实践环境,有效地提升了教学水平。"

另一方面,开发者们将自动评判功能完美地嵌入网络课堂,从而极大地将老师们从繁重作业批改负担中解脱出来,教学变得更加快捷而高效,老师们有了更多的时间思考教学设计,学生们可以快速获得作业结果,及时发现问题,及时修改。程序设计不再是纸上谈兵,而是成为真正的实战训练。

"乐学"网络课堂在构建之初,就致力于打造以学生为中心的学习过程,加强学习交流和促进实践,陆续开发了网上答疑、"奇思妙想"、作业评判、实时跟踪等多个教学辅助应用,成为学生自主学习的好帮手。目前,参加C语言课程学习的学生对"乐学"网络教室使用达到100%,并成为"开机首选","一看通知、二看讨论、三看作业"是学生们通过网络开展学习的真实写照。

从"你教我学"到"咱们一起学"

"乐学"网络课堂和目前热络的慕课教育平台一样,可以将传统的一对多教学模式,转化为学生与学生之间、教师与学生之间的合作教学模式。

"留恋这里合作探究的学习氛围,留恋这里自主学习的学习环境,甚至留恋这里每一个同学发送的每一个状态和每一个心情日记。"计算机学院2010级张骁同学虽然即将保送到北大继续深造,但谈及"乐学",他仍然充满无限留恋,没有了课程任务的他还是依旧天天登录这个平台。同学们眼中的"乐学",不再是老师"以一当百"的课堂,真正实现了人人为师、相互帮助、共同学习。

"乐学"网络课堂经过多年的发展,特别是目前与"北理在线"网上社区平台紧密结合,为师生构建了一个绝佳的网络交流讨论平台,经过多年与正常教学活动的紧密结合,已经形成了一种全新的教学形态。

围绕课程学习和具体的知识点,师生之间、学生之间在线交流讨论,帮助老师精细化设计在线知识点,学生之间围绕知识点交流与比拼,已经将教学目标与学生的学习目标高度统一。

授课前老师可以通过在线调查的方式,检查学生面对新课程学习的基础,根据具体情况,精细设计网上测试和作业。而学生必须按照设计好的模式从理论到实践,深刻理解领会知识要义。更为重要的是,"乐学"为学生们创造了良好的学习氛围,在线上学生们能够时时感知到,不是一个人在学习,在这里有一个时时可见的合作学习的共同体,问题可以随时在线解决,作业可以得到同学的评价,在线解决其他同学的问题也会带来学习的成就感,这里不是"一人为师",而是"人人为师"。

"多姿多彩"的趣味学习

"乐学"网络课堂作为一种先进教育理念的载体,不仅仅是为计算机类的教学提供便利,其在教学资源的多元化展示和贴近教学过程的灵活功能设置,都使之受到其他学科老师的热捧。

机械与车辆学院的何永熹教授在"乐学"开设了"机械工程概论"和"几何规范学"两门课程,数年前何老师就想通过网络课堂的模式提升教学效果,当他得知学校"乐学"平台后,喜出望外,积极申请使用,效果良好。

"比较了全国20多个同类系统后,还是我们学校的这个是做得最早、最稳定,而且功能最齐全的网上教学系统。"何老师对记者感叹道。在网络课堂的辅助下,何老师要求学生上课时不要带书动笔,所有的资料作业都在网上完成。网络教学以其多元灵活的方式展现出独特的吸引力,学生们对做作业兴趣大增,做作业好似成了玩游戏,为了能够争取做到最好,学生们一遍遍地练习,一遍遍地刷新题库,最高峰竟然有500多人同时在线。

值得一提的是,在何老师的网络课堂中,设有一个"BUG提交论坛",公开向学生募集老师教学内容的错误,在1 000多个提问和挑错的回复背后,学生们的学习积极性得到了充分调动,而何老师"24小时之内必回帖"的承诺也让学生钦佩不已。当记者担心他的承诺是否很耗费精力时,何老师却轻松地表示:"正是因为有了网络教学平台,我才敢如此承诺,只要有网,随时随地可以在线,不会牵扯太多精力,8周的课程没有增加工作时间,网上课堂使我在办公室、在家里、在路上都可以参与教学,只要有网,我就上线,学生就感觉我在他们身边,他们学习就会更有劲头。"

网络课堂为何老师提供了一个公开透明的成绩评价体系,系统根据每一次作业情况计算每个知识点的分值,期末,系统能自动统计成绩,一目了然,老师也可以通过对作业成绩分布情况的直观统计,来把握学生对知识点的掌握程度,不断调整授课重点,提升教学质量。

通过网络平台，同学们的学习同样不受时空限制，利用覆盖全校的校园网和各类上网终端，随时随地学习交流，学习就在身边。何老师班上曾有两个转专业的学生，回到中关村的他们去良乡修读何老师的课十分不便。何老师与他们经过沟通，大胆尝试，同意两位同学完全在线学习"机械工程概论"这门课程，在期末考试中他们以高分顺利通过考试，一定程度上体现了网络课堂的教学质量。

在网络课堂上，考试已经不是目的，只是学习方式的一种，在这里，有题库、实验数据、指导视频、作业、答疑等学习环节，网络课堂使教学变得"多姿多彩"。

"嗨！我们自己开门课吧！"

清晨6点不到，学生们早早起来坐在电脑前，是什么让他们如此着魔？不是游戏，是"乐学"上的李凌老师开设的"程序设计方法与实践"课。学过这门课的张骁同学谈及此课，感受颇深："这门课是我大学期间认为最好的课，同学们高度参与，积极性特高。""程序设计方法与实践"可以说是网络课堂的"巅峰"课程，选修这门课的同学，只要开着电脑，就密切关注排名变化，人人争第一，而排名是根据他们的作业完成情况来评价的，学生们在学这门课程期间，"戒断"懒觉，早起晚睡，争先恐后做题，力争排名前列，积极性不是一般课程可比。而课程中最为学生们"痛恨"的，是老师会寻找学生程序中的漏洞然后增加测试用例，使原本看上去"完美"的程序暴露出错误，这往往会让学生们大失所望，以至于那些经常在深夜完成这一工作的老师和助教被学生们戏称为"午夜凶铃"。

"程序设计方法与实践"是计算机学院和软件学院开设的一门以专业能力培养为主的实践类课程，32学时分为24学时上机和8学时讨论。课程采用先自学、后讨论的方式，学生们需要先通过自己的努力在网络教室中完成老师布置的多个任务，然后再在课堂上讨论分享自己的学习成果。老师的角色则从对知识的讲解，变成了引导学生学习的课程"主持人"。良好的教学效果使之成为"乐学"平台翻转课堂的标志性课程，多年来深受学生欢迎。翻转课堂模式也逐渐在程序设计类课程中推广，学生在网上自主完成知识学习，课堂则变成了师生之间、学生之间热烈互动的环节，答疑解惑、指导点拨得以充分开展，教学成效有了显著提升。

当学生的学习积极性得以充分调动的时候，老师在某些学习过程中甚至可以"退居二线"。"乐学"平台上有这样一个名为"琪露诺的完美算法教室"的在线课程，这个以漫画人物名字命名的课程没有老师的参与，完全由学生们在线自主开发，由学校ACM集训队的学生程序算法高手们维护。信息学院2012级李沛奇同学是这个教室的"教师"，他说："'乐学'提供了一个比较可靠的在线平台，我们出于兴趣自己开设的课程，希望更多的人能了解和喜欢算法，任何同学都可以加入这个课程，在教学相长中，开课者自身能力也得以提升。"

正如老师和同学所言，我们学校有如此贴合教学需求的如此完备的一个网络教学平台，任何有需求的老师都可以将课堂内容延续至此，因为"北理在线"将信息处理的重点定位于师生个人，以社交网站的模式，强化了人与人之间的沟通和交流，完成信息送达和交换。同时，该平台还引入学校各类机构，在平台上与各类人员实现扁平化沟通和交流，将现行线下对老师、对学生的各类服务内容数字化、信息化，从而提高了服务质量。

在学校网络中心和师生共同努力下，经过 9 年的发展和建设，目前以"北理在线"为基础的北理工"乐学"网络课程平台，累计开设课程空间 600 余个，每年有超过 7 000 名学生在该平台上开展学习，师生在讨论区累计发帖 16 万个，学生们累计提交作业 23 万份、完成在线测验 43 万次、提交 C 语言程序 417 万个。这一有效的网络教学方式，已经改变了部分传统课程教学的形态，也为更多的教学改革提供方便有效的支持。在今后，按照教育部和学校关于慕课类型网络教学开展的要求，希望有更多的老师能够了解"乐学"，希望这一北理工自己的慕课平台能够为学校人才培养做出更大贡献。

【思考】作为大学生，对于丰富多彩的校园文化你有什么新闻点？根据某一次班级活动或者社团活动来思考一下如何提炼主题。

【练习】人物采访练习：确定人物—编写题目—列写报道提纲。

参 考 文 献

[1] 黄宏. 媒介素养教程［M］. 杭州：浙江大学出版社，2013.

[2] 戴新安. 新闻写作十大方面（上）［EB/OL］.（2018－05－02）［2022－12－07］. https：//www. docin. com/p－2104853583. html.

[3] 苏柳. 新闻写作技巧与基础知识［EB/OL］.（2021－03－27）［2022－12－07］. https：//www. doc88. com/p－78661774406943. html.

[4] 王征，吴楠，曲虹，等. "北理工 1 号"卫星发射成功［EB/OL］.（2019－07－25）［2022－12－07］. http：//www. bit. edu. cn/xww/zhxw/173330. htm.